おもしろ岐阜学入門

# こんな話知っとんさる？

神田　卓朗
Kanda Takuo

風媒社

# まえがき

大阪出身の私が、岐阜放送に入社した頃の昔話です。駆け出しのアナウンサーがニュース原稿を読む時に困ったのは、岐阜県内の難読地名が読めないことでした。

例えば岐阜市内の地名の場合、「一日市場」とか「雄総」の読み方。「一日市場」は「いちにちいちば」ではないと思いましたが、まさか「ひといちば」と読むとは。「雄総」も「ゆうそう」じゃぁないだろうなと思っていたら、これも予想外の「おぶさ」。

大垣市内にもまさかの「歩行町《おかちまち》」があり、高山市にもすぐには読めない「黍生谷《きびうだに》」や「六厩《むまや》」、多治見市の「廿原町《つづはらちょう》」や中津川市の「安楽満《あらま》」などまさにアラマーの連続でした。

当初は、このような地名の読み方を含めて知らないことばかり。岐阜県内の様々な祭りや伝統行事、観光スポットなどについて自分自身が学びながら放送をしていたことになります。ところが、春と秋の高山祭りをはじめ、長良川の鵜飼、郡上踊り、白川村の合掌集落などのようによく知られているものとは別に、地元の人は知っていても、同じ岐阜県人がほとんど知らない情報があることが次第に分かってきました。

とてもユニークで面白い「乞食祭り」（59頁）、初めて耳にするような「ごもっともごもっとも」の風習（82頁）、でーれー楽しい長屋さんの話題（10頁）、風刺の効いた楽しい人形劇「糸切りからくり」（53頁）、飛騨の帰雲城と一〇〇〇人以上の人が一瞬のうちに地中に飲み込まれてしまった天正大地震（140頁）、大量の渡来人が移住し新しい文化が伝えられた古代の岐阜（1

66頁）、もっと自慢しても良い日本で初めての歴史的な音楽イベント「伝説の中津川フォークジャンボリー」（205頁）、多くの若いリスナーの熱狂的な支持を得た番組「ヤンスタ」、思わず笑ってしまう「金太の大冒険」（259頁）などなど。岐阜県人が意外に知らないこと、あるいは懐かしく思い出せるようなことを掘り起こそうというのが、この本の出発点です。

これらの情報は、主に現役時代のラジオ番組を通して、リスナーの皆さんや県内全市町村の民間レポーターの方々からお寄せいただいた地域情報、番組の取材やロケで出かけた市町村で地元の方から教えてもらった初耳のお話、あるいは岐阜女子大学に移ってから学生たちとフィールドワークをした地方で得た情報など多岐にわたっています。

眠っていたこれらの情報をもとに、ここ数年改めて取材を行い、まとめてみました。読者の皆さんが既にご存知の話もあると思いますが、恐らく初めて知ったという内容も多いのではないでしょうか。地域の歴史・文化・サブカルチャーなど何でもありの内容です。なので初めから気軽に読んでいただいても良いし、目次を見て興味や関心のある項目から読んでもらってもOK。とも角どこからでも読めるようになっています。では、「こんな話、知っとんさる？～おもしろ岐阜学入門～」のはじまり、はじまり～～～。

神田卓朗

# 『こんな話知っとんさる？　おもしろ岐阜学入門』　目次

## 第二章　祭り・イベント・芸能



### 美濃・飛騨げなげな話



## 第三章　風習・伝承

## 第四章　歴史　其の一

## 第五章　歴史　其の二　掘り起こせ！　岐阜の隠れたヒストリー



## 第六章　文化・サブカルチャー

# 第一章　地域の話題

ギフチョウ

# 1

# 「長屋さん」だらけの関市板取《いたどり》地区

## 「ひでおさん」「ようこさん」と呼び合う長屋さん同士

　自然に恵まれた板取川沿いのキャンプ場やあじさいロードなどで知られる関市板取地区は、地元の人たちが「石を投げると長屋さんに当たる」というほど長屋姓の人がめっちゃ多い地域である。

　板取がまだ村の時代だった二〇〇二年十月現在の旧武儀郡板取村の人口は一八八三人、このうち長屋姓の人は一一五九人（六一・六％）で、まさに長屋さんだらけであった。

　当時の村役場の職員六一人のうち、村長・助役・収入役を含む職員三三人が長屋さんであったほか、同村の村議会議員十二人のうち長屋さんが十一人もいたほど。その頃の村議会議員選挙の時は、長屋姓が多いので長屋を省いた名前だけのポスターが話題になったこともあった。

**武儀郡**

◇板取村（一二…14）

| | | | |
|---|---|---|---|
| 当 | 168 | 長屋 | 和伸54 |
| 当 | 140 | 田中 | 善隆68 |
| 当 | 129 | 長屋 | 史朗46 |
| 当 | 128 | 長屋 | 勝人54 |
| 当 | 105 | 長屋 | 幹夫67 |
| 当 | 98 | 長屋 | 敏53 |
| 当 | 95 | 長屋 | 治男52 |
| 当 | 93 | 長屋 | 鉄美79 |
| 当 | 90 | 長屋 | 元庸64 |
| 当 | 88 | 長屋 | 勝彦59 |
| 当 | 82 | 長屋 | 安義76 |
| 当 | 76 | 長屋 | 英雄63 |
| | 67 | 長屋 | 重文54 |
| | 65 | 長屋 | 博夫66 |

板取村最後の村議選
（2003 年 4 月 28 日 中日新聞）

### 名前で出席をとる

　旧板取村と関市の職員として総務・企画部門を担当し、現在関市板取ふれあいのまちづくり推進委

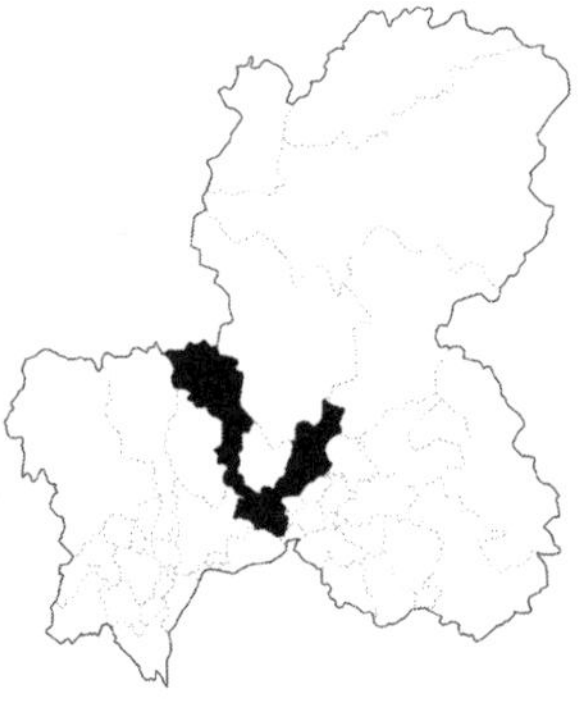

員会委員長の長屋勉さん（六八）によると、小中学校時代、長屋姓が全体の七割くらいいたので、学校で先生が出席をとる時、名字では呼ばず、「かずお」とか「よしこ」というように名前で呼んでいた。ところが岐阜市の高校に通うようになると、先生が「長屋」とか「佐藤」というように名字だけで出席をとるので、、当初はとても驚いたという。

　やがて令和の時代に入り、少子化や他地域への住民の移住などもあって、板取地区の人口は減少してきているが、それでも長屋さんは地区の人口の半数を超えている。例えば地元にある関市板取事務所の職員八人のうち長屋さんは五人、同市板取ふれあいのまちづくり推進委員会では五人のうち三人、板取診療所では十人のうち六人、板取郵便局では十人のうち七人というように相変わらず長屋さんの占める比率は高い。

　ちなみに前述の診療所では、患者さんのカルテについて、約六十パーセント以上を占める長屋さんの場合は、「けんいち」「きょうこ」などの名前をアイウエオ順に整理するという。ここでも長屋さんは別格である。ただ長屋姓が多すぎるので、長屋の名前の入った看板などは逆に少なく、写真の「テーラー長屋」のような店を探すのに苦労したほどである。

数少ない「長屋」の名が入ったお店（長屋和博さん提供）

## 長屋姓のルーツは板取に

　このように今も板取には長屋さんが多いので、日ごろ長屋さん同士は「ひでおさん」とか「ようこさん」というように、名前だけで呼び合うのが普通だという。中には同姓同名の人もいるので「大工の長屋太郎さん」とか「役場職員の長屋太郎」さんというような呼

び分けをして区別している。このような同姓同名が五、六組いるので、郵便局では誤配しないよう注意しているそうだ。

長屋勉さんはまた、「板取は昔から郡上や福井県和泉村などとはお嫁さんが嫁いで行ったり来たりなどの交流は少しあったが、本巣市根尾や山県市美山方面とは地形的な理由もあって交流が少なかったので、この地方からの人口の流入はあまりなかった。このため新しい姓も増えず、長屋姓が増えたのではないか」と推測している。

旧板取村発行の「鎌倉流長江氏総覧」によると、長屋家は長江家の分家で、そのルーツは安土桃山時代の板取城主だった長《なが》屋《や》信濃守《しなののかみ》将監道重の長屋一族や、江戸時代の土豪・長屋清左衛門、旧板取村史に記述がある土豪・長屋治左衛門などと関わりがあると見られている。また明治に入り、庶民が姓を名乗る時に多くの人が長屋姓をつけたとも言われている。現在岐阜県に約六四〇〇人、愛知県に約三一〇〇人いると言われる長屋姓の人は、かつて板取地区の本家から分家したり、その子孫の可能性があるという。

## ❷

# 日本一多い岐阜県の「洞」地名

## 全国一一三九カ所中、No.1の四六八カ所

岐阜県はなぜか「洞《ほら》」のつく地名がやたらと多い。岐阜市の大洞《おおぼら》や三田洞《みたほら》、椿洞《つばきぼら》をはじめ、中濃地方の関市洞戸《ほらど》、同市下モ老洞《しもおいぼら》、美濃市神洞《かんぼら》、東濃地方の多治見市中《なか》洞《ぼら》、同市西ヶ洞《にしがほら》、中津川市洞田《ほらだ》、恵那市槇ヶ洞《まきがぼら》、飛騨地方の高山市大洞町《おおぼらまち》、同市西洞《にしぼら》、同市牧ヶ洞《まきがほら》、下呂市奥田洞《おくだほら》などは、地元の人にはおなじみの地名だろう。

今から八〇年ほど前に、地名や民間伝承を調べるため、日本の民俗学のパイオニア柳田国男さんが全国を周り、そのあと「地名の研究」という本に「岐阜県内は洞という字が盛んに使われている」と書いているほどだ。

### けた外れに多い洞地名

約二五年にわたり岐阜県を中心とする地名の調査研究に取り組んでいる岐阜地区地名文化研究会会長の宮脇俊次さんの調べによると、洞のつく地名は全国に一一三九カ所あるという。このうち岐阜県内にはなんと四六八カ所もあるのだ。これはダントツ全国一である。次いで二位がお隣り愛知県の一〇五カ所、三位が岩手県の八八カ所となっており、「洞のつく地名全国ベスト10」は表1の通りである。

けた外れに多い岐阜県の「洞」地名だが、特に中濃から飛騨にかけての山間地域にかけて多く見られ、岐阜市内でも中濃につながる

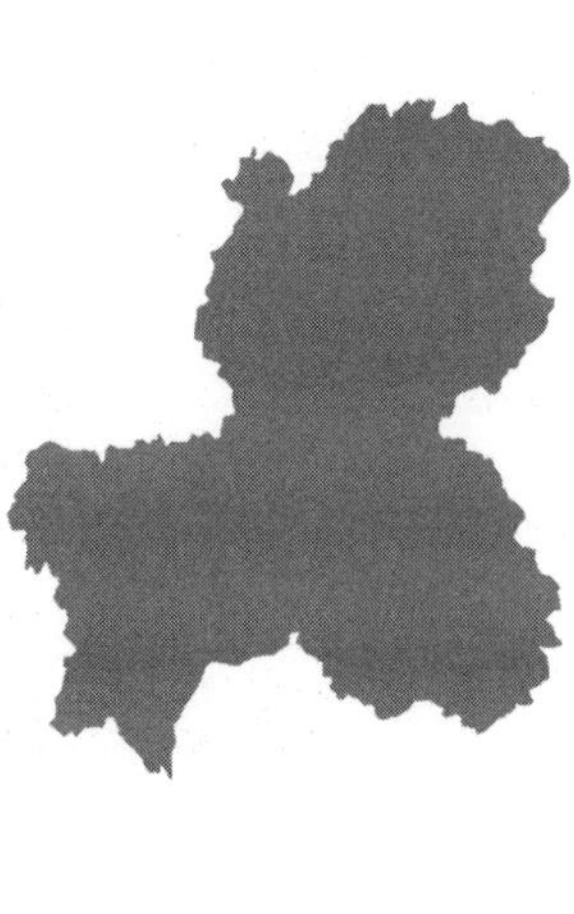

表1　洞のつく地名全国ベスト10

| | | |
|---|---|---|
| 1 | 岐阜県 | 468 |
| 2 | 愛知県 | 105 |
| 3 | 岩手県 | 88 |
| 4 | 長野県 | 69 |
| 5 | 北海道 | 41 |
| 6 | 京都府 | 28 |
| 7 | 静岡県 | 23 |
| 8 | 福岡県 | 17 |
| 9 | 福島県 | 16 |
| 9 | 和歌山県 | 16 |
| 9 | 高知県 | 16 |

表2　洞のつく地名岐阜県ベスト10

| | | |
|---|---|---|
| 1 | 岐阜市 | 72 |
| 2 | 関市 | 63 |
| 3 | 郡上市 | 54 |
| 4 | 高山市 | 47 |
| 5 | 山県市 | 40 |
| 6 | 下呂市 | 37 |
| 7 | 恵那市 | 26 |
| 8 | 多治見市 | 18 |
| 9 | 八百津町 | 14 |
| 10 | 美濃市 | 12 |

岐阜地区地名文化研究会会長宮脇俊次さん提供

網代《あじろ》、三輪、岩野田北部山間部地域に集中している。ただし西南濃地域はなぜか少ない。これを数字で見た「洞のつく地名岐阜県内ベスト10」は表2の通りだ。

洞地名の「ホラ」は平たん地には少なく、山すその扇状地などを開墾して開かれたところに多いという。開墾することを「ハル（墾）」、山崩れを「ホル（掘）」と言ったが、それらが「ホラ」に転訛したものと考えられている。「ホラ」は水の少ない浅い谷や行き止まりの湿地などで、田畑を開き集落も作りやすい場所を示している。

三田洞団地行きのバス（岐阜バス提供）

岐阜県内の「〜洞」の集落名の中には、古くは「〜原」と表記して「〜ボラ」と読ませるものもあり、動詞の「ハル（墾）」が語源とも考えられる。その一方では「浸食された山中の小渓谷（耕地ではない）」を「洞」と呼んでい

洞地名のバス停（岐阜バス提供）

る地域もある。

ちなみに朝鮮語では「洞」を「コル」や「トン」などと読み、初めは「谷」の意味だったものがやがて「村」を示すようになった。現在の韓国の「洞」は市街地の行政区画の一つで日本の「町（丁・街区）」に当たる。そういえばソウルの繁華街「明洞（ミョンドン）」は人気のある観光スポットである。

## **洞は岐阜県の方言地名**

それはともかく、ではなぜ岐阜県だけに洞地名がこんなにたくさんあるのだろう。「洞」と同じような地形について、他県では「沢」と言ったり「谷」と言ったりするところも多いという。いずれにしても岐阜県と愛知県の二県で全国の洞地名の五割を占めているので、「洞」はこの地方の方言地名と呼ぶこともできる。それにしても岐阜県の洞地名の多い謎は依然として残るのである。

「鮎の塩焼きがでーれーうまい！」（洞戸観光ヤナ提供）

# ③ 不思議なヒメハルゼミの大合唱

## 揖斐川町谷汲《たにぐみ》名礼《なれ》の花長下《はなながしも》神社

毎年七月、一匹が鳴き始めると一斉に大合唱し、また揃って鳴きやむという不思議な習性を持つセミの集団が岐阜県揖斐郡揖斐川町谷汲名礼にある花長下神社に生息している。

この神社の境内に二本、神社の裏山に一本、それぞれ大きく枝を張ったウラジロガシの樹があり、岐阜県の天然記念物に指定されているヒメハルゼミが、なぜかこの三本の木に集中的にとまり、一斉に鳴くのである。

岐阜市の名和昆虫博物館の名和哲夫館長（六五）によると、ヒメハルゼミはヒグラシ族の中のヒメハルゼミ属のセミで、本州の千葉県、茨城県など関東地方から西の徳之島にかけて局地的にパラパラと分布している。透き通った羽根と暗緑色の体で体長三センチくらいの小さなセミだ。

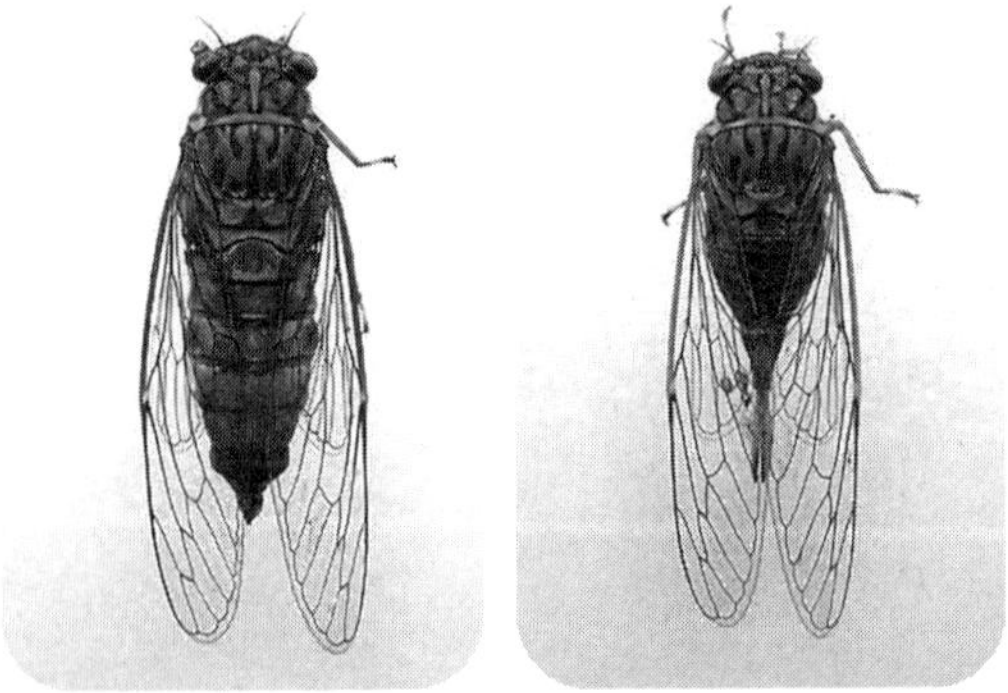

ヒメハルゼミの雄（左）と雌（右）（倉敷昆虫館提供）

## 合唱上手なヒメハルゼミ

ヒメハルゼミというと、名和さんは先代館長の名和秀雄さんが、「このセミが鳴きだすと、まるで頭の上を車が通っている爆音みたい。ところが二〇分ほど鳴くとピタッと鳴きやむんだ。不思議なセミだねぇ」と話していたのを思い出すという。鳴き始める時も鳴きやむ時もみごとにそろう合唱上手で、鳴きやむとじーっと黙っているという珍しい習性の持ち主だ。

地元には「花長下神社のヒメハルゼミ」という昔話がある。

それによると、

「昔、お順という欲張りなおばあさんがいて、自分の田んぼに湧き出る泉の水を欲しがる村人たちには決して分けてやらなかった。ある日おばあさんはマムシに噛まれたが、神様は情け知らずのおばあさんを許さなかったので、毒が回って死んでしまい、セミになって毎年夏になると田んぼを見下ろして鳴いている」という話だ。

花長下神社。鳥居の奥にあるウラジロガシ
（高田陽子さん提供）

## ウラジロガシがお気に入り

この神社のヒメハルゼミを、娘の夏休みの自由研究をきっかけに親子で観察するようになった揖斐郡大野町在住の音楽家・高田陽子さんは、昆虫のこととあって名和昆虫博物館を親子で何度か訪れ、名和館長からセミに関する様々な体験談を聞かせてもらったり、図鑑で調べてもらったりと大変親身になってご指導いただいたという。またその頃、親子で「日本セミの会」に入会したそうだ。長年、同神社のヒメハルゼミの観察を続けてきた高田さんはこう説明する。

「ヒメハルゼミは、日本固有の

セミで、人の手が加わっていない太古の森や神社、寺などの木に局所的に生息するセミです。花長下神社の場合、例年七月に入ると神社の境内や裏山のウラジロガシの木に集団でとまり、大合唱をしますが、十日ごろがピークで下旬ごろまで鳴いています。

セミは木の枝などに卵を産みつけ、幼虫の頃は土の中で木の根を吸って、数年がかりで成長しますが、セミの種類によって好きな木や習性が違います。ヒメハルゼミはカシや椎《しい》などがお気に入りの木で、成虫になっても生まれた場所から遠くへ移動しません。そのため裏山の木も含めて三本のウラジロガシにわっと集まっているように見えるのです。

花長下神社のウラジロガシ
（高田陽子さん提供）

ヒメハルゼミは岐阜県内ではこの神社以外にも、美濃市須原の洲原神社や鶴形山、本巣市水鳥《みどり》地区の安立神社（同市天然記念物指定）などでも生息しているほか、多治見市や郡上市にも生息情報がありますが、花長下神社は生息する条件の揃った代表的な環境と言えます。

このセミは一匹だけで鳴くことはほとんどなく、音頭取りと呼ばれる雄に合わせるように一斉に鳴いたり鳴きやんだりするのが特徴です。鳴き声は「ヴィーン、ヴィーン、ヴィーン」と聞こえますが、合唱する時の鳴き声は「シャーー」という音にも聞こえます。昼間は一部のセミだけが鳴いていて、夕方になるとすべてのセミが三〇分近く大合唱します。

面白いことに車のエンジンの音などに反応することがあり、田んぼの道をバイクが走るとつられて鳴いたり、日中田んぼのカエルが雨が近い時などに何匹か鳴いたりするとヒメハルゼミもこれに合わせて鳴くことがあります。毎年この神社だけで二〇〇匹から四〇〇匹ぐらいの抜け殻が確認されています」と、高田さんは話しています。

## 命名は名和昆虫研究所

ところで花長下神社のヒメハルゼミを発見したのは、一時期、名和昆虫博物館に勤務していたこともある地元・谷汲名礼在住で薬草研究者の故・平井賢吾さんだった。平井さんは夏休みに岐阜薬科大学の学生たちを連れて、谷汲の薬草などを調べている時に、神社のセミがヒメハルゼミであることに気づき、標本にしたという。

ヒメハルゼミと名和昆虫博物館のつながりは実は約一二〇年前に

名和昆虫博物館（同館提供）

さかのぼることになる。このセミは、明治三五年（一九〇二年）に千葉県で初めて見つかっているが、発見者は同県茂原市鶴枝町（当時）に住んでいた郷土史家の林寿祐さんであった。当時林さんは近所の八幡神社で鳴いているセミのことを耳にし、何とかその正体を突き止めようと思っていた。そして苦心の末ようやく四匹のセミを捕まえたので、早速当時の名和昆虫研究所に送ったという。これを調べていた、同研究所の特別研究生の谷貞子さん（故人）が「ヒメハルゼミ」と名付け、明治三八年（一九〇五年）に同研究所の出版物「昆蟲世界」に発表した。

　その後、北海道大学の著名な昆虫学者の松村松年博士が、大正六年（一九一七年）にヒメハルゼミを新種として発表している。いずれにせよ、まだ実態がよく分からない頃のヒメハルゼミをめぐって名和昆虫研究所（現同博物館）が重要な役割を果たしていたことが分かる。

名和昆虫研究所の付属施設として開館した
名和昆虫博物館（1919 年）（同館提供）

ヒメハルゼミの羽化（写真家・長野浩文さん提供）

# 4 郡上おどりのおもてなし

## 時にはうれしい悲鳴に！

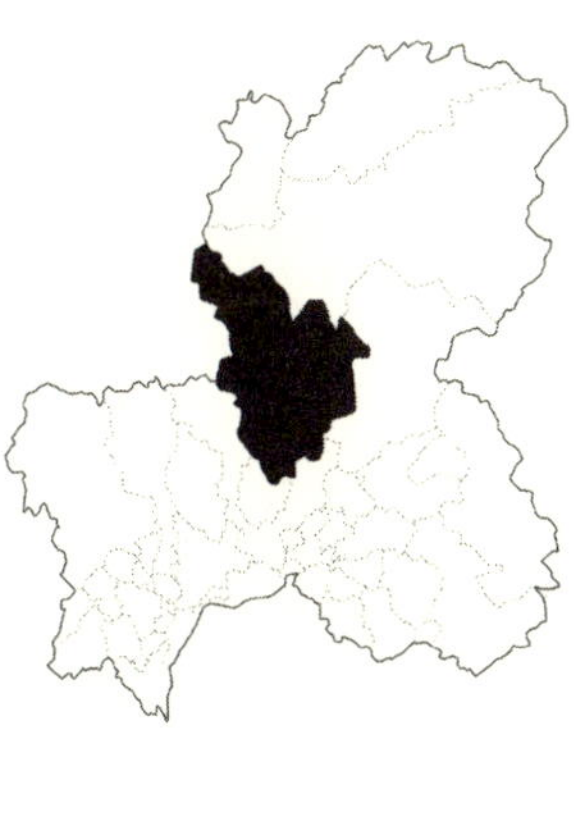

奥美濃の夏を彩る郡上市八幡町の郡上おどりが、今年（二〇二四年）は七月十三日（土）のおどり発祥祭で開幕し、九月七日（土）のおどり納めまで、踊りの輪を広げた。

普段は、吉田川のせせらぎの音が聞こえる静かな城下町も、古い歴史を持ち、ユネスコの無形文化遺産にも登録された郡上おどりの期間中は、全国から訪れる約三〇万人の観光客で賑わいを見せる。

おどりは、毎日おどり会場を変えて、夜八時からスタート。「郡上のなー、八幡出てゆくとーきーはー（ア、ソンレンセ）……」で知られる「かわさき」やアップテンポな「春駒」などの曲に合わせて、浴衣姿の人たちが歓声を上げながらおどりを楽しみ、八月十三日から四日間は、徹夜おどりでクライマックスを迎える。

八幡町では、昔も今も地元で「踊りすけべ」と呼ばれるおどり好きな人がいて、「今年も一回も休まずにおどっとるぞ」と自慢したり、浴衣をお揃いにするグループもいる。一方、地元に帰省した人が徹夜おどりの輪の中で、同じように帰省中の同級生に会い、その人数がふくらんで、あちこちでミニ同窓会が始まることもある。

### 来客で大賑わい

おどりの期間中は、一般の家庭にも親戚や友人知人が泊りがけで訪れるので、そのおもてなしが大変。同町のU子さんの家では、毎年徹夜おどりの頃になると、ご主人の兄弟とその家族および友人など、一晩で十数人が押し掛けるので、玄関の土間ははきものだらけになる。折角来てもらったからと、鮎の塩焼きや鶏ちゃんバーベキューなどで歓迎し、若い女性の場合は浴衣の着付けをしてあげてから、おどりに送り出すそうだ。

かつて同町に嫁いできたB子さんの家でも、踊りの期間中に雨が降ると、泊りがけでやってきた夫の友人たちが外出もできず、結局家の中でゴロゴロ。昔のことだから大型の冷蔵庫もないので、追加のビールの買い出しが何度もあって大変だったと回顧する。

また商店を営んでいるある家には、泊りがけでやってくる親戚集団の連絡係の人が事前に電話をかけてきて、「今年も世話になるけど、鮎の塩焼きとビールでえ～わ！」と食事にまで注文をつけられるので閉口したと話していた。

ご主人が会社の役員をしている旧家では、八月十日以降になると、連日五人以上のお客さんが泊まり、多い時には二〇人もの人がやってきて家の中には知らない人がわんさかいる状態になる。このお客さん一人一人に対して鮎の塩焼きやうなぎ料理でもてなすため、夏のボーナスが吹っ飛んでしまったこともあるという。

また同町の各家庭では、特に長男のいる本家が大変なのである。

「♪郡上のな～」と踊る浴衣姿の人たち

八月のお盆には、それぞれの家の兄弟や親戚の家族連れが墓参りに帰ってくる。みんな簡単な手土産だけでやってきて、四人から十人が泊まり、三、四日は滞在する。食事などの準備はもちろん、ビール二、三ダースは消費する。完全に持ち出しの大赤字だ。本家のお嫁さんの中には、おもてなしに疲れ果て、お盆のあとに実家に帰る人もいるほどである。

　聞けば聞くほど地元の人たちにとって、郡上おどり期間中の来客の迎え入れは大変なようだが、昨今は車で訪れて帰る人や、ホテルや旅館・民宿などに泊まる人が増えているので、いく分かは楽になっているという。

ゆれる提灯、響く手拍子、げたの音

　ただ今年は、おどりの期間中に同市最大級のホテル郡上八幡が突然営業を停止し、関係機関が宿泊客の対応に追われる一幕もあった。八幡町の旅館、ホテルに聞いてみると、例年徹夜おどりの時は、部屋が空いているかという問い合わせが多いという。また、最近は車で来る踊り客が、駐車場などで車中泊というケースも見られるそうだ。

　最後に、実家が同町にある酒屋さんだったというC子さんに聞いた昔の徹夜おどりの思い出話だ。「昔の徹夜おどりの時は、夜になって越美南線の臨時列車が郡上八幡駅にとまると、それこそ大勢の踊り客が駅前から踊り会場までぞろぞろと行列のように歩いていました。その途中に実家の酒屋があるので、私は二〇代で結婚したあとも、妹と二人で夜中に店を開けていました。すると、ものすごい数のお客さんが次から次へとやってきて、冷たいビールや飲み物を飲んで、また次のお客さんが入ってきてという調子で大忙しでした。夜中の三時ころに店を閉めて、妹と二人で徹夜おどりに出かけたものです」

　ともあれ、毎年、人それぞれのエピソードが誕生する郡上おどりである。

（写真提供：郡上八幡観光協会）

5

# 六厩《むまや》は岐阜の北海道

## 冬はダイヤモンドダスト、夏は別荘地

雪に覆われる厳冬の六厩

気象庁のアメダスによると、真冬の本州で最も寒いのが、高山市荘川町六厩だ。氷点下十五度以下でいくつかの条件が重なると、冬の新しい観光スポットであるダイアモンドダストが見られる。六厩とは変わった地名だが、岐阜県史によると、古くは越前や郡上に通じる高山街道の馬継地に当たり、かつて六棟の厩《うまや》があったことに由来するという。

六厩は、高山市荘川町と清見町にまたがる火山《ひやま》（標高一三六八メートル）の麓の高地にあり、御母衣ダム湖に流れ込む庄川の支流・六厩川の源流部に当たる。火山は岐阜百名山の一つで、頂上にブナやミズナラの巨木が見られる。登山道がないので登れないが、冬は雪があり登れるとあって、冬山登山のメッカにもなっている。

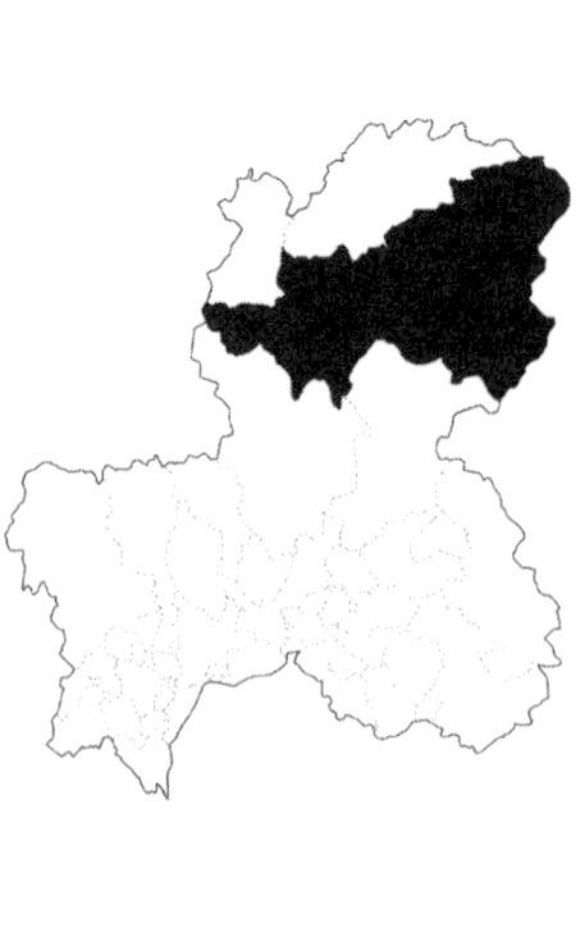

六厩がどれくらい寒いのかを調べてみると、昭和五六年（一九八

一年）から現在までの四三年間のベスト10は次の通りだった。

| | 気温（℃） | 観測年月 |
|---|---|---|
| 1 | -25.4 | 1981.2 |
| 2 | -25.1 | 1981.1 |
| 3 | -24.3 | 1982.1 |
| 4 | -24.0 | 1991.2 |
| 5 | -23.9 | 1990.1 |
| 6 | -23.9 | 1981.1 |
| 7 | -23.8 | 1995.12 |
| 8 | -23.4 | 2003.1 |
| 9 | -23.4 | 1981.2 |
| 10 | -23.0 | 1986.1 |

という具合に、軒並み氷点下二十度以下である。さすがにに日本の最低気温ベスト3である、旭川のマイナス四一・〇度、帯広のマイナス三八・二度、江丹別のマイナス三八・〇度には及ばないものの、それでも平均最低気温では、北海道の小樽、札幌、根室、釧路あたりと変わらず、まさに岐阜の北海道である。あまり雪の降らない平地で育った人にとって、氷点下五度ともなると、並みの寒さではなく、とんでもなく「しばれる」寒さになる。

## 寒いより痛い

六厩に住む岡田久美子さん（八六）は、「一月、二月の六厩は、白川村ほど雪は積もらんけど、気温が下がるで、寒いというより痛い感じになるんやさ。昔はどの家でも軒下につららが下がっとったもんやけど、これは家の中の暖房で屋根の雪が溶けて、しずくの下がったのがなごうなって、凍ってまうんやな。冬は外に干した洗濯物でもものの数分で凍ってまうんよ。でも窓をサッシにしたり、壁に断熱材を取り付けたり、リフォームしたりしてるから、家の中はあったかい」と言って笑う。

同じ六厩在住の男性K夫さん（八三）は、「暖冬のずっと何十年も前は、六厩でも雪は最大二メー

真っ白に光り輝く樹氷

トル五〇センチメートルまで積もったこともある。冬でもめったに温度計は見ない。寒さには強いと思うけど、一歩外に出て冷たい風に当たると痛いなー。ただ夏は涼しいで、六厩の別荘に来る人も多いんやさー」と話している。

六厩は七月から九月上旬までが涼しいので、別荘地に大阪や愛知などから訪れる人たちがいて、「大阪の夏は地獄、六厩の夏はサイコー！」という。

ちなみに二〇二四年五月三一日現在の六厩の人口は五三人だが、同じ六厩にある別荘地ケベックの森には四〇〇軒の別荘があり夏場は人口が膨らむことになる。しかし、夏の三カ月弱を除くと六厩は年中寒いという。

## ダイヤモンドダスト輝く町

では、六厩がなぜこのような低い気温になるのかだが、場所が内陸部の上、標高約一〇〇〇メートルの高地にあり、盆地になっているので放射冷却現象が起こりやすいという地形的な条件が原因と見られている。

高山市荘川支所職員の小倉治彦さんによると、「二〇二四年一月十七日の朝は、氷点下十六・七度まで気温が下がったので、放射冷却現象によって空気中の水蒸気が凍って、小さな氷の結晶になり、太陽の光に照らされて、キラキラ輝くダイヤモンドダストが発生しました。これはなかなか見られませんが、ちょうどその日の早朝から東海テレビの番組「スイッチ」の中継クルーが来ていて、午前八時ごろ番組の中で、ダイヤモンドダストのもようを中継していましたので、テレビでご覧になったラッキーな方もいらっしゃったと思います」と話している。このように、しばれる真冬の六厩は、百聞は一見にしかず、体験の価値がある。

ダイヤモンドダスト

（写真提供：高山市荘川支所）

# 6

# 舟伏《ふなぶせ》山は古生代ペルム紀の化石の宝庫

## 三億年前の山県市美山はサンゴ礁の海だった

舟を伏せたような形から名が着いたという舟伏山
（山県市提供）

二〇二二年六月に瑞浪市釜戸町の河床で、背骨がつながった状態の哺乳類の化石が発見された。その後の調べで、これは、一三〇〇万年前に絶滅した束柱目の哺乳類パレオパラドキアと分かった。パレオパラドキアは、カバやセイウチに似た姿をしていたと見られている。

また二〇年ほど前に高山市荘川町の手取層群の大黒谷層で見つかった化石が、最近になって約一億三〇〇〇年前と見られる国内最古で、新種のトロオドン科恐竜の卵の化石であることも分かった。

岐阜県内には、化石博物館がある瑞浪市のほかにも、大垣市の金生山、本巣市の根尾、山県市の舟伏山、白川村の大白川、高山市の荘川町など化石が発見されるところが多く、日本列島の成り立ちを知る上でも重要な場所になっている。

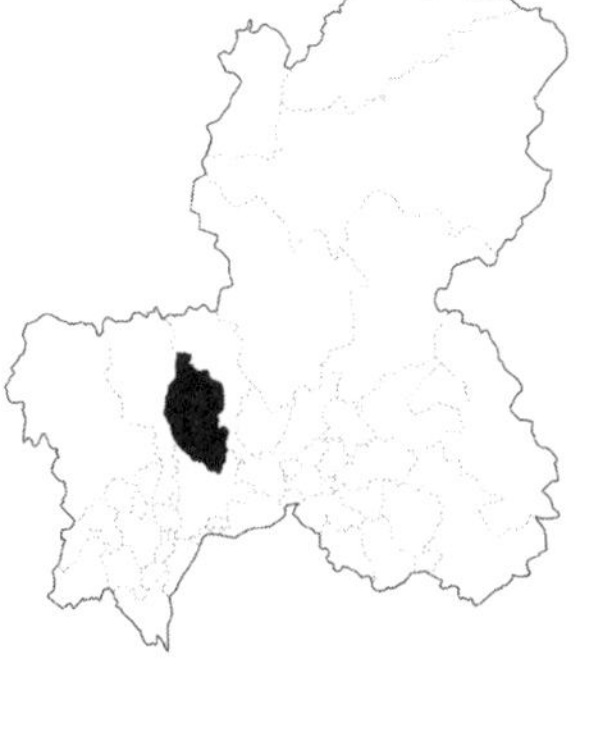

## 太古の美山は今のハワイ諸島

そんな中で新生代よりはるかに大昔の古生代ペルム紀の化石の宝庫と言われているのが、山県市美山の舟伏山（一〇四〇メートル）だ。同山の化石に詳しい岩石研究家の長野和典さんや岐阜県博物館から取材した内容をまとめてみた。

同市美山のほとんどの地域に、かつて海底に堆積した石灰岩の地層が分布しているが、特に神崎川上流の伊往戸《いおうど》地区に入る橋から中越地区の手前までと、柿野西洞と東洞の一部の東西二〇キロ、南北十キロの地域は、岐阜県内では最大の石灰岩地帯である。

この地層が堆積した三億年前から二億五〇〇〇万年前の山県市一帯は、サンゴ礁が見られる暖かい海だった。サンゴ礁は氷山のように根元の部分が巨大なので、もともとは今の石灰岩地帯の約五〇倍ぐらいの広さだったといわれる。

また美山の大昔のサンゴ礁は、今の場所ではなく、はるか南の赤道の近くの火山島の上にでき、プレートの移動とともに、当時の大陸の縁に付け加わったものと見られている。つまり太古の昔の美山の姿は今のハワイ諸島を想像すればよいという。

太古の昔と言えば、地球が誕生してから四六億年と言われるが、長い地球の歴史の中で様々な岩石が作られ、たくさんの生物が現れては絶滅していった。この生物の遺骸が、長い年月の間地中に保存され、やがて化石となったが、一般的に脊椎動物の骨や歯、それに貝殻などの硬い部分が化石として残りやすいそうだ。

## 登山と化石発掘が楽しめる

美山で化石が見られるポイントは、神崎川をはじめ円原川が流れ込む武儀川、そして柿野川や長良川の上流である。神崎地区から神崎川ぞいに夏坂谷に入り、林道を三キロメートルほど上流に行くと舟伏山の登山口がある。ここから登山道を登ると、標高六〇〇メートルから一〇〇〇メートルまでのあたりでは至る所で化石が目に入る。

この山で見られる化石は、フズ

リナ・ウミユリ・シカマイアが最も多く、イカやタコの仲間のオウム貝・ウニのトゲ・サンゴ・石灰藻・貝類などもあり、まれに三葉虫やサメの歯なども見つかる。このうちフズリナは、古生代ペルム紀に最も繁殖し、古生代末に絶滅した有孔虫の一種で、その形から紡錘虫とも呼ばれている。世界では約一〇〇属五〇〇〇種が知られており、同町では舟伏山を中心に二〇属三九種が確認されている。

登山口駐車場から「さくら峠経由」約３時間で舟伏山山頂へ（山県市提供）

　ウミユリは、ウニ・ヒトデの仲間の動物で、ユリの花に似ていることからこの名前がついている。恐竜が絶滅する時代を迎えようとした中生代後期、このウミユリが浅い海から突然姿を消し、深海へ移動したと見られているがこの時代に何が起きたのかは謎である。

　このほかシカマイアは謎の二枚貝で、地元ではカニ石とも呼ばれており、柿野西洞と伊往戸のいずれも上流部から舟伏山頂に分布する黒色石灰岩から見つかっている。また神崎夏坂からの上流部には、シカマイアに覆われた直径一メートル以上の転石がある。

　舟伏山は、ペルム紀の化石の宝庫とあって、登山者に交じって化石マニアや研究者がよく訪れる。登山口から山頂までは、歩いて二時間半から三時間、登山道が整備されているので誰でもチャレンジできる。山頂からは、周りの山々がパノラマ上に広がる素晴らしい眺めも楽しめ、化石探しにはもってこいの舟伏山である。

フズリナ原生動物で有孔虫の一種
（編集部提供）

# 7 気象予報士がいる西穂山荘
## 宿泊は完全予約制、西穂ラーメンも超人気

標高二三六七メートル、岐阜県と長野県の県境に八〇年の歴史を持つ西穂山荘がある。北アルプス穂高連峰の西南端にある西穂高岳（標高二九〇九メートル）への登山基地となっている山小屋で、北アルプス南部ではただ一カ所年間を通してオープンしている。

この山荘は、昭和十六年（一九四一年）に、故村上守さんが山小屋を造ったのが始まりで、一九九二年にログハウス風の山荘にリニューアルされた。現在は、守さんの孫で社長の村上文俊さんや支配人の粟沢徹さんが中心となり、山荘のスタッフが登山客を迎えている。

同山荘へは、①新穂高ロープウェイの西穂高口駅から②上高地から③奥穂高岳から④焼岳からの四ルートで登山客がやってくる。最も利用者の多い西穂高口駅から、歩いて約一時間三十分で同山荘に着く。初心者はここから約

西穂高岳山頂に立つ粟沢徹さん

二〇分の丸山まで登る。登山経験者は標高二七〇一メートルの独標へ向かうルートが中心で、さらに山荘から片道三時間かけて西穂高岳山頂に向かう上級登山者もいる。

西穂への登山者が最も多いのは夏場の七月から八月。最近では単独登山を中心に、ＳＮＳで知り合った仲間とか、家族連れや若い人たちなどが利用、週末は予約でいっぱいとなり、一〇〇人を超える時もあるという。

## 登山者に気象情報を提供

ところで同山荘の支配人・粟沢徹さんは、大学卒業後、プロボクサーを目指したり、会社員も務めたが、一九九二年から西穂山荘で

西穂山荘と焼岳

働くようになった。やがて北アルプスの気象が原因で多くの山岳事故が発生していることを知った。

そこで山の遭難を防ぐため、気象予報士の資格を取ろうと思い立ち、山荘の仕事のかたわら努力を重ね、二〇一〇年に念願の気象予報士の資格を得た。

粟沢さんは、登山客に対して夕食の時に、翌日の天候を中心に霧の出やすい時間帯や風速、夏だと雷の発生、冬場は雪や雪崩などの情報を伝え、安全に山登りを楽しんでもらおうとアドバイスをしている。登山客からは「とても参考になる」と好評を得ている。

この山荘は二〇〇人程度は宿泊できるが、予約制になっている。登山客を迎え入れるため、山荘で

は年間平均で男女十人前後、夏場のシーズン中は二〇人前後のスタッフが対応している。

ちなみに西穂高岳の七月から八月の日中の気温は平均一五度ぐらい、朝晩は一〇度ぐらいまで下がることもある。冬場は平均マイナス一二度程度、最も冷え込むとマイナス二〇度を下回り、鼻毛が凍ってしまうそうだ。

山荘の食事は、利用者のニーズに合わせて、肉類やハンバーグ、サラダ、魚の塩焼き、煮物、けんちん汁、惣菜、ごはん、朝の味噌汁などほぼ何でもあり、おいしくてボリュームもある。

## 評判の西穂ラーメン

山荘の食事の中でも一番人気が、何といってもこの山荘ならではの「西穂らーめん」だ。

標高の高いところでは沸点が低く、生めんは火が通りにくい。そこで山荘では、九〇度のお湯でもゆで上がる「高山ラーメン」の極細ちぢれ麺を使い、一分少しでおいしい「西穂らーめん」が出来上がる。みそ味としょうゆ味があり、いずれも九〇〇円だが、利用者の評判は上々だ。ネット通販でも注文できる。

岐阜市在住でアメリカ最高峰のディナリ（旧マッキンリー）の単独登山にも成功した本格派クライマーの北川健司さんは、「全国の山小屋の中でも西穂ラーメンは最高にうまいよ」と太鼓判を押す。

山荘は、基本的に相部屋だが、個室を希望する人は別途料金がいる。宿泊の予約や料金など詳しくは、西穂山荘事務所（電話）0263・36・7052、または西穂山荘ホームページで申し込むことになっている。

（写真提供：西穂山荘）

登山者に大人気のラーメン

# 8 ハヤシライスは早矢仕さんが作ったライス？

## 山県《やまがた》市出身で丸善創始者のエピソード

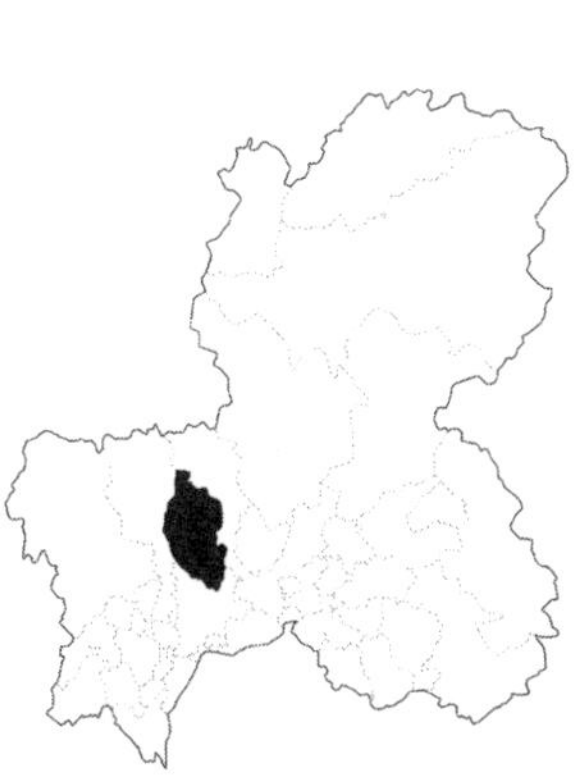

ハヤシライスの生みの親が、岐阜県山県市出身で丸善（現在の丸善ジュンク堂書店）の創業者である早矢仕《はやし》有的《ゆうてき》だったことは、案外知られていない。

早矢仕家はもと美濃国厚見郡江埼村（岐阜市江崎）の城主の家柄だった。城主の早矢仕政信は戦死し、その妻が笹賀村（山県市笹賀）に落ち延びたので、笹賀は早矢仕家の郷里となった。その子孫は代々早矢仕歳兵衛を名乗る同村の庄屋であった。

有的は母ためが嫁いだ同村の岩村藩医師・山田柳長の子として天保八年（一八三七年）八月九日に生まれた。しかし柳長が若くして亡くなったので、有的は義祖父の歳兵衛に可愛がられて育ち早矢仕姓を継いだ。成長した有的は医師を志し、十八歳の時に郷里で開業。その後江戸に出て蘭方

早矢仕有的の肖像画

医の坪井信道に学んだ。

慶応三年（一八六七年）には、当時評判が高かった福沢諭吉の私塾（後の慶応義塾）に入る。明治二年（一八六九年）福沢の勧めもあり、横浜で洋書や医療器具を販売する丸屋商社を創業し、大阪や京都に支店を設け、海外にも支店や出張所を開設。明治六年（一八七三年）には社名を丸善に改称した。

## 進取の気性に富む

創業の目的が西洋文化や文物の導入にあったので、書物をはじめ万年筆やタイプライター、シャツ、手袋、煙草、マッチ、石鹸、帽子、鉛筆、バター、ウスターソース、カレー粉、コンデンスミルク、ビール、リキュールなど新しい時代にふさわしい、しかし当時の日本人には珍しい様々な商品を輸入して紹介した。

このように時代を読む先取りの精神と合理的な考えの持ち主であった有的は、私生活でも文明開化の礼讃者であった。牛肉が好物で横浜の洋食店・開花亭が行きつけの店だったが、舌も肥えていたので同店のビフテキの味によって、料理人が代ったことをズバリ言い当てたこともあった。

## ハヤシさんのライスが…

明治十八年（一八八五年）まで丸善の社長を務めた有的は、当時日本を訪れていた外国人とも親交があった。友人の外国人が有的を訪ねてくると、台所であり合わせの肉類や野菜類でごった煮の料理を作り、これにご飯を添えてふるまっていたという。やがてこの料理が「ハヤシさんのライス」と言われるようになり、ついにはハヤシライスの名でレストランのメニューにまでなったといわれる。

丸善のハヤシライス

しかしこの話はできすぎと言わ

早矢仕有的の誕生日９月８日を記念して

れ、丸善百年史によると有的のひ孫に当たる丸家稔さんは、「当時本人は、医者と丸善の二つの仕事を抱えていたので、外国人の来客のために食事を作るような、そんなヒマはとてもなかっただろう」と話している。

　ハヤシライスといえば、英語でこま切れ肉のことをハッシュ（hash）といい、ここから肉とジャガイモ、ニンジンなどの野菜との煮込みもハッシュというが、明治初年いらい東京・神田の洋食店・三河屋ではハッシュ・ビーフの人気が高かった。これにライスとを合わせたものがハヤシライスの語源と見られているが、この三河屋も有的が贔屓《ひいき》にしていた店だった。

## 九月八日は「ハヤシの日」

　丸善日本橋店の屋上レストランでも、およそ半世紀にわたり「丸善のハヤシライス」は人気メニューとなるほど味と香りの文化は定評があった。現在の丸善ジュンク堂書店では、二〇一六年から創業者・早矢仕有的の誕生日である九月八日を「ハヤシの日」に制定している。

　一方、早矢仕有的の出身地の山県市には、オリジナル・ハヤシライスの店・ビストロサングリエ久助や、お洒落なハヤシライスのレストランが店を構え人気を呼んでいる。

（写真提供：丸善雄松堂株式会社）

# 9 元禄十一年から始まった「時の太鼓」

## 馬術の名手だった殿様に将軍からごほうび

毎年、時の記念日の六月十日、本巣郡北方町の西順寺《さいじゅんじ》では由緒ある「時の太鼓」が打たれているが、この太鼓には江戸時代のアスリートだった殿様の知られざるエピソードが秘められている。

寛文六年（一六六八年）当時の北方村に置かれた北方陣屋初代の旗本・戸田光賢《みつたか》は、武道の達人で特に優れた馬術の名手として広く知られていた。

このことを伝え聞いた五代将軍・徳川綱吉の前で、馬術を上覧せよということになり、元禄十年（一六九七年）四月十二日と十三日、戸田光賢は江戸城桜田門外の馬場で、素晴らしい馬術の妙技を披露し、同十四日には品川沖合に出て、みごとな水上馬術をご覧に入れた。

この至芸の技に痛く感心した将軍・綱吉は、後日呼び出した光賢に、ほうびの品々に加え、大名に取り立てることをほのめかした

再現される時の太鼓（CCN シーシーエヌ株式会社提供）

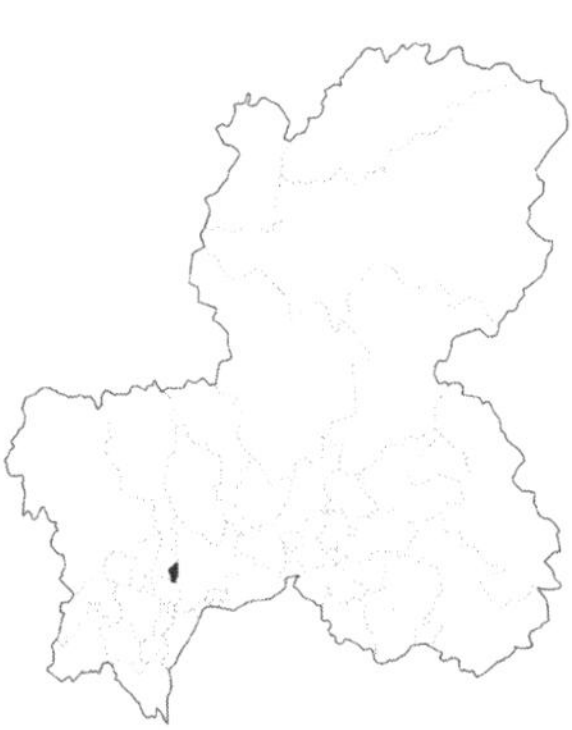

が、「拙者は五千石の旗本で十分でござりまする」とこれを固辞した。

## 将軍からのごほうび

このため将軍から重ねて望むところを尋ねられた光賢が、改めて「時の太鼓のお許し」と「鮫鞘《さめざや》の三間槍を使うこと」、それに「冠木門《かぶきもん》のお許し」を願い出たところ、直ちに認められたという。

時の太鼓は打ち方に特徴があり、当時は尾張家、紀州家、水戸家の徳川御三家以外は、この打ち方を許されていない特別なものであった。また冠木門も普通大名が建てることができないものであった

ことから、光賢の馬術がいかに優れたものであったかを物語っている。

将軍の許可を得た光賢は、直ちに北方の各町に命じ、冠木門を十三カ所に建てさせる一方、当時の北方の中心地であった本町の町筋の角に太鼓ややぐらを作らせた。そして光賢の馬術上覧の翌年、元禄十一年（一六九八年）四月十四日の八つ時に、十二の刻を告げる時の太鼓が打ち始められた。驚いた村人たちは、光賢に敬意の念を表し、さらに信頼を寄せるようになったという。

いらい時の太鼓は、明治維新ごろまで庶民の時計代わり

北方陣屋の冠木門を移築したと伝わる岐阜別院裏門
（本願寺岐阜別院提供）

に毎日、打たれていたといい、その後は当初の場所から現在の西順寺に落ち着いた。同寺の太鼓ややぐらにかかっている板額には、戸田光賢の名前をはじめ、徳川御三家にだけ許された延喜式と呼ばれる太鼓の打ち方が、すべて漢字で書かれている。

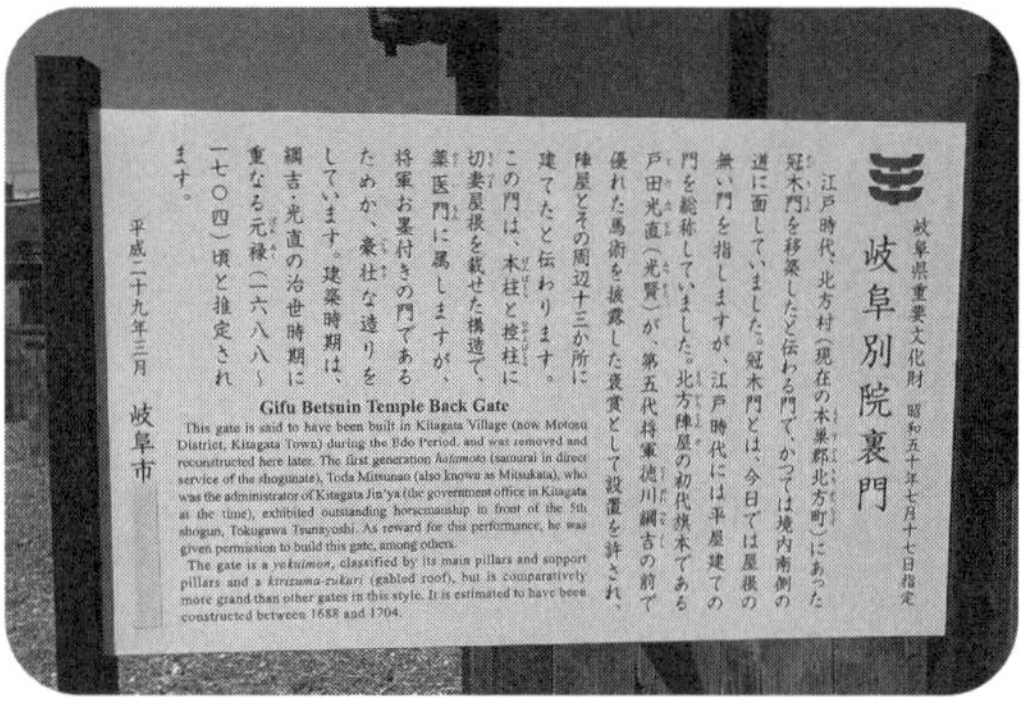


（本願寺岐阜別院提供）

　ところでこの太鼓は、直径一・一メートル、胴回りは最大で四メートルある巨大なもので、バットのようなバチで力いっぱい打つと、一・五キロメートル四方にその勇壮な音が響き渡ったといわれている。日の出の明け六つ（午前四時三七分）から日の入りの暮れ七つ（午後四時四二分）まで、二時間半おきに時を知らせ、打ち方によって時が分かるようになっていた。

## 一〇〇年以上も中断、再現

　古くから「五千石でも北方様は、時の太鼓に冠木門」と地元の人たちに唄われた太鼓は、明治の初めまで続けられ、その後打たれなくなったが、町の文化財保護協会の提案で、昭和五六年（一九八一年）から再現されるようになった。

　二〇二四年は、六月十日の「時の記念日」の午前四時すぎに、同町文化財保護協会会長の広瀬四郎さんや役員たちが西順寺に集合し、明け六つの太鼓から打ち始めた。その後も時刻ごとに太鼓に向かい、地元の小学生や幼稚園児約三〇〇人の代表が、時刻の間の太鼓を力強く打った。また同寺の境内では、北方民謡保存会のメンバー十人が、「北方甚句」や「北方シャンソン」などの曲に合わせて得意の踊りを披露した。同協会は、「子どもたちが直接太鼓を打つことで、体に振動を感じ、江戸時代から伝わる地域の文化、時の太鼓の史実を学んでほしい」と話している。

西順寺・太鼓楼の前で踊る北方民謡保存会
（CCN シーシーエヌ株式会社提供）

なお、時の太鼓は兄弟太鼓と呼ばれていて、西順寺にあるのが兄の太鼓で、近くの本巣市真正町真桑地区の教念寺に、一回り小さい弟の太鼓が見られる。

また、かつて十三カ所あった冠木門は、現在三カ所が確認されている。北方町の高屋の古川さん宅をはじめ、岐阜市の本願寺岐阜別院（西別院）裏門、それに岐阜市西改田三橋の沢田さん宅に移築されている。昔の冠木門は馬が通るための高さがあったという。三カ所の中でも西本願寺裏門は、往時を偲ばせる冠木門で岐阜県の有形文化財に指定されている。

## 10

# 県内で「うだつ」の上がる町家は六七軒

### 本家の京都より多いが、今や存亡の危機に

「うだつが上がらない」という慣用句がある。いつまでも低い地位にとどまっていて出世ができない。良い境遇に恵まれず、地位や生活が一向に向上しないことを言い、日常会話の中でも比較的よく使われることわざだ。

うだつは「梲」または「卯建」と書き、かつて京の都や江戸の町で、隣り合った町家の境に屋根より高く上げた壁の上に、小屋根をとりつけたもので、防火壁の役割を果たしていた。富裕な商家でなければ、装飾性に優れ、成功のステイタス・シンボルとしての「うだつ」を上げることができなかったので、転じて「うだつが上らない」ということわざになったと言われる。

**うだつを見たことがない**

ところが、このことわざを知っていても、「うだつ」がいったいどんなものかを見たことがないという人が増えている。事実岐阜県内各市町村の教育委員会の人に「地元のうだつ」について尋ねても、「うだつ」の分からない人が何人かいたほどだ。つまり、自分の住んでいる地域に「うだつ」がなかったり、あっても「うだつ」と認識できないことなどが背景にあると見られる。

そこで「うだつ」のミニ教室である。うだつには、①本うだつ ②袖《そで》うだつ ③袖壁《そでかべ》 ④煙抜き ⑤大

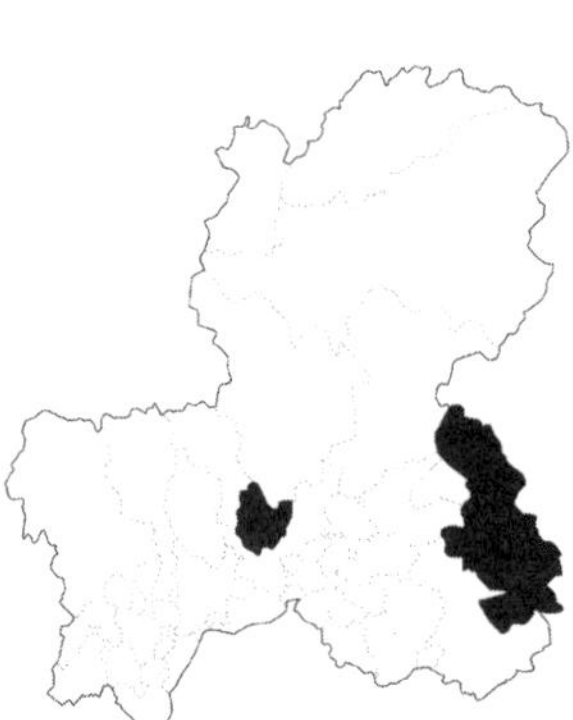

和棟の五種類があるが、「うだつが上る」というイメージに合うのはやはり視覚的にも「本うだつ」と「袖うだつ」ということになるだろう。

## 姿を消す京都のうだつ

とりわけ「本うだつ」は、古くは室町時代から江戸時代にかけての「洛中洛外図屏《らくちゅうらくがいずびょう》風《ぶ》」に描かれ、うだつ本来の形式を今に伝えている。

この「洛中洛外図屏風」には、京の都の町並みや、様々な身分の人たち（一三〇〇人ほど）の暮らしぶり、祇園祭の山鉾の様子、四季の移り変わりなどが、俯瞰図《ふかんず》として描かれていて、昔々の京都見物

あれが本うだつで
あっちは袖うだつね。
よく間違えるのが
あの袖かべか・・・

袖壁

ができる都のガイドマップでもあった。それ故に、地方の大名や豪商などに人気があったと言われる。

ちなみにこの屏風は、戦国時代から江戸時代にかけて、多くの絵師たちによって描かれ、現在も一〇〇点以上の作品が全国の博物館や旧家などに保存されている。

岐阜市の国際観光ホテル・十八楼の伊藤家に伝わっていた「洛中洛外図屏風」が、同市歴史博物館に寄贈され、修復されたあと二〇一〇年に展示されたので、ご覧になった方も多いだろう。

室町時代の「洛中洛外図屏風」（歴博甲本や舟木本）に描

かれている庶民の家屋の大半は、板葺き屋根か石置き板葺き屋根で、ここにうだつが上っている。当時の板屋根の端が風に吹き上げられたり飛ばされたりするため、この頃のうだつは、風当たりを弱めるなど主に防風の役割を果たしていた。

江戸時代に描かれた「洛中洛外図屏風」にも、京の町並みに本うだつを上げた町家などが数多く見られる。屋根や小屋根が丈夫な瓦に変わり、耐久性のあるしっくいなどによって、うだつが防火壁の役割を果たすようになり、装飾性とともに富裕な商家などのシンボル的なものになってゆくのである。

京の町をモデルに町づくりが行われた江戸の町も、「江戸図屏風」や「江戸名所図屏風」に描かれ、ここにも「本うだつ」の上がった商家や町家が数多く目につく。しかし京の町家も江戸の町家も、江戸時代に相次いだ大火で焼失、大半のうだつが姿を消した。そして明治以降の建物の近代化に伴い、今日の京都では「本うだつ」の見られる町家や商家は、数えるほどしか残っていない。

## 岐阜に数多く残る本うだつ

それに比べ、岐阜県内には、最近調べた結果で分かっているだけでも、本うだつが六〇軒、袖うだつが七軒、合わせて六七軒が残っている。（一覧表参照）

本うだつは、美濃市をはじめ中津川市、美濃加茂市、郡上市、岐阜市、大垣市、高山市、下呂市、八百津町、関市、北方町、川辺町、瑞浪市、笠松町、各務原市、飛騨市の各市や各町に見られる。

このうち美濃和紙の産地・美濃市には、かつて裕福な和紙商人たちが建てた本うだつの上がる一九軒の古い商家群が、独特の美しい景観を見せている。この町並みは、国の伝統的建造物群保存地区（伝建地区）になっていて、上空から見ると「目」と言う字に見えるので、地元ではこの地区を通称「目の字」と呼んでいる。この伝建地区外の曽代の旧商家一軒にも本うだつが見られる。

「目の字」の中で一般に公開されている今井家住宅は、その昔庄屋と和紙問屋だっただけに、うだつが見られる商家の中では最大規模で、庭には涼しい音がかすかに響く水琴窟がある。また江戸時代から二五〇年続き、国の重要文化財に指定されている小坂酒造は、むくり屋根が特徴的でうだつの小屋根もカーブしている。

　美濃市に次いで、中津川市には本うだつの商家が七軒あり、中山道中津川宿に五軒あるうち黒塀のはざま酒造には一軒で四連のうだつが見られる。このほか岐阜市には、岡本家、林家、桑原家の三軒の旧家に本うだつが見られ、織田信長の時代から続く「鍋屋」の岡本家には、京都では見られない重厚なうだつが目に入る。

　水の都・大垣市には、船町に上田家と旧K家の二軒の本うだつのほか、柿羊羹でおなじみの俵町の

岐阜県内の「うだつ」一覧

| | 市町村 | 本うだつ | 袖うだつ |
|---|---|---|---|
| ① | 美濃市 | 20 | 2 |
| ② | 中津川市 | 7 | |
| ③ | 美濃加茂市 | 5 | |
| ④ | 郡上市 | 4 | |
| ⑤ | 岐阜市 | 3 | |
| ⑥ | 大垣市 | 3 | |
| ⑦ | 高山市 | 3 | 1 |
| ⑧ | 下呂市 | 3 | |
| ⑨ | 関市 | 2 | |
| ⑩ | 北方町 | 2 | |
| ⑪ | 川辺町 | 2 | |
| ⑫ | 八百津町 | 2 | |
| ⑬ | 瑞浪市 | 1 | |
| ⑭ | 各務原市 | 1 | |
| ⑮ | 飛騨市 | 1 | |
| ⑯ | 笠松町 | 1 | 2 |
| ⑰ | 恵那市 | | 1 |
| ⑱ | 可児市 | | 1 |
| | 合計 | 60 | 7 |

本うだつの町家が並ぶ美濃市（編集部提供）

うだつが四連上がる中津川市のはざま酒造
（中津川市提供）

つちや本店に、すこぶる古風な表看板とともに本うだつの白い妻壁が印象的だ。

飛騨の高山市には、大新町にいずれも国指定重要文化財の吉島家と日下部家の二軒の旧家に本うだつが見られる。吉島家の説明版に

岐阜市岡本家の本うだつ（岡本家提供）

は「うだつではなく、火垣《ひがき》と呼ぶ」と書かれているが、形態と機能から「本うだつ」と考えても良いだろう。

さらに高山には、国分寺通りのアーケードに遮られて気づきにくいのだが、松本家の本うだつがある。二〇〇七年一月に松本家の隣の倉庫から出火する火事があり全焼したが、松本家のうだつが延焼を食い止めたという記事が、新聞に掲載された。

瑞浪市日吉町にある国登録有形文化財の大黒屋旅館は、本うだつで知られる老舗旅館で外国人観光客にも人気がある。ここはかつて尾州家の定本陣となっていたので、参勤交代の大名や家臣たちが投宿した格の高い建物だったが、火災のため焼失し、安政六年（一八五九年）に再建された。最近は、畳の部屋や和食にも慣れ、箸の使い方も上手なオーストラリアやアメリカ、シンガポールなどからのツアー観光客も多いという。

このほか、北方町の旧渡辺家と

岡田家、羽島郡笠松町八幡町の高木家、下呂市金山町の奥飛騨酒造、飛騨市の本田家にも、それぞれ本うだつが認められる。

## 少ないが袖うだつも健在

一方「袖うだつ」は、後発のうだつで、明治・大正・昭和に建てられたものが多く、本うだつほどの数はないが、県内に七軒確認できた。袖うだつとしては、美濃市殿町の田中家と須田家をはじめ、高山市本町で見つかった旧牧野家、またこちらも袖うだつと知られていなかった恵那市岩村町の旧十六銀行岩村支店（今の岩村町まちなみふれあいの館）、可児市兼山の民家、可児市羽島郡笠松町下本町の旧十六銀行笠松支店、その隣りにある旧杉山家など、いずれも形は少しずつ違っているが、みな袖うだつの仲間である。

「袖うだつ」で注意したいのは、「袖壁」とよく間違われることである。袖壁は、町家の一階の屋根の隣家との境目に防火のための壁として設けられている。その点は袖うだつも同じように防火壁なのだが、袖壁には小屋根がついておらず、袖うだつには必ず小屋根がついている。見分けるポイントはここにある。郡上市八幡町には、本うだつも数軒あるが、それ以外は袖壁が溢れる袖壁タウンである。

旧十六銀行笠松支店の袖うだつ（笠松町歴史未来館提供）

最後に紹介したいのは、下呂市小坂町に見られる中谷家のうだつである。中谷家のうだつは、本うだつであるのに加えて袖うだつが合体している複合うだつである。筆者が調べた範囲内では、同じようなタイプの複合うだつは、広島県三次市にあるのを確認しただけで、他にはほとんど見られない貴重なものである。

下呂市中谷家の複合うだつ（下呂市小坂振興事務所）

中谷さんによると、昭和二年（一九二七年）に小坂町で大火があり、中谷さん宅も焼けたため再建したが、その時中谷さんの祖父・仙太郎さんが「うちから火が出ても近所に燃え移らんようにうだつを上げた」と聞いているという。その火災に続いて戦後間もなくだったが、今度は中谷さんの隣りの時計店から火が出る火事があり、「時計店は全焼、向こう隣りの家は一部焼けたが、うちはうだつがあったせいか延焼を免れた」と話している。

## 次々と壊されていくうだつ

しかし最近の話だが、例えば美濃市俵町で空き家になっていた袖うだつの旧商家が建物の老朽化とともに、結局取り壊され、袖うだつも姿を消した。また同じ美濃市曽代には旧「大糸屋」（造り酒屋）の立派な本うだつが上っているが、こちらも無人になっているそうなので老朽化するのを待たずに、何か他の新しい活用法がないものだろうか。他にも加茂郡七宗町にあったはずの本うだつの上がる民家もいつの間にか姿を消していた。

文化財になっていてもいなくても（県内でもなっていない方が多い）、本うだつも袖うだつも、それぞれの地域の歴史や文化を象徴しているものなので、自治体や地域の人たちが一体となって保存してゆく必要があるだろう。数は少なくても、「本うだつ」や「袖うだつ」を歴史的な観光文化資源として見直し、先祖が残してきた地域文化を受け継いで守り、将来の岐阜県にもうだつを上げたいものである。

# 第二章　祭り・イベント・芸能

## 11

# 懸賞金一三二万円の「つちのこ探し」

### 人口二〇五六人の東白川村に全国から約二五〇〇人

話には聞いたことはあるけど、誰も捕まえたことがなく、写真も見たことがないのが、幻のヘビ「つちのこ」だ。作家の田辺聖子さんは、『すべってころんで』という小説の中で、「あのなァ、ツチノコというて太短い、けったいな蛇がいよるねん」とユーモラスに描いている。

つちのこは、北は東北の秋田県や岩手県から南は九州の鹿児島県まで、全国各地で目撃されている。岐阜県内でも、旧徳山村をはじめ旧高富町、旧美山町、美濃市、旧板取村、可児市、多治見市、中津川市などで目撃例があるが、中でも東白川村は全国でも有数の目撃多発地帯なのである。

**全国有数の目撃多発地帯**

その東白川村で、一九八九年五月三日に「つちのこ捜索大作戦」が始まり、ツチノコを発見し捕まえた人は、懸賞金一〇〇万円がも

「つちのこを見つけるぞー！」

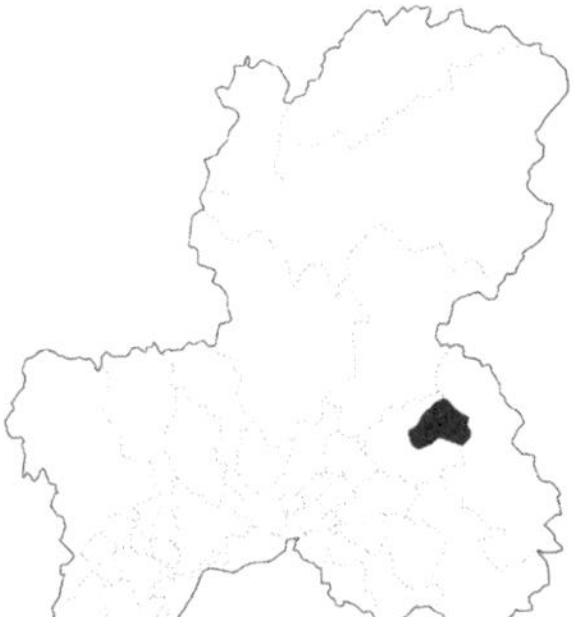

つちのこを懸命に探す子どもたち

らえるので、全国的に大きな話題を呼んだ。

この村でのつちのこ目撃例を振り返ってみると、例えば昭和四五年（一九七〇年）の春、当時「つちのこを探そう会」の会長をしていたMさんが、畑作業をしていた時につちのこを見たという。Mさんは息子さんにこう説明した。

「何か山から転がるようにして畑に落ちてきた。初めは亀かなと思ったが、見に行くとビール瓶よりは長くて、しっぽが短いへんてこな形のものだった。しかも蛇のように蛇行せず、まっすぐズルズルと這っていた。見た目も気持ち悪いので石をぶつける

つちのこ探しの人たちで賑わう会場

と、蛇が鎌首をもたげるように頭を立てている。かみつかれると困るなと思っていると、そのうちにピョーンと二メートルほど飛んで姿を消した」息子さんが「そんな変なもんおるか」というと、Mさんは「いや、ほんとにいたぞ。ありゃ、つちへびだ」と話していたという。

ふり返ると、昭和九年（一九三四年）からこれまでに同村神土《かんど》・親田地区を中心にした目撃談は別表の通りだ。幻のヘビに遭遇した人たちの話をまとめてみると、つちのこは「体長三〇センチメートルから八〇センチメートルくらい。ビール瓶位の胴から三角形の頭がちょこんと出ていて、尾は短い。色は灰色、黒、黒褐色、こげ茶色で、光っていて這うようにして歩く」などの点が共通しており、四月から十一月にかけて目撃されている。

## つちのこフェスタに大量の人

参加者の人数を限定して二〇二四年五月三日に三三回目を迎えた「つちのこフェスタ二〇二四」は晴天に恵まれ、全国各地から家族連れを中心に約二五〇〇人が参加し、人口二〇五六人ののどかな山村は、「つちのこ探し」の人たちで賑わった。参加者の中にはリピーターも多く「また来ましたよ」という声があちこちから聞かれた。

当日は有料駐車場（一台一〇〇〇円）となっている東白川中学校

魚のつかみどりなどイベントも同時開催

と同村総合グランドに車をとめた人たちが約一〇分歩いて会場の中川原水辺公園に到着した。

　午前八時になると事前の申し込みで予約した人たちが、パスポート（一〇〇〇円）を購入、「つちのこ本気捜索隊」の参加費（大人、子ども一〇〇〇円）を払い、歩いて約二〇～三〇分かけて待望の段々畑に着いた。

　家族連れが多い参加者たちは、さっそく目撃例が集中する神土地区の段々畑を中心に、捕獲棒を手に茶畑や草むらを歩き回りながら捜索、わらびなどの山菜とりも楽しんだが、結局「つちのこ発見」には至らなかった。参加者からは、「今日は楽しかった」「来年もまた来ます」という声が多く聞かれた。

　こうして二〇二四年も懸命の捜索が行われたが結局発見に至らなかったので、二〇二五年度の懸賞金は一三三万円になる。

　詳しいことについては、東白川村地域振興課＝〇五七四（七八）三一一一まで。夢とロマンと謎に包まれた「つちのこフェスタ」に、季節の山菜取りも兼ねて参加するのも楽しそうだ。

（写真提供：東白川村）

「つっちー」と「のこりん」

# 「私は見た！」東白川村「つちのこ」目撃談

| 目撃者 | 発見時 | 目撃時の状況・つちのこの特徴など |
|---|---|---|
| A夫 | 1934年頃 | 馬崩れ。笹を倒しながら逃げて行った |
| B子 | 1946年頃 | 自宅で2度、桜峠で1度。灰色に光り長さ30センチ |
| C子 | 1947年頃 | 二本松近くの道ばた。木の枝と思った |
| D夫 | 1949年頃 | 前山の畑。灰色ではいずるように動く |
| E夫 | 1970年頃 | 桜峠の佐見側。頭は丸く、尾はほとんどない |
| F夫 | 1974年頃 | 曲坂にて、ずんどうで、尾が細く灰色 |
| G夫 | 1975年頃 | 自宅前。頭だけ見えた。口中は赤い |
| H夫 | 1982年頃 | 桑畑。40センチ、どたりと座ったよう |
| J子 | 1983年頃 | 自宅の車庫近く。ネズミのような尾で灰色 |
| K子・L子 | 1987年頃 | 茶畑。ミカン袋のようなアミ模様が光った |
| M子 | 同年頃 | 茶畑の草刈り中。黒っぽいビール瓶のよう |
| N子 | 同年頃 | 田の側溝。石を当てるとタイヤのような音がした |
| O夫 | 1988年 | 自宅付近の茶畑。40センチ、ビール瓶ぐらい |
| P夫 | 同年頃 | 自宅付近の茶畑。灰色に光り、はいずるように動く |
| Q夫 | 同年頃 | 曲坂の桑畑で。35センチ、胴6センチぐらい |
| R子 | 1990年頃 | 自宅近く。一升瓶が転がっていると思った。太くて短い |
| S夫 | 同年頃 | 河原で草刈りをしていた時、銀色にキラキラ光っていた。腕ぐらいの太さ |
| T夫 | 1997年頃 | ビール瓶より少し大きい。ネズミ色っぽい。日陰に入った |
| U子 | 2018年5月 | 夕方ライトをつけた車でゆっくり走っていた時につちのこらしいものが車の前をゆっくり通りすぎた |
| V夫 | 時期不明 | ずんどうでビール瓶ぐらい。ネズミの尾に似ている |

■上記一覧表のほとんどの情報は、かつて東白川村で活動していた「つちのこを探そう会」がまとめたもの。同会の活動停止と共に目撃情報が収集されなくなった。その後2023年3月に同村が村民に対して「つちのこを見たことは？」という聴き取り調査の結果2018年の目撃情報が1件だけあったという。

# 12

# 世相風刺と笑いの人形劇「糸切りからくり」

## 必見！八百津町・春の久田見祭り

曳き揃えられた六輌のだんじり
（八百津町提供）

岐阜県加茂郡八百津町といえば、第二次世界大戦中に多くのユダヤ人の命を救った杉原千畝さんの出生地として知られている。ところがその八百津町に風刺と笑いの人形劇「糸切りからくり」があるのは、あまり知られていない。

### 国の選択無形民俗文化財

同町の久田見からくり祭りは、毎年四月の第三土曜日、日曜日に開かれているが、二〇二四年は、四月十五日（土）が試楽、翌十六日（日）に本楽を迎えた。午前中雨がぱらついたので、午前九時から正午まで久田見の神明神社と白髭神社で、春の例祭として行われ、六輌のだんじり（山車）の上で愉快な人形劇が繰り広げられた。

からくり人形は高山祭などの場合、後方で操作する人の糸の動きが直接人形に伝わる仕組みになっているが、久田見の場合は構造上

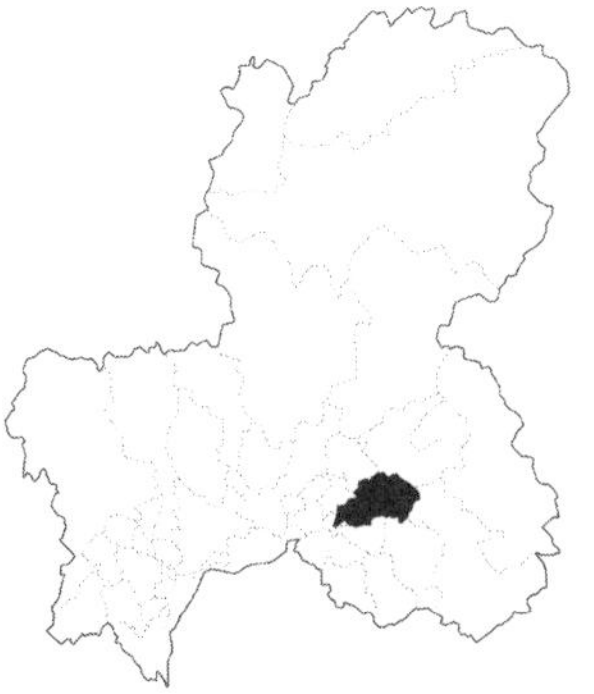

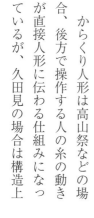

台座の歯車につながっているだけで、糸が直接人形につながっていない。このようなことから「糸切りからくり」と呼ばれているのだが、これ自体も大変珍しく、国の選択無形民俗文化財に指定されている。

久田見祭り本楽の日は、中盛、後口《うしろ》・松坂、入野、野黒、薄野、小草の六つの自治会から出ただんじりが、お囃子とともに傾斜のあるのどかな山村を練り歩き、神明神社で神馬と獅子舞が奉納される。このあと神社の境内に美麗な外観のだんじり六輌が曳き揃えられ、一輌ずつの「からくり人形」が奉納される。

## 常に新作が求められる

高山祭などのからくり人形は、毎年古くから伝わる内容のものが演じられるが、久田見の糸切りからくりは毎年必ず新しい内容やテーマのものを演じるという特色がある。仮に同じ演題の場合も内容的に新しく工夫されることになる。

久田見祭りの過去の演題や内容・テーマを見ると、

①「忠臣蔵」のような昔からの芝居もの。

②「桃太郎」「かぐや姫」「浦島太郎」などの童話・昔話もの。

③現代の世相からニュース性のあるもの。

④人形などの動きに力点を置いた技術的なもの。

など主に四タイプに分類できる。

ちなみに二〇二四年の各自治会の演題は、中盛が「八岐大蛇伝《やまたのおろち》」、後口・松坂が「昇龍ドラゴンズ」、入野が「ゴジラ-1・0」、野黒

「八岐大蛇伝」（八百津町提供）

が「バンジー・ジャンプ」、薄野が「春爛漫久田見祭り」、小草が「獅子舞」であった。

　このうち中盛の「八岐大蛇伝」は日本武尊《やまとたけるのみこと》のからくり人形が登場し、八つの頭と尾を持つ大蛇の首をはねて退治をするというストーリーが展開し、最後に「能登半島復興！」の文字が出てオチとなった。後ロ・松坂の「昇龍ドラゴンズ」は、中日ドラゴンズのマスコットキャラクターのドアラのからくり人形が、宙返りやバック転をする仕掛けで、子どもたちから歓声が上がった。宙返りをすると対戦チームのロゴがバタンと倒れるようになっていた。

「昇龍ドラゴンズ」（八百津町提供）

　入野の「ゴジラ-1・0」はからくりのゴジラの首や手がスムーズに動き、飛行機が飛んだりする仕掛けで、最後にからくりの土台が開いて「能登半島復興！」や「久田見祭りみんなでつないで行こう！」というキャッチコピーのプレートが飛び出した。野黒の「バンジー・ジャンプ」は地元の人気スポット新旅足橋《しんたびそこ》から二一五メートル飛び降りる日本一おそがい（こわい）バンジー・ジャンプをイメージし、からくり人形が台座から飛び降りる仕掛けになっていた。

　それぞれの自治会によって丁寧に作られた出し物のオチがつくと、地元の人たちや観光客など約一〇〇〇人で埋まった会場は、笑いと拍手に包まれ、やがて人形劇の幕は下ろされるのである。

　久田見祭り糸切りからくり保存会会長の長谷川泰幸さんは、「出し物は各自治会ごとに、現代の世相を取り上げるか、人形の動きにポイントを置くか、昔からの話を現代風にアレンジするなどを話し合って決める。日本列島は地震や水害など災害が多いので被災した人たちを応援するメッセージも考えた。今年はお天気が心配だったので各自治会のからくり人形を一斉に始めたため、本来の順番でできなかったのが残念だった。私の所属する中盛では、二月初めからからくり人形づくりに着手し、四月中旬には完成していた。ただからくり製作担当が九人いて、それぞれ部分的には製作ができるものの、なかなか全員が揃わないので、全体のバランスをとるのに苦労した」と話している。

「ゴジラ -1.0」（八百津町提供）

　さて神明神社での奉納が済むと、六輌のだんじりが約三〇〇メートル西にある白鬚神社に移動し、神明神社とは逆の順序で「からくり人形」が奉納される。今年はお天気の関係で、両神社とも六輌のだんじりが一斉にからくり人形を始めたため、詰めかけた見物客も、移動できず、全部の出しものを見ることができない。スマホを片手に中高生ぐらいの女の子が「こっちの二つのからくりを撮るので、お母さんは向こうを撮ってー。全部見たいんやで」と叫んでいる姿も見られた。

　いずれも華麗で古典的なだんじりの上に、外見上ミスマッチなドアラのマスコット形が姿を見せるなど、現代の世相を反映した全国的にも極めて特異な伝統芸能である。

## 久田見祭礼規約とは

　地元の久田見祭り保存会の人たちは、「久田見祭りは挨拶に始まり挨拶に終わる」という。だんじりの曳きだしや曳き揃え、からくり人形の上演などの前後には、各自治会ごとに祭りを取り仕切る宰領が、「例年の定める通り行いますので宜しくお願いします」など

【糸切りからくりの構造】

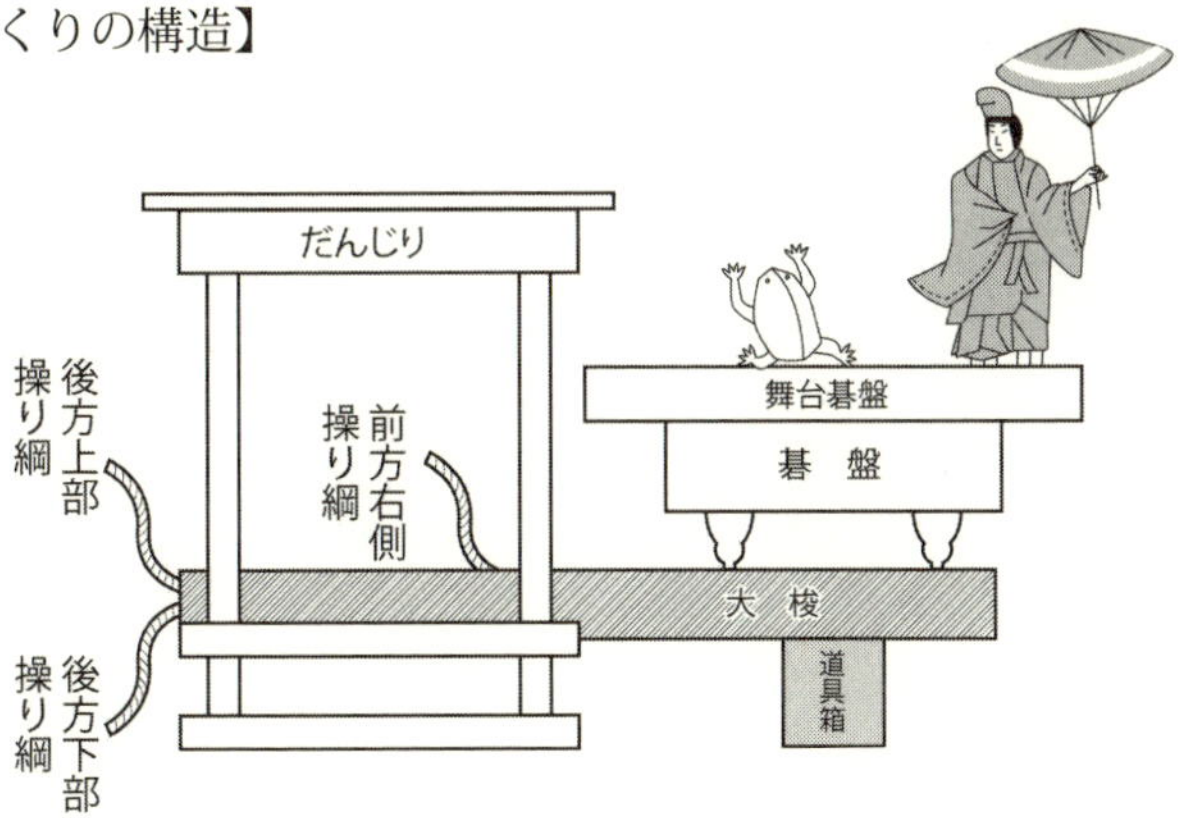


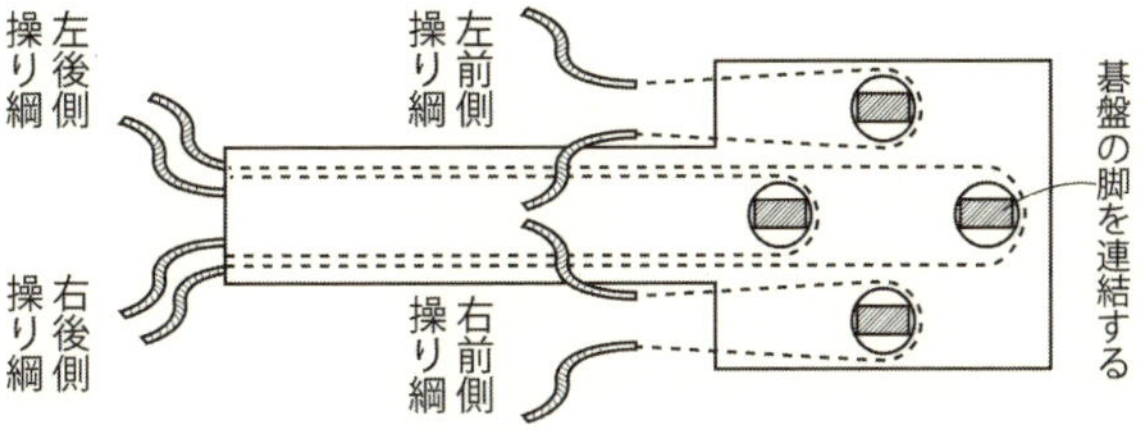


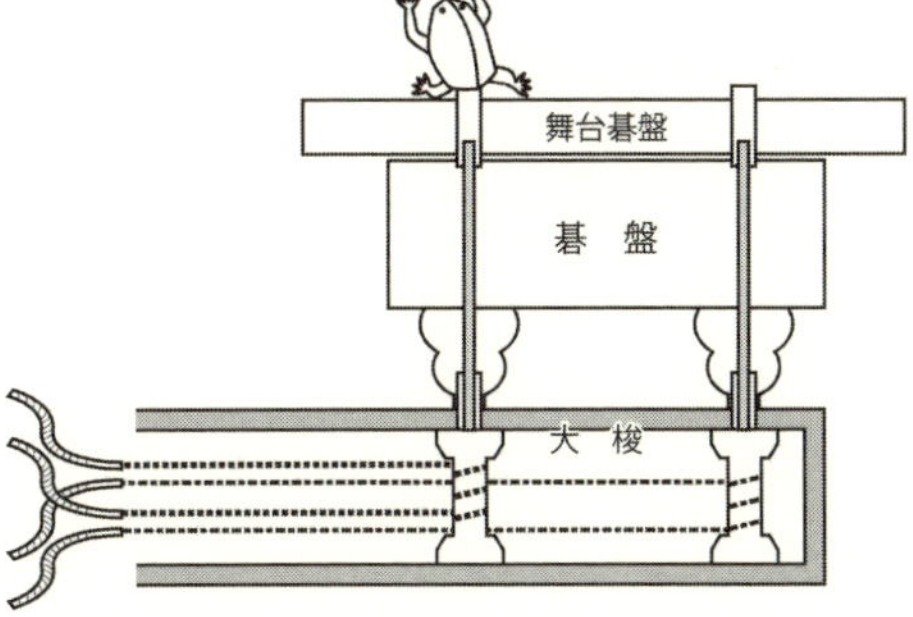


だんじりの中にいる四人の人が糸で碁盤の中の四つの歯車を回転させ、その動きが舞台碁盤上の人形やカエルに伝わり動く仕組みになっている。

とお互いに必ず挨拶を交わすことになっている。

これは江戸時代に各集落の氏子の間の申し合わせで取り決めた「久田見祭礼規約」に基づくしきたりである。からくり人形の準備から製作、上演奉納までの期間中も祭りのしきたりによって決められた次のようなことが今も守られている。
①からくり人形は以前と同じものを作らず、毎年新しいものを製作する。
②テーマや材料・構造など製作するからくり人形に関することは、家族や同じ自治会の人たちにも一切口外せず、祭りの当日まで極秘にする。
③自分の自治会のからくりの内容を知られないようにするため、からくりの骨格や構造などを黒板に書いたとしてもすぐに消し、図面を残さないようにする。
④からくり人形を製作している公民館には関係者以外は立ち入り禁止とする。
⑤毎年製作したからくりは、他の自治会に骨格や構造などが分からないようにするため、祭りの一～二週間以内にすべて壊し残さないようにするなどである。
六輌のだんじりのうち、薄野自治会のだんじりの桝形が室町時代にさかのぼる可能性があるため、一年限りの出しものは、毎年新しい趣向をこらす中世の祭りの風流《ふうりゅう》の精神を引き継いでいると見られる。

なお今回の取材に当たり、八百津町地域振興課の横山雄一さんと同町総務部広報担当の三ツ岡綾華さんに大変お世話になりご協力をいただいた。

## 13

# 県《あがた》神社の奇祭「乞食《こじき》まつり」

## 加茂郡川辺町で激しい「おこわ」の争奪戦

　令和のこの時代、他人から金銭や食料などを恵んでもらう「乞食」を見かけることはまずないだろうし、差別語になるので言葉としても使うことはほとんどないと言っても良い。しかし「乞食」が元気に登場する祭りがある。

　ボートの町・加茂郡川辺町にある県神社の奇祭「乞食まつり」である。地元の人が扮した「乞食」の頭の上から三升ものおこわ（赤飯）をぶっかけるという珍しい祭りだ。

　川辺町下麻生の県神社は、広い境内に古杉がうっそうと茂り、背後には峻険な岩山がそびえ立っている。明暦三年（一六五七年）六月に再建された時のものと見られる棟札が残されていることから、それ以前の相当古い時代に建立された社だと推定されている。

　この祭りの正式名称は「桶《おけ》がわまつり」と言い、例年四月一日に行われる。当日は古式にのっとった儀式のあと、用意されたおこわを大きな桶に移して、桶を持った氏子たちが境内を三周し、大量のおこわを乞食役の頭上からばらまくのである。

### 乞食まつりの由来

　この祭りがいつ頃から始まったのかは分かっていないが、町の史料には地元の言い伝えが次のように記されている。

「昔々下麻生の村で長い日照り

が続き、村人たちは飲み水にもこと欠き、田畑の作物は全滅する有様だった。何度雨ごいをしても雨は降らず、村人たちは空を見上げてはため息をついていた。そんなある日、みすぼらしい衣類をまとった一人の乞食が村にやってきて、お宮（県神社）の縁の下で寝起きをするようになった。

この乞食は貧しい身なりをしていたが、いつもニコニコして笑顔を絶やさないので誰からも好感を持たれ、村人に食べ物をもらい、夜になるとお宮へ帰って行くのだった。しばらくたったある日のこと、不思議なことにそれまで晴れ渡っていた空に雨雲が広がり、突然激しい雨が

降り出した。

村の人たちは雨の中へ飛び出し、「天の恵みじゃ、畑も助かった」と口々に叫び、「この雨はお宮の乞食のおかげじゃ、神様の使いかも知れん」などと言ってお礼を言うため揃ってお宮へ出かけた。ところが乞食の姿は神社のどこにも見当たらなかった。やがて秋になると作物が豊作になったので、村の人たちは乞食が神様の使いだと信じるようになり、県神社の祭礼には村人たちが総出でたくさんのおこわを炊いて、乞食にふるまうようになった」

明治・大正の頃、祭りの日には早朝から数十名の乞食がむしろの上に座り、頭上からかけら

れるおこわを、われ先にと奪い合う、すさまじい争奪戦をくり広げ、桶の底も破壊されるほどだった。こうして桶の側《がわ》だけが残ったので、古くからこの祭りのことを「桶がわまつり」と呼び、その由来と乞食が集まることから「乞食まつり」とも呼ばれてきた。

## 乞食に扮する厄年の人

しかし、昔と違って今は乞食がいないので、最近は川辺町消防団員や消防団のOBまたは地域内の厄年の人たちの中から乞食役を選んでいる。今から七年前に厄年だったので乞食役を演じた地元下麻生の丹羽忍さん（四八）は、乞食らしさを出すために朝から大変だったと次のように話している。

「祭りの当日、神社の隣の家の倉庫に片づけてあった歴代の乞食衣装の中から自分に合うサイズのものを選び、乞食OBたちのアドバイスを受けながら、炭を塗った汚らしいボロボロの古い下着の上から、真っ黒になった見た目もみすぼらしい上下の作業着を身に着け、靴墨などで汚したタオルを首に巻き、むさくるしいボサボサのかつらをかぶり、その上から穴があいた情けない麦わら帽子をかぶって、足元はおんぼろの長靴をはいた。メイクは墨汁で顔を真っ黒に塗り、終始くさい思いをしながら乞食ファッションを整えたものやった」

こうして祭りの日は、例年午前十時ごろから午後三時ごろまで、乞食役の人が神社の境内に、等身大のかかしを横に置き、ブルーシート上のむしろの上に座る。乞食役の真ん前には硬貨を入れるとチャリンと音がするボコボコにへこみまくった古びたアルミの受け皿をはじめ、お茶碗やお酒を飲む

親子づれに大笑いの乞食役の人

楽しそうにおこわを運ぶ氏子の人たち

コップなどの乞食アイテムが揃い、見物客からお金やお酒、缶ビール、お菓子、食べ物などの施しを受けることになる。

午後二時頃になると、氏子の人たちが準備し、桶に入れた三升ほどのおこわが、二〇二四年から一口サイズの小さなビニール袋に分け入れられるようになり、乞食役の人が座っている広めのビニールシートの上にひっくり返される。すると、乞食役の人よりも、殺到する見物客が昔の乞食さながらに奪い合い、おこわを手づかみで食べる光景が繰り広げられるのである。こうすると、豊作や子宝に恵まれるという。このおこわ手づかみレースに参加する見物客は、地元の人を中心に、祭りの珍しさを聞いてやってくる外国人も含め増えている。

これまでに乞食役を演じたOBたちは、「乞食の身なりを作るのは大変やった。四月とは言っても朝から五時間もむしろの上に座っているのは寒かったが、小学生の子供たちが声をかけてくれたり、地元のお年寄りがお酒をついで「ご苦労さん」と励ましてくれたり、家族連れの幼児などと記念写真を撮ってもらったりで楽しかった」と感想を話している。

お問い合わせは川辺町役場＝0574・53・2511まで。

（写真提供：川辺町）

乞食まつりで賑わう県神社の境内

# 14 風刺とオチが決め手の伝統芸能「美濃にわか」

## ＷＢＣの大谷選手や栗山監督が美濃町弁で登場

美濃和紙やうだつの上がる古い町並みで知られる美濃市に、「美濃にわか」という笑いの伝統芸能がある。「にわか」は江戸中期の享保年間に、大坂・住吉大社の夏祭りの時に起こったと言われ、美濃市には江戸時代末期に上方から伝わった。

毎年四月の第二土・日曜日の美濃まつりの夜に演じられる「美濃にわか」は、毎回新しいテーマで素人同士が即興的に掛け合い、世相を風刺しながら最後にオチがつく滑稽な寸劇のことをいう。旧美濃町十五町の若者や元若者たちが、地元の美濃町弁でやりとりし、全国から観光バスでやってくる見物客の笑いを誘う。

昨年の二〇二三年は、コロナ後初めてとあって、四月八日（土）の夜だけ、十三町のにわか軍団が久しぶりのにわかを披露した。同夜は、ＷＢＣの影響でいくつかのにわかに、大谷選手が登場したり、洋食名を織り込んだ「づくしもの」が見られたり、人気者の女装したおじいさん扮する「ミッシェル」に追っかけが登場するなど楽しいにわかが続いた。

同年の各町の演題は次の通り。相生町＝「帰ってきたよ！美濃まつり（ちょっとだけ洋食づくし）」、泉町＝「多様性社会、恋愛は自由だ」、新町＝「ＷＢＣ優勝に意思が動く」、米屋町＝「神輿の準備は大変だ、誰か手伝って」、俵町

俵町の人気者ミッシェル（美濃和紙推進課提供）

＝「ミッシェル、演歌の女王になる」、千畝町＝「旬な二人の次の目標」、常盤町＝「ハンドソープの恋心」、殿町＝「美濃の伝統を守るには」、西市場町＝「やらなあかんな、花みこし」、東市場町＝「どうする？じいさん　病院選びの決め手」、広岡町＝「どうする家康？いやいや広岡町」、吉川町＝「チームの一体感を出すもの」、湊町＝「親孝行って何やろう？」

　コロナ以前なら毎年「美濃市にわかコンクール」が行なわれ、順位が決まるのだが、二〇二三年はコンクールが行なわれなかったため、順位はついていない。では参加した十三町のにわかの中から、吉川町の「チームの一体感を出すもの」を誌上公開しよう。

　テーマは、

**「チームの一体感を出すもの」**

（配役）

①豊澤正信＝美濃市にわか連盟会長（司会や進行役多し）

②栗山英樹＝ＷＢＣ日本代表監督

③森保一＝サッカー代表監督

豊澤　はい、皆さんお待たせしました。豊澤でございます。本日は、四年ぶりのお祭りということで、お昼の神輿も盛り上がりましたが、夜の部はこちらも四年ぶりのにわかということで、やって参りますが、実は今日の会場にどえらい有名人がいらっしゃっておりまして、ご紹介したいと思います。ＷＢＣの栗山監督とサッカーの森保監督です。どうぞご登壇下さい。

栗山　わっちが栗山やわな。ＷＢＣでは皆さんの応援有難かったなも。

森保　わっちが森保やわな。今日は栗山監督の慰労も兼ねて、一緒にお邪魔させてもらったわな。

豊澤　今日はおまはんたに、監督としての心構えを色々聞いていこうと思うんやけど、このまま吉川町のにわかに参加してまってもええかな？

栗山　何となく強引な感じやけど、面白そうやでええよ。

森保　わっちもええけど、豊澤さん、どうせならわっちんたの話聞きながら、にわかっぽく反応してくんせーよ。

豊澤　ほん、ならそーさせてもらうわ。おまはんはサッカーだけに、手出し無用やなも。

森保　そんな感じで頼むんな。

豊澤　ところで、おまはんたは、チームジャパンの代表監督として、日頃から気をつけちょることはあるんかな？

栗山　わっちは、連戦が続くもんで、選手たちと同じように、体力づくりは欠かさんようにしちょる。おかげで、この歳でも背筋がピンとしちょるわな。

豊澤　ほん、大事なことや。わっちも市会議員の端くれとして、いつも姿勢（市政）を正したいと思っちょるなも。

森保　わっちも体は鍛えちょる。特にサッカーは足腰が大事やで。お尻の筋肉なんかも、落とさんように気をつけちょるわな。

豊澤　見たところ、おまはんのお尻は、鍛えられて弾力がありそうやで。これが代表監督の決断力（ケツ弾力）につながっちょるわな。

栗山　思ったよりも上手に返してくだれるんやな。

豊澤　そのほかに、選手の栄養管理とか、食事なんかは気にするかな？

森保　それはもちろん。海外での試合も多いし、できるだけ和食を持ち込んで管理するし、ゲームの直前には、おにぎりで補給なんかもするわな。

豊澤　おにぎりのことなら、選手もノリ（海苔）が良くなるでえなも。

栗山　わっちも、アメリカにはコメを持ち込んで栄養管理したなも。
豊澤　アメリカだけに、米国（米穀）を食った感じやわな。
森保　おまはん、いつも面白れえ人やけど、特に吉川町のにわかに出る時は、切れ味、抜群やな。
豊澤　最後にもう一つ。代表チームの一体感をつくるのに、監督として出来ることがあったら、教えてくんせー。
森保　わっち、何もやっちょらん。完全に選手まかせでやったでなも。むしろ、何が出来るんか、栗山監督に教えてもらいてーわな。
栗山　わっちも監督としては、森保さんと一緒で、おってもおらんでもそう変わらんタイプやでなも。ただ、おまはんがさっきからちょくちょく挟んじょった「ブラボー」なんかは、一体感出せたんやねーかな？
森保　ほん、あれは長友くんの発案でやらせてみたけど、確かにチームの雰囲気作りに役に立ったなも。そう言えば侍ジャパンにも、あれ（＊動作入れて）があったんやねーかな？
栗山　そうそう、選手全員でやったペッパーミル（＊動作入れて）。これはヌートバー君の発案でやらせてみたけど、選手全員が取り入れて一体感が出たなも
森保　やっぱ選手のやりたいようにやらせておけば、チームの一体感ができるっていうことやねーかな。
栗山　そーやな。
豊澤　おまはんた、さきがたから聞いちょったら、完全に選手任せやねーかな。ほんでブラボーとかペッパーミル。ブラボーは一人の選手がやっちょっただけやけど、ペッパーミルは選手全員でやっちょったなも。これは、監督ならやめたるべきやわな。
森保　何を言っちょる。選手が楽しく出来るなら、うちでも（＊動作入れて）取り入れたいと思っちょるわな。
栗山　そうやて、ペッパーミルでチームの雰囲気が良くなったのは事実やで。やめるどころか日本中の野球チームに真似しても

らいてーと思っちょるわな。
豊澤　いやいや、監督なら、選手のことを考えて、ぜってーにやったらあかんわな。
栗森　そらまた、どーしてやな？
豊澤　さー、選手がペッパーミルをやるとなー。

吉川町の「チームの一体感を出すもの」
（美濃和紙推進課提供）

栗森　どーじゃな?!
豊澤　コショー（故障）が出て困るわな。
栗森　えっきょー!!

最後の「えっきょー！」は、にわかのオチが決まったあとのお決まりの「掛け声」だ。この「えっきょー！」は、昔にわかの芸に共鳴した臨済宗の若い僧・恵喬（えきょう）が、祭りの夜、僧衣を脱いで、ひそかに手ぬぐいで顔を隠し、町へ出て、一人でにわかを演じたところ、すぐに見物客に見破られ、「えきょー！」と声を掛けられたという話に由来する説などが伝わっている。

前述のように、にわかは江戸時代中期に大坂で生まれ、各地に広がったが、初めの頃は非常に短いものだった。大阪俄《にわか》を継承している落語家の露の五郎兵衛（故人）一門が演じる舞台にわかの超短い一口にわかは、例えばこんな具合であった。

①「隣りに板の囲いができたなぁ」「へぇ（塀）」
②「向こうからぼん（坊）さんが来るでー」「あ、そう（僧）」
③「ハトが何かかけて行ったがな」「フーン（糞）」
④「この瓶、もっとるぞ」「そこ（底）までは知らなんだ」

①の「へぇ」と「塀」をはじめ、②と③と④は、いずれも同じ発音だが意味の違う同音異義語、または似通った発音の言葉で洒落

たり、語呂合わせをして落とす「地口落ち《じぐちお》」と呼ばれている。

健在だった頃の露の師匠に伺った話によると「このようなオチは落語でも使われるが、にわかも落語と同じぐらい古い歴史があるので、どちらが先に使ったかは分からない」ということだった。

現在の美濃にわかにも一口にわかがあり、昔から結婚式やお目出たい席の余興として楽しく演じられてきた。そこで続いては一口にわかの具体例を紹介する。

先ずは長年美濃にわかと取り組んでこられた、美濃市にわか連盟会長で同市議会議員の豊澤正信さん作による一口にわか。

テーマは、

**「信長の岐阜城攻め」**

信長　ここは墨俣一夜城、目の前の岐阜城を、どう攻めたら、ええもんかの〜。藤吉郎はおるか。

藤吉　殿、藤吉郎は、ここにおりまする。何か仰せでござりまするか。

信長　いや、目の前の岐阜城を攻めるには、大軍を見せつけながら、この長良川を一直線に攻め上がろうと思うが、藤吉郎はどうじゃ?

藤吉　殿、正面から攻め立てては犠牲が多ござる。夜のうちに川下の浅瀬を渡り、気づかれんように、ぐるっと大回りをして、城の裏側から、攻めるがよろしいかと。

信長　た〜わ〜け〜! そんなことしとったら、時間がかかりすぎるわ。

藤吉　ごもっともでござる。しかし殿がなんと言われようと、この岐阜城は、ぐるっと回りこんで、裏から攻めるのが、絶対にええわな!!

信長　そらまた、どーしてやな?!

藤吉　さぁ、岐阜城は長良川沿いの城だけになー

信長　どーじゃな?!

藤吉　鵜飼い(迂回)が、ええに、決まっちょる」わな!!

全員　えっきょー!!

引き続いては、教員時代に美濃小学校と美濃中学校に「にわかクラブ」を作り、子どもたちに地元の伝統文化「にわか」の直接指導に当たった、前美濃市教育長・樋口宣直さんによる一口にわかである。

テーマは、

## 「クイズ大会の賞品」

かん　よっちゃん、ちょっと聞いちょくんせー。ずっとコロナが長かったもんで、出来なんだクイズてーけー（大会）を、四年ぶりにやろめーと思っちょるんじゃが、どうやな？

よし　かんちゃん、そらええことやなも。みんなが一緒になって楽しめる、ええ計画やねーかな。わっちも大賛成や。

かん　おまはんに賛成してもらえて、ありがてーなも。そこで相談があるんやが、ええかな？

よし　なんやったな？

かん　じっつはなも、クイズてーけーの賞品を何にするかで悩んどるんやが、おまはん、いってー（一体）何がええと思いんさるな？

よし　賞品かな？　そうやなも、温泉券やグルメの割引券なんかは喜ばっせると思うけど、なんと言っても一番ええのは、冷凍食品やねーかな？

かん　冷凍食品かな？　それでみんなが喜んでくんさるかな？　やっぱり、温泉券やグルメ割引券なんかの方が、ええんやねーかな？

よし　いやいや、そんではあかん。ぜってー（絶対）に冷凍商品でなけなあかんわな。

かん　そらまた、どーしてやな？

よし　さぁ、冷凍食品がもらえるクイズ大会のことならなぁ。

かん　どーじゃな?!

よし　解凍（解答）が大事に決まっとるわな!!

全員　えっきょー!!

ここで裏話をすると、一口にわか先発の豊澤正信さんは、筆者がパーソナリティーを担当する岐阜放送の「ラジオ岐阜弁まるけ」（毎週日曜日十七時三〇分から１４３１ＫＨｚでオンエアー中）

で、二〇二〇年四月から三年間、毎月一回「岐阜弁川柳」の選者をお願いし、併せて毎月の「一口にわか」を創作していただいた。また樋口宣直さんは、二〇二三年四月から豊澤さんのあとを継いで、「岐阜弁川柳」の選者と、その月の「一口にわか」の創作をお願いしている。お二人とも若い頃から長年役者も演じてきた「にわか学」の権威である。

にわか車を引く港町の人たち
（美濃市美濃和紙推進課提供）

さて美濃にわかは、通常二、三人の掛け合いが続き、五から十分ほどでオチが決まって「エッキョー‼」となるが、一口にわかは短いのが特徴である。

美濃にわかが演じられる美濃まつりの夕方に雨が降り出すと、短い一口にわかで幕になることがあり、地元の人たちはこういうにわかを「雨降りにわか」と呼んでいる。

美濃にわかの特徴でもある、オチが近づいて「そらまた、どーしてやな？」とか「どーじゃな?!」とか「えっきょー‼」のあたりになると、にわかを演じているひとたちも、町の人たちも、観光バスでやってきた見物客も、思わず一体となって声をかける独特の楽しい盛り上がりを体験することになる。

例年四月第二土曜・日曜の夕方六時頃から始まる美濃にわかは、その年にしか見られない必見の伝統芸能である。

お問い合わせは美濃市役所＝0575・33・1122＝美濃和紙推進課まで。

# 美濃・飛騨げなげなばなし

長良川鵜飼

鮎菓子

金の信長像

岐阜城

根尾谷淡墨桜

ギフチョウ

美濃・飛騨
げなげなばなし

# 戸田公が大石内蔵助に隠れたエール！

## 竹嶋町の旅籠「清貞」に「大石の思案柱」

大垣市竹嶋町に、忠臣蔵でおなじみの大石内蔵助ゆかりの旅籠《はたご》があったのをご存知だろうか。大垣の郷土史家・清水春一さんが健在だった頃に伺った話によると、赤穂四七士の中心人物・大石内蔵助は、赤穂城明け渡しのあと、京都・山科に閉居していたが、この頃に大垣の地を何度か訪れている。

というのも、無念の切腹を果たした浅野内匠頭と四代目大垣城主の戸田氏定は、母親同士が姉妹だったので、二人はいとこ同士に当たる。このような事情から、、戸田公が表立ってはともかく、大石たちの行動に理解を示し、同情を寄せていたというのも不思議ではない。

大石は大垣を訪れると、大垣本陣の隣にある旅籠《はたご》「清《きよ》貞《さだ》」を定宿としていた。夜の更けるのを待って、大垣城の南大手門を通り、城内松の丸にあった藩主の茶室・紅葉茶屋で戸田公と会っていたと見られている。

大石に会った戸田公は、浅野家の再興に向けて幕府への働きかけの方法をはじめ、大石たちへの援助金の相談にも乗っていたと伝えられる。

やがて大石が山科から江戸に乗り込むまでに、戸田家が援助した資金はおよそ一千両とも伝えられているが、この話を裏付ける、大垣藩家老の戸田治郎部左衛門あての大石の礼状の写真が戸田家に残されている。

大石は「清貞」に泊まると、生来の酒好きもあってよく酒を飲み、酔うと床柱にもたれてうたた寝をしていたといわれる。赤穂義士の吉良邸討ち入りが有名になったあと、町の人たちの間で「そういえば、時々ここに泊まった不思議な侍は、あの大石内蔵助だったのか」と評判になり、その床柱のことを「大石の思案柱」と呼んで、見物客が絶えなかった。

しかし、「清貞」は、明治二四年の濃飛大震災で焼失し、残念ながら今は見ることができない。大垣には忠臣蔵にちなんだ、このような戸田の殿様と大石内蔵助の隠れた話が伝わっているのである。

美濃・飛騨
げなげなばなし

# 七月生まれの赤ちゃんを捨てる昔の風習

## 奇妙な風習をたどると

岐阜県内には、かつて、七月生まれの赤ちゃんを捨てに行く風習があったという。これは、長年教員生活を送ってきた本巣市根尾出身のM子さん（七七）から聞いた体験談である。

M子さんがまだ七、八歳の頃、生まれて間もない七月に誕生した弟がカゴに入れられ、祖母によって河原まで連れて行かれ捨てられたが、すぐ隣のおばさんがカゴの弟をひろって連れて帰ってきてくれた。

子ども時代のことなので何のことか意味がよく分からなかったが、強く印象に残っているという。

やがて結婚して岐阜市東改田の住人となったM子さんは、隣りに住む親せきのおばあちゃん（九六）から最近になって、弟と似たような話を聞き、びっくりした。それによると、おばあちゃんの二人の孫は、いずれも七月生まれだったので、赤ちゃんの時にやはりカゴに入れられて、町の辻に捨てられたが、親戚や近所の人が拾ってくれて無事だったという話だ。

また、根尾に住む元樽見小学校校長で根尾文化研究会事務局長の宮脇俊治さん（八〇）によると、お隣りに住むK夫さんの娘のA子さん（五三）が、やはり七月生まれだったので、赤ちゃんの頃に家の人がカゴに入れて近くの電柱の所に置いてきたそうだ。事情を知っている知り合いの人が、A子ちゃんを迎えに行き、無事自宅に届けたそうだ。

宮脇さんによると、「七月生まれの赤ちゃんは親子の縁が薄いといわれ、一回出直すために一度捨てた赤ちゃんを改めて自宅に届けてもらうという風習になっている。赤ちゃんを迎えに行くのはお約束になっているようだ」と話している。七月は大暑もあり暑い時期だが、昔から「捨てられた子は丈夫に元気に育つ」という俗信があり形だけ赤ちゃんを捨てたあと迎えに行くという珍しい風習につながったのではないかと見られている。

## 瑞穂市に伝わる「むかい地蔵」の話

「ロミオとジュリエット」といえば、イギリスの劇作家シェイクスピアの代表的な戯曲だが、その岐阜県版ともいうべきストーリーが、「むかい地蔵」の名で地元の人々に親しまれている。

瑞穂市古橋（旧巣南町）と、同市十九条（旧穂積町）の間を犀川《さいかわ》が流れ、この川にかかる上犀川橋の両側に同じような地蔵堂が、お互いに向き合うように立っている。古橋側は体ががっしりした優しい顔立ちの男のお地蔵様、十九条側は顔にお化粧をした美しい女のお地蔵様である。

いきさつはこうだった。昔地元の人たちは、今の橋より上流にあった粗末な橋を渡って行き来していた。ある年の夏、結婚を約束した十九条の美しい娘に会うため、橋を渡ってこっそりと通う若者がいた。

二人は早く結婚をしたかったが、昔は土地の習わしがあり、地区意識が強く、隣りの地区でもよそ者として嫌うことがあったので、それぞれの親たちも二人の結婚を認めようとはしなかった。

ある強い雨の降る寒い夜、若者は木の橋を渡って何日かぶりに娘と会えたのだが、若者が「いっそのこと、この川に身を投げて死んでまうか?!」と言うと、娘も「ほーや、天国であんたと一緒になれたらえーわ」と言い、とうとう二人は、ひもで結びあって、大雨で荒れ狂う犀川に身を投げてしまった。

四日間続いた大雨で多くの田んぼや畑が流されてしまった。洪水が収まった後、突然強い風が吹いてきて、橋を渡っていた人や、農耕用の馬が川に落ちたり、不吉なことが何度も続いたのだった。

古橋と十九条の二つの村では、相次ぐ不吉な出来事は、若者と娘の祟りではないかと恐れ、話し合いの場を持った。そして二人の幸せを祈って、橋の両側にお地蔵様をたて、毎年八月二十日と二三日の夜、十条側と古橋側で「むかい地蔵祭り」が行われている。

美濃・飛騨
げなげなばなし

# 岐阜県版「ロミオとジュリエット」

美濃・飛騨
げなげなばなし

# 人気抜群の「合格かなうわバット」

## 下呂温泉・合掌村でロングセラー

　大野郡白川村から移築された十棟の合掌造りの民家が並ぶ下呂温泉・合掌村で「合格・かなうわバット」がロングセラー商品となっている。「かなうわバット」は、東濃ヒノキを使った長さ三〇センチメートルほどのミニバットで、受験合格を中心に様々な願いがかか「かなう」とあって、話題を呼んでいる。

　このバットは、旧下呂町の観光商工課長だった河原良昭さん（七七）が、下呂にしかないお土産はないかと考えていた時に、たまたま目にした中津川市加子母産ヒノキのバットのグリップ部分の外側の輪っかが落ちないようになっているところから、「受験に落ちない合格ミニバット」がひらめいたという。

　そこで加子母産東濃ヒノキの間伐材を使って、専門職の人に製作を依頼する一方、もともと書道の師範だった河原さんがバットに「合格」「夢」「健康」「幸せ」「恋」「夫婦円満」の文字を入れて、ミニバットづくりが始まった。

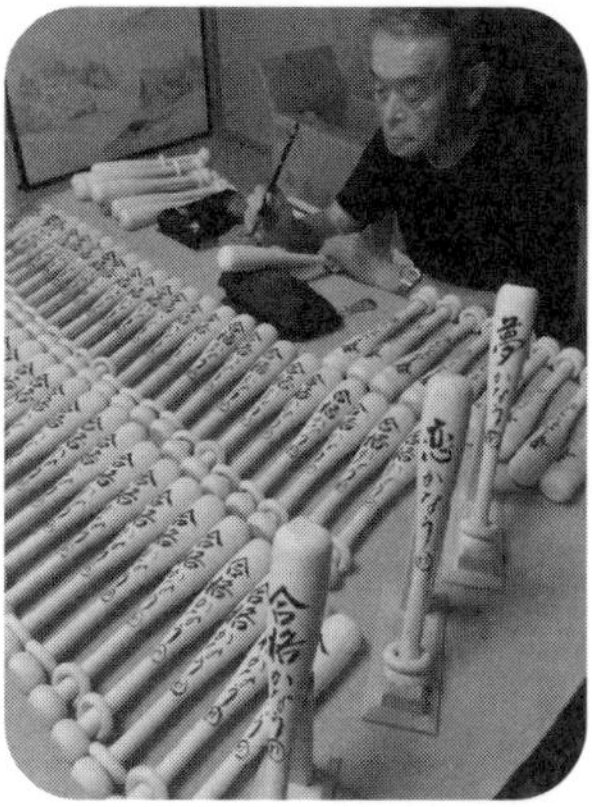


　そして二〇〇一年から合掌村の売店で、六種類一本三一〇〇円のミニバットの販売がスタートしたが、中でも「合格かなうわバット」が圧倒的な人気を誇り、毎年十一月から翌年二月までの受験シーズンには、困難に打ち勝つ縁起物として受験生や家族らの購入が相次ぐ。

　このミニバットは、二〇〇一年からの二〇年間でおよそ三万六〇〇〇本売れており、合掌村によると、「かなうわバット」のおかげで合格したという受験生や親御さんなどがバットを持参してお礼参りに来たり、お礼の手紙が届くという。下呂温泉・合掌村へのお問い合わせは〇六七六・二五・二二三九まで。（写真提供：河原良昭さん）

美濃・飛騨
げなげなばなし

# シンプルすぎる?岐阜のお雑煮

## 田舎バージョンの嫁いびり……?

岐阜のじんなら、お正月のお雑煮は、醤油だしのすまし汁に、角もちともち菜を入れて、あとは上からかつお節でもかけるのが定番である。全国的に見るとシンプルそのものだが、子どもの頃から食べ慣れているので、これが「ごっつぉー」なのである。

岐阜の出身で各務原市に住むFさんは、若い頃東京で仕事をしていた時に、誘われてお正月に都内の友人の家に遊びに行き、お雑煮をご馳走になったことがある。しかし彼が目にした東京のお雑煮には何やかや具がいっぱいで、おまけに芋まで入っているので、「これはけんちん汁か?」と驚いたそうだ。

これとは逆に、東京出身のN子さんは、夫の出身地が土岐市なので、新婚間もないお正月に夫の実家を訪れた。姑から「まー、とえーとこから、よーござった。ここはさびーで、お雑煮でも食べてあったまりゃー」と勧められた。テーブルに出されたお雑煮は、N子さんがこれまで見たこともない簡素なお雑煮だったので、内心「なーに、このおぞーに? 具が何にも入ってないじゃない⁉ そーか、これは田舎バージョンの嫁いびりなんだ」と勝手にそう思い込んだという。後日そうではないことが分かり、安心したN子さんだった。

続いては、岐阜出身のTさんの思い出話。Tさんは若い頃に仕事の関係で大阪に滞在していたことがあった。お正月に友人の家に招かれて早速ご馳走になった。

大阪のお雑煮は、白みそ仕立てで具がたくさん入っているので、Tさんは「これはお雑煮やないわ。別の食べ物や」と思ったという。

金沢では「お雑煮にはゆずをカットして具として入れる」そうだし、出雲では「かつお節や海苔の刻んだのをお雑煮の上からかける」とのこと。全国どこのお雑煮でも、幼い頃から馴染んだ味が一番なので、食文化の違いによるこういうエピソードが生まれるのである。

美濃・飛騨
げなげなばなし

# 昔はおそがい橋やった

## 明治時代は木造りの忠節橋

岐阜市を流れる長良川には、上流から藍川橋、千鳥橋、鵜飼大橋、長良橋、金華橋、忠節橋、鏡島大橋が架かり、それぞれ交通の要となっている。このうち名鉄の路面電車が走っていた忠節橋の昔話をご紹介する。

明治維新のあと、大河川に橋を架けることが認められるようになり、明治七年に長良川で初めての橋となる「長良橋」が完成した。その後明治十七年には天神町の真北の堤防から対岸の早田町まで、最初の「忠節橋」が架けられた。木造のこの橋は、大八車がやっと通れる程度の狭い橋だった。

明治三一年、二代目の忠節橋ができたが、通行料として人は五厘、人力車や馬は二銭もしたため、当時は「賃取り橋」と呼ばれた。その頃のことを知る天神町に住んでいたおばあちゃんは、「わっちは北方の生まれでなぁ、子どもん時おじいちゃんと忠節橋渡ったけど、今みてーな橋やなかったで『おそがい、おそがい（恐ろしい・怖い）』言ったら、おじいちゃんがおんで（背負って）渡ってくれたがのぉ」と話していたそうだ。

やがて明治四一年には、現在の忠節橋の一〇〇メートル上流に三代目の橋が架けられた。橋脚や橋梁に鉄が使われているだけで、大部分は木材を黒く塗った橋で、路面もヒノキ材だったので、摩耗が激しくてデコボコになり、折れたり穴があいたりして、板の間から河原の石が見えたり、下駄の歯がはまり込んだり、履物が落ちることもあったという。

また野菜供給地である島・則武地区の農家の人たちが、町を回り肥料としての糞尿を大八車などに積み込んで、毎朝忠節橋を渡って地元に戻るので、悪臭がひどく、「朝臭橋（あさくさばし）」と呼ばれたこともあった。

その後、昭和二三年、全国で初めて最大の鋼鉄橋として、現在のアーチ形の忠節橋が完成した。このようにこの橋は時代の移り変わりの中で、数々のエピソードを残しながら市民に親しまれてきたのである。

## 岐阜弁オノマトペ①

美濃・飛騨
げなげなばなし

**食べ過ぎて、おなか**
**ポーンポン！**

日本語の中には、私たちが無意識に使う擬音語や擬態語がある。「ガタガタ」「ジャージャー」「ニャーニャー」などは擬音語、「ダラダラ」「テキパキ」「ワクワク」などは擬態語である。これらの擬音語、擬態語を英語では、Onomatopoeia＝オノマトペと呼んでいる。

　このオノマトペには方言バージョンもあり、もちろん岐阜弁オノマトペも日頃から自然に使われている。次のようなエピソードはその具体例だ。筆者が岐阜放送の現役時代に担当したラジオ番組のパートナーで岐阜市出身のM子アナウンサーがその主役である。

　ある日昼食が済んだあと、M子さんが、「あー、もー私、食べ過ぎてまって、おなかポーンポン！」と言った。「ポーンポン」の意味が分からなかったので「なんだ、その証城寺の狸ばやしのポンポコポンのポンみたいなのは？」と思わず聞いたものだった。岐阜のじんならお分かりの通り、この場合の「ポンポン」は「おなかがいっぱい」の意味で使っているが、「マンポン」という人もいる。また乗り物が混んでいる時に、「電車ポンポンやで次のにしよめー」ともいう。

　岐阜弁のオノマトペと言えば、こんな風に言う人もいる。「床屋行ったで、首のあたりがシカシカするんやて（痛痒い）」（岐阜・大垣）「熱があるのかな、なんか背中がゾミゾミするなー（寒気がする）」（岐阜・本巣・池田町・北方町）「水がダーダーに流れとったよ（もれた水が勢いよく流れている状態）」（岐阜・北方町・養老町）。「雑誌からげる（しばる）からカンカンに（きつく・ギューギューに）しばっといて」（岐阜・大垣・本巣・瑞穂・山県・各務原・関・郡上・下呂・飛騨・恵那・中津川・多治見ほか）「鉛筆チョンチョンにとがっとる（先がとがっている）」（岐阜・山県・美濃・養老町・揖斐川町・大野町・神戸町）

　皆さんが普段使う岐阜弁オノマトペはこの中にあったかな？

美濃・飛騨
げなげなばなし

**机の下にねたくった鼻くそがコベコベになってまっとるー**

## 岐阜弁オノマトペ②

関市在住のおじいさんが、近づいている台風についてこんな風に言った。「きんのーのてぁーふー（台風）は、九州のクロ（すみ・はじ）の方を、メァーメァー（マイマイ）しちょったなも」。共通語に訳すまでもないが「昨日の台風は九州のすみの方をクルクル回っていたね」となる。「マイマイ」は、共通語で「クルクル回る」意味の岐阜弁オノマトペである。

岐阜弁オノマトペは、日頃の生活語として無意識に使われているが、中でも共通語で「ネバネバしたものが乾燥して硬くなっている状態」を表す岐阜弁オノマトペはなぜかやたらと多い。

例えば「鼻の下がガサガサになっとる」（大垣・恵那）「風邪は治ったけど鼻の下がガチガチやて」（岐阜・美濃加茂・揖斐川）「これ見てみやー、カチンコチンになりょーるやん」（岩村）「鼻の下がカバカバになってまった」（関・下呂・揖斐川町）「この服なんかガビガビしとるよ」（関）「風邪ひいて鼻の下がコベコベになってまっとる&ごはん乾いてお椀にコベコベにこびりついとる&誰やー？　机の下に鼻くそ、ねたくった奴は?!　コベコベになってまっとるげーー！」（岐阜・関・大垣・郡上・下呂・各務原・瑞穂・神戸・揖斐川）「花粉症やで鼻水が固まってゴベゴベや」（美濃加茂）「鼻の下パキパキでちょっと痛い」（多治見・可児）「鼻の下がヒカヒカになっとる（関）」「お餅を外に置きっぱなしにしとったもんでベカベカになっとる」（関）「鼻水固まって鼻の下がへべへべや」（可児）などが聞かれる。

このほか「カサカサ」「カチコチ」「カチンカチン」「カパカパ」「カピカピ」「カペカペ」「カンカン」「コチコチ」「コツコツ」「コペコペ」「バシバシ」「バリバリ」「パリパリ」ペカペカ」「ベコベコ」ボロボロ」などもあり、岐阜県内だけでなんと二十六種類もある岐阜弁オノマトペなのである。

# 第三章

# 風習・伝承

根尾谷薄墨桜

# 15 岐阜県人も知らない「ごもっとも！ ごもっとも！」の風習

## 今も続く節分の愉快なかけ声

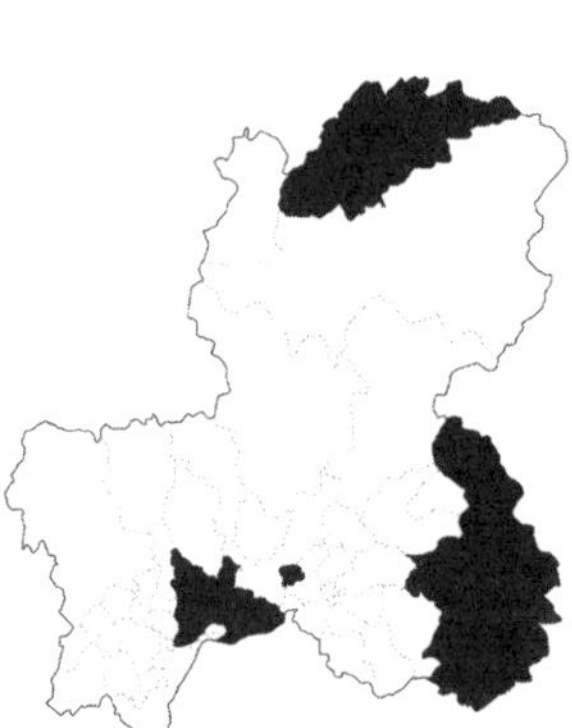

放送の現役時代に、取材で旧恵那郡加子母村（現中津川市）に行った時、節分行事の思いがけない風習を聞いて、思わず吹き出したことがある。節分の豆まきの時に、旧加子母村のある旧家では、大広間に子どもたちやお母さんが横一列に並んで正座し、お父さんが「福はーうちー！ 鬼はーそとー！」と言いながら豆をまくと、一斉に頭を下げて「ごもっとも！ ごもっとも！」と言うのである。

この面白い「ごもっとも」の風習は、その当時もやる人が少なくなっていて、「ごもっとも」の代わりに「恵比寿大黒、豆参れ！」と全員で声を合わせる家庭が多いということだった。月日が流れ、忘れていた「ごもっとも」の新しい情報が入ってきた。

座高 13.7 mの大仏（岐阜市・正法寺提供）

## 住職も少年時代に経験

かご大仏で知られる岐阜市大仏町の黄檗宗・正法寺《しょうぼうじ》住職の小林孝道さん（七二）も、「ごもっとも」をかつて体験したというのである。何でも小林さんが小学生の頃の話だが、節分の日に、祖父で当時の住職・山吉玄翁《げんおう》さんが煎った豆を枡に入れて各部屋を回っていた。

　その後ろを、孫である子どもたちやその親など親戚の三家族約十人がぞろぞろと付いて回り、おじーちゃんが「鬼はーそとー！」と言って豆をまくと、子どもも大人も大きな声で、「ごもっともー！」と返事をし、続いておじーちゃんが「福はーうちー！」と豆をまくと、また子どもも大人も「ごもっともー！」と叫ぶのである。

　林さんによると当時は近所に聞こえると恥ずかしいので小さな声で「ごもっとも！」と言うのだが、おじーちゃんや父親に「もっと大きな声で言やー！」と叱られ、なかばやけくそに「ごもーっともー！」と叫んだ記憶があるという。

## 古川町の八ツ三館でも

「ごもっとも」は飛騨地方にも経験者がいる。江戸・安政年間に、先祖が富山県富山市八尾町から移住してきたという飛騨市古川町の池田加津美さん（七〇）は、老舗旅館「八ツ三館《やっさんかん》」の大女将だ。八ツ三館の名称は先祖の名前「八尾の三五郎」からついたのだという。

池田さんの場合も、節分の日に祖母の池田志津さんが「鬼はーそとー！　福はーうちー！」の掛け声とともに豆まきをすると、当時小学生だった池田さんは手にスリコギを持って「ごもっともごもっとも」と言いながら、おばーちゃんのあとをついて回ったそうだ。

国登録有形文化財の八ツ三館（同館提供）

子ども心に「ごもっとも……なんてどうしてこんなこと言うんだろう？」と不思議に思いながらも「毎年、節分は面白かった」と話している。

この二人以外にも、恵那市長島町の元県職員の宮崎光雄さん（七八）、各務原市の片桐酒店の片桐ひろこさん（五六）、美濃加茂市議会議員の永田徳男さん（六七）、土岐市出身で元多治見市郷土史料室の水野香子さん（七一）の四人は、同じように子どもの頃「鬼はーそとー！　福はーうちー！」の豆まきの時に「ごもっとも、ごもっとも」の合いの手を入れた「ごもっとも」仲間である。（お互いに会ったことはないが）

## 岐阜市と富加町で続く

さらに岐阜市や加茂郡富加町では、今も毎年節分の時に「ごもっとも、ごもっとも」を続けているところがある。岐阜市の現役組は川原町にある和菓子店の玉井屋本舗である。女性の三代目店主で能楽師でもある玉井博祐さんは、父親の玉井武さんがやっていたように、現在も節分の日には「鬼はーそとー！ 福はーうちー！」と豆をまき、従業員の人たちも興味があるので面白がって「ごもっとも」を演じてくれているという。博祐さんは「私が生きている限り、ごもっともは続けます」と宣言している。

玉井屋本舗の玉井博祐さん（左）
（同本舗提供）

　一方、加茂郡富加町加治田絹丸の石原伊三武さん（八〇）の家では、曾祖父の代から節分の「ごもっとも」の風習が続いている。石原さんが子どもの頃は、長男だった石原さんが「鬼はーそとー！ 福はーうちー！」と豆まきをすると、弟や妹がスリコギでフライパンをたたきながら「ごもっとも！ ごもっとも！」と声をあげていたという。いま石原さんと同居している息子さんの子ども、つまり孫の代の小学生や中学生の三人にも「ごもっとも」が伝わり、石原家の伝統行事になっている。

　石原さんの家に近い富加町上町の足立一一さん（八〇）の家でも「ごもっとも」は六代続いており、足立さんが小・中学生の頃は自ら「鬼はーそとー！ 福はーうちー！」と豆まきをすると、こちらも弟や妹が「ごもっとも！ ごもっとも！」と声をかけていたといい、今も節分になるとお孫さんたちと一緒に「ごもっとも」行事をやっている。

## 富加町では禅宗の檀家に

　石原さんと足立さんによると、加治田地区では昔から禅宗の家に「ごもっとも」の習慣があったという。足立さんの家は代々禅宗だったので、「ごもっとも」が続

富加町・石原さん宅の「ごもっとも」
（石原伊三武さん提供）

いている。石原さんの家は今は浄土宗だが、曾祖父の時代は禅宗だったので宗派は変わっても「ごもっとも」は続いているそうだ。

　地元のお寺としては、富加町加治田地区に臨済宗妙心寺派の龍福《りゅうふく》寺《じ》があり、石原さんは同寺の檀家に当たる。同寺は住職が二年前に亡くなっているため、代理の人に聞くと、寺の行事として節分の豆まきは行っておらず、「ごもっとも」もやっていないということだった。

　しかし石原さんたちが言うように、加治田地区では昔から禅宗の家に「ごもっとも」の習慣があったということから、禅宗のお寺がキイワードになる可能性がある。そこで禅宗各派の大本山に電話をかけて聞いてみた。その結果、京都市にある臨済宗の妙心寺をはじめ、福井県にある曹洞宗の永平寺、京都府宇治市にある黄檗宗の万福寺では、いずれも節分の豆まき行事を行っていないため、結局「ごもっとも」にはたどり着けなかった。

## 富加小学校でアンケート調査

　少し視点を変えて、もう少し富加町の「ごもっとも」風習の実態を把握しようと、同町の富加小学校（大野千幸校長）に依頼して、全校児童三七一名を対象に「節分の豆まきの時の『ごもっとも』アンケート調査」を実施していただいた。

　この調査では、「毎年二月三日の節分の日に『鬼はーそとー！　福はーうちー！』と言いながら豆まきをしますが、その時に子どもや家族が『ごもっとも！　ごもっとも！』というかけ声をかけますか」という質問を出した。これに対して、「はい→四名」「いいえ→

三四二名」「分からない→二五名」という結果だった。「はい」と答えた四名のうち一名は「なべをスリコギでたたいて『ごもっとも』という」と書いている。

アンケートに「はい」と答えた児童の住む地域は、富加町加治田絹丸が一名、同加治田川小牧が一名、富加町羽生が一名、同町大平賀が一名だった。このアンケートによって、富加町の小学生児童のいる四家庭で「ごもっとも」が行なわれていることが明らかになった。

## 県内十二市町村史に残る記述

「ごもっとも」の風習について岐阜県内の各自治体を調べてみると、旧谷汲村、北方町、岐阜市、関市、旧美並村、美濃加茂市、可児市、八百津町、旧加子母村、旧上宝村、旧宮川町、旧神岡町の十二の市町村史と瑞浪市史学研究報告書集に記述が残されていることが分かった。

例えば旧加子母村史には、「『鬼は外、福は内』と連呼しながら家の内外へ豆をまいて歩くと、家族の者が『ごもっとも、ごもっとも』と言ってつき随って歩く」とあり、八百津町史には、「福は内、鬼は外」と呼ばると『ごもっとも、ごもっとも』と答えて歩く。豆まく者は主人か長男に限られている」と記載されている。（「呼ばる」は岐阜方言で「呼ぶ」）

また美濃加茂市史には、「…頭に三角手拭いをかぶった厄払いの男が『厄を払いましょう、厄落とし』と唱えながらやってきた。太田の磯谷家では、豆をまく主人のうしろからスリコギを持った人が『ごもっとも、ごもっとも』と言いながらついて回った」と書かれている。

関市史には、「昔は主人の『福は内』の声に答えて、女性が十能《じゅうのう》をスリコギでたたきながら『ごもっとも、ごもっとも』と相槌を打って回ったところもあった」とある。（十能は炭火や灰を運ぶために使った小型のスコップやひしゃくのような形をした道具）

旧美並村史には、「まず奥の間から『鬼は外、福は内』と言って豆をまくが、その時すり鉢をかぶった男が『ごもっとも、ごもっとも』と言ってついて歩くところもある」などと記されている。

　さらに旧神岡町史には、「豆まきはその家の一番奥の間からまき始め、最後にドウジ（出入口）へまく。この時雨戸を残らずすべて閉め、鬼が入ってこないようにするという。豆まきは家長もしくは長男が「福は内、鬼は外」と言いながらまく。東町では家の主人が「福は内、福は内」と言いながら豆まきをすると、もう一人がスリバチを頭にかぶり、スリコギを手にして振りながら「ごもっとも」と答え、「鬼は外、鬼は外」というと、また「ごもっとも」と答えるという習わしであったという」との記述が見られる。

　このように十二市町村史や瑞浪市史報告書集の地域をはじめ、「ごもっとも」の経験者六人の居住地である岐阜市、飛騨市古川町、恵那市長島町、各務原市、美濃加茂市、土岐市、それに現在も続けられている岐阜市と加茂郡富加町を合わせると、「ごもっとも」風習の分布は、県内の広い地域に及んでいる。

　また「ごもっとも」の経験者たちに聞いてみても、自分で言いながらほぼ全員が、なぜ「ごもっとも」と言うのかが分からないという。確かに、
　①節分の豆まきで「鬼は外、福は内」という掛け声に対して、子どもや家族などがへりくだって「ごもっとも、ごもっとも」と相づちを打ち、合いの手を入れるのは何故なのかよく分からない。
　②また子どもや家族などが決まったようにスリコギを使い、なぜフライパンやナベや十能をたたくのかも疑問である。

## 禅寺・瑞龍寺に伝わる

　すでに触れたように、「ごもっとも」風習と禅宗のお寺は何らかの関連があると考えられるので、今度は岐阜市周辺の禅宗の十カ寺に聞いてみた。すると節分の行事をやっている寺とやっていない寺とに分かれるものの、ほとんど「ごもっとも」はやっていないとの回答だった。だが幸いにも岐阜市寺町にある臨済宗妙心寺派の瑞《ずい》龍寺《りょうじ》が、節分の時の「ごもっとも」の風習を行っていることが分

瑞龍寺

かった。

清田保南老師が指導に当たる瑞龍寺には、座禅の修業のできる専門道場があり、全国からやってきた雲水たちが修業をしている禅寺である。さっそく雲水さんや尼僧さんに聞いてみた。するとこの寺では、毎年二月三日に節分の行事を行っており、三人の雲水さんが一組になり、二人が豆まき係、一人は鬼の係と分担が決まっている。

部屋ごとに戸を開ける豆まき係が、初めの部屋で「鬼が出たー！」と叫ぶと、ここで鬼の係が登場する。トラ柄のパンツ、赤いタイツ姿に飾り物の角をつけた鬼が、作り物の黒い木の棒を持って、思いっきり大声を張り上げて「ワオー！」とか「ガオー！」などと叫んだりわめいたりしながらバタバタと暴れ回るのである。

そこで、二人の豆まき係が、「鬼はーそとー！、福はーうちー！」を二回くりかえして豆をまくと、ここで鬼が「ごもっとも、ごもっとも」とお決まりのセリフを言いながら部屋を退散することになる。いくつかの部屋でこれが繰り返され、鬼は何度も「鬼はーそとー！」と言われ「おっしゃる通りです。ごもっともです」と従順に従っているのではないかと雲水さんは説明する。

## 江戸時代からつづく

一方、今も加茂郡富加町加治田地区の石原・足立両家では、六代前の曾祖父の禅宗の檀家の時代から「ごもっとも」を続けていると話していることから、正確な年代は分からないものの江戸時代から「ごもっとも」は行われていたと見られる。

また岐阜県内各地の市町村史な

どには、「ごもっとも」についての断片的な記述はあるものの、その起源や歴史についての記述はほとんどない。

　ところで瑞龍寺と同じ妙心寺派の別の寺でも、少し違った配役・進行の「ごもっとも」が行われていることが分かってきた。大本山・妙心寺からの情報によると、かつて同寺のお坊さんのKさんが、かつて福岡県久留米市の臨済宗妙心寺派の梅林寺で修業中に、節分の「ごもっとも」の風習を体験したというのである。

　Kさんの話によると、梅林寺では二月三日の節分の行事（「ごもっとも」を含む）を雲水全員で行っていたと言い、現在も継続されている。当時は、前年の年男が福男（豆まき係）になり、年男が鬼の役をつとめ、常住《じょうじゅう》と呼ばれる修業の世話をする雲水七～八人が福男のうしろについて、豆まきを手伝っていた。福男も、鬼も、常住も全員が雲水衣を身につけ、修行僧の姿をしていた。

　この寺では節分当日、初めに鬼が寺の玄関の部屋で「わーっ！」とか「おーっ！」とか叫びながら騒いでいると、豆の入った枡を持った福男が「鬼はーそとー！福はーうちー！」と言いながら、鬼に向かって豆をまき、その後ろで常住のキャリアの古い人から順に豆をまきながら「ごもっともごもっとも」と声をかけ、逃げる鬼を追いかけるという。

　このようにして、本堂や住職の部屋などおよそ十五の部屋を順番に回り、それぞれ福男が豆まきを行い、常住たちが「ごもっともごもっとも」を繰り返し、最終的には鬼が寺の山門から逃げていくことになっている。

　岐阜市の瑞龍寺と久留米市の梅林寺は、同じ臨済宗妙心寺派の寺ではあるが、瑞龍寺では鬼が「ごもっとも」というのに対して、梅林寺では常住たちが「ごもっとも」という違いはあるものの、「ごもっとも」自体は両寺ともに現在も継続されている。

　特に梅林寺の規矩（きく＝寺の決まり事）を定めた江戸時代の住職・三生軒《さんしょうけん》さんは、同寺の中興の祖と言われ、大本山・妙心寺の第十代管長を務めた人で、出身地がなんと岐阜県美濃市なのである。当時の偉いお坊さん三生軒さんが「ごもっとも」の風習を岐阜から九州に持ち込んだのか、三生軒住職以前からあったのかなど詳しいことは分からないが、不思議なつながりとも言えよう。

いずれにしても、「ごもっとも」のルーツは、瑞龍寺や梅林寺の「ごもっとも」風習事例から見ても、禅宗妙心寺派の寺の節分行事にあった可能性が高いと思われる。

## なぜなべを叩くの？

それはそうだとしても、八ツ三館の大女将が子どもの頃にスリコギを手に「ごもっとも」と言ったり、禅宗の家庭で「ごもっとも」と声をかける子どもたちや家族が、スリコギでフライパンやなべ、十能などをたたいたり、旧美並村史や旧神岡町史に見られる「すりばちをかぶったり」するのは、一体なぜなのか、今のところ明確な理由は分かっていない。

節分の豆まきはもともと個人の行事であって、隣りの家や近所の人たちと一緒に「ジョイント豆まき」をするわけではないので、「ごもっとも」は禅宗の家を中心にそれぞれ行われながらも、地域の共通した風習と認識されてこなかった可能性がある。しかしながら、初めて聞くと思わず笑ってしまう愉快で不思議な風習である。

## 16

# 子どもたちがおさい銭を拾えるラッキーなお正月

## 郡上市美並町・鹿島神社の初詣

お正月の初もうでの時に、参拝客の投げるおさい銭を地元の子どもたちが拾ってもかまわないという、子どもにとっては夢のような風習が長年にわたり奥美濃地方で続けられている。

この風習の舞台になるのは、岐阜県郡上市美並町三戸三日市にある鹿島神社だ。養老四年（七二〇年）に創建されたこの神社は、鳥居をくぐるとすぐに拝殿があり、その裏に木々に囲まれた急な石段が三〇ほど続き、階段を登りつめると本殿がある。

**大晦日だけのパラダイス**

毎年、大晦日の「ゆく年くる年」で除夜の鐘が鳴り始めるころから、地元の小学生を中心とする子どもたちがたき火で暖をとりながらスタンバイする。やがて午前〇時になり新年の到来とともに、拝殿を通った地域の初もうで客が本殿に通じる石段下にやってく

鹿島神社正面　拝殿の奥におさい銭をまく階段がある（郡上市提供）

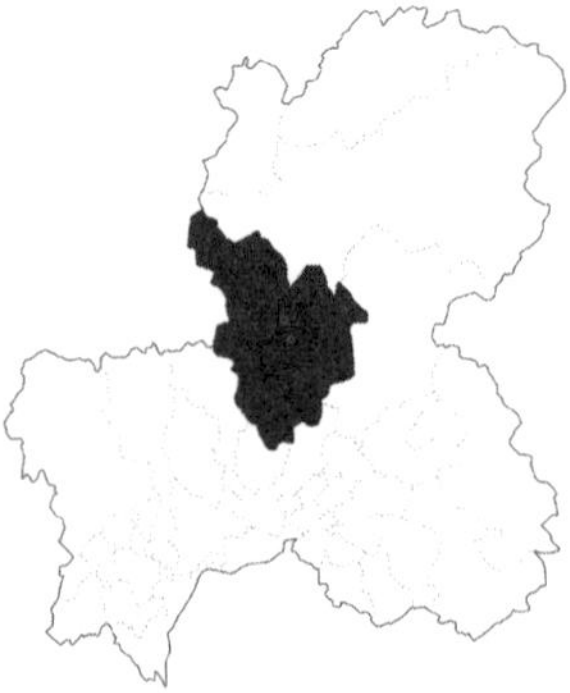

る。

参拝客は、その場所から上を見て、石段の途中で待ち構えている子どもたちに向かって「行くぞー」と声をかけたりしながら、一〇〇円玉を中心に十円玉や五〇〇円玉を交えてばらまくのである。それっとばかりに子どもたちはおさい銭を拾いあうのだが、このような光景が午前一時半ごろまで繰り広げられるという。

このおさい銭拾いは、本殿への石段だけではなく、同じ境内にある小さな営団神社前と、鹿島神社から北へ約一〇〇メートルの秋葉神社でも行われている。ちなみに子ども一人当たりのおさい銭獲得額は、五〇〇〇円から一万円近くにもなるそうで、子どもにとってはお年玉を二回もらえるようなハッピーでラッキーな風習である。

## ここにも少子化の波が

旧美並村史には、「元日の早朝、鹿島神社に参拝に来た人が本殿に向かってさい銭を投げると、石段の両側にいる子どもたちがそれを拾うというさい銭拾いの風習がある」と記載されているが、この風習がいつごろから、どのようないきさつで始まったかなどについては分かっていない。

おさい銭拾いを含めた地元の歴史・文化に造詣の深い美並町文化財保護協会副会長の山田孝司さん（七五）は、「少子化の波はおさい銭拾いの風習にも影響し、昔は男の子だけだったが、今は女の子も参加できるようになっている。また、お正月に帰省する三日市出身者の子どもたちも、おさい銭拾いに参加している」という。

こうしておさい銭拾いをやってきた地元の子どもたちが成人すると、今度は自分たちが昔の恩返しにおさい銭をまく側にまわる。また、両親の帰省で子どもの頃におさい銭拾いを経験した人たちも、成人してからおさい銭プレゼント係にまわるという。

山田さんは「おさい銭拾いは、郷土三日市の古くからの貴重な文化なので、いつまでも続くようお年寄りからの聞き取りを含め記録を残しておきたい」と話している。地元では、この神社は子ども好きなのでケガをしても守ってくれると伝えられており、地域の子どもたちが元気に成長し、やがて大人になると初詣に来てくれるのを楽しみにしているのだろう。

全国的にも珍しい鹿島神社の「おさい銭拾い」の風習は、今後とも三日市地域の文化的なお宝として残していってほしいものだ。

境内の階段をのぼると本殿（郡上市提供）

# 17 わが家は一二〇〇年間ウナギを食っとらん！

## 美並町粥川《かゆかわ》の人たち「味も分からん」

暑い夏を乗り切るため、栄養価の高いウナギを食べるのは古くからの食習慣だが、岐阜県郡上市美並町の粥川集落と高原集落の合わせて九十数戸の住民は、ウナギを絶対に食べないという先祖からの風習を今もかたくなに守り続けている。

粥川谷は、もともと天然記念物に指定されているウナギの群棲地で、粥川集落と高原集落には昔からウナギに関連する「鬼退治伝説」がある。

### 姿を消した鰻の後を追うと

伝説によると、村上天皇天暦の初め頃（九四七年）、粥川谷近くの山に妖鬼が棲み、村人たちを苦しめていたため、地元の人たちが何とかしてほしいと都の帝に嘆願した。このため帝から妖鬼退治を命じられた藤原高光が、大勢の部下を率いてはるばる粥川郷にやってきた。

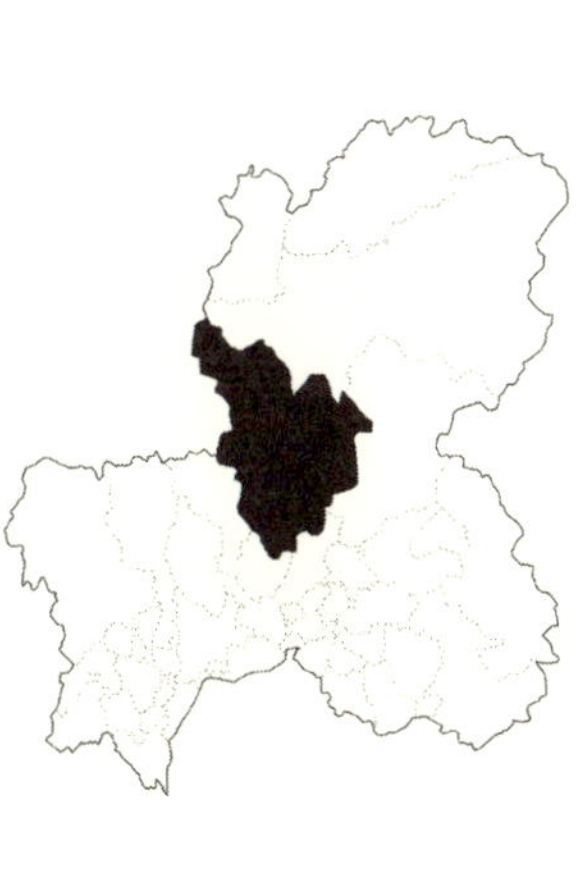

旧美並村史によると、

「藤原高光が妖鬼退治のため大岳に分け入り、道が二つに分かれ迷ってしまった。その時、一匹の鰻が一方の道を這って行き、姿を消した。高光はこれぞ神のお告げだと思い、鰻の登った道に沿って山頂に着き、妖鬼を討つことが出来た。

高光は妖鬼退治をしたあと、鰻を粥川谷の矢納ヶ淵《やとうがふち》に放ち「神のお使いであるから大切にするよう」住民に固く命じた」とある。

神秘的雰囲気の漂う矢納ヶ淵
（郡上市美並振興事務所提供）

伝承によると妖鬼を退治し山を下りた高光は妖鬼が再び棲まないようにと、地元に星宮《ほしのみや》神社を含む六つの神社を建てた。いらい地元ではウナギを食べない風習が続いている。

## 頑なに守る言い伝え

明治十八年（一八八五年）、当時の粥川区規定によると「鰻を捕獲したりすると、冠婚葬祭の節、一切交際を絶つものとする」という、いわば村八分のようなことを決めており、粥川の人たちがいかにウナギを大切に扱ってきたかが読み取れる。

粥川集落のうち粥川姓の家は七戸あるが、このうち長老格の粥川登さん（八六）は、氏子として代々星宮神社のお世話をしており、年に一度宮司や総代など二〇人が集まるお詣りの時などに神社のカギを管理する鍵主である。

その粥川さんは「昭和二〇年代の小中学校の頃、粥川谷にはウナギがたんとおったけど、昭和四〇年代に伝染病が発生してウナギは激減してまった。それでも鬼退治伝説から一一〇〇年間、うちは先祖代々ウナギを食べとらん。わしも食べたことがないもんで、ウナギ料理の味が分からん。ウナギを食べに行かんかと誘われることもない。お付き合いの宴会でウナギが出ても決して食べんからなぁ。名古屋にいる息子や孫もウナギは食べたことがない」と話す。

同じ氏子の粥川清美さん（八三）も、「子どもの頃、滝のようになっとる矢納ヶ淵でも粥川谷でも、そこら中にウナギがおった。粥川のウナギは獲ってもダメ、食べてもダメと言われてきた。わしもウナギを食べたことがないで、味は分からん。他の人の話やとどうやら美味いらしいなぁ。だけど食べてみようとも思わんのや。家内も息子もウナギは食べん。今の若い人の中には、粥川のウナギは食べんけど、よそでは食べてる人もいるみたいや。ほんとは、どこのウナギも同じようにダメやけど、それはしゃーない。とめられんでなぁ」と残念そうに言う。

## それでも鰻は食べたい

これまで他の地域から粥川集落に嫁いだ女性の中には、粥川へ行くとウナギが食べられなくなるというので、結婚前にウナギ料理を何度も食べに行ったという人もいれば、結婚後にこっそりウナギを食べているうちに、腹痛などの変調をきたし、「罰があたったんや」などと言われた人もいるそうだ。

鰻を食べたことがないという粥川清美氏（左）と粥川登氏（右）（日本まんまん中センター古川小百合さん提供）

ウナギの群れ（郡上市美並振興事務所提供）

美並町にある日本まん真ん中センター職員で粥川集落出身の古川小百合さん（五四）は、九七歳の長寿を全うした祖母の古川みつえさんが、ウナギを絶対食べなかったことはもちろん、食べているのを見たことがないという。幼いころおばあちゃんから「ウナギは神様のお使いやで、絶対に食べたらあかんよ」とよく言われたことを思い出す。

現在、粥川集落と高原集落九十数戸のうち、先祖からの言い伝えを忠実に守って、家族揃ってウナギを絶対に食べないのは、今や星宮神社の近くの七～八戸だと言われる。ただどの家でも七〇歳以上のお年寄りは、どんなことがあってもウナギを食べないという。

# 18 南飛騨のハロウイン「がんどうち」

## 子どもたちが「ひなさま見しとくれ！」

三月三日は桃の節句・ひな祭りだが、この日下呂市萩原町ではユニークな風習「がんどうち」が行なわれる。萩原町のひな祭りは、地元の子どもたちが近所の家々を回り、見せてもらったおひな様をほめるとお菓子がもらえるという「南飛騨版ハロウイン」である。

「がんどうち」とは、「盗み取り御免」と言う意味で、「この家の娘が良い婿どのにさらわれてほしい」という願いから始まったと言われる。当日が平日の場合、子どもたちは学校から帰ってくると、慌ててリュックを背負ったり、大きな手提げ袋をひっかかんだりして家を飛び出し、「がんどうち」に集まってくる。

### 見て、誉めてお菓子をゲット

そしてグループごとに近くの家を訪ね、昔から伝わる口調で「ひなさま見しとくれー」と声をかけると、家の人が「どうぞ」と

のぞきこむ子ども

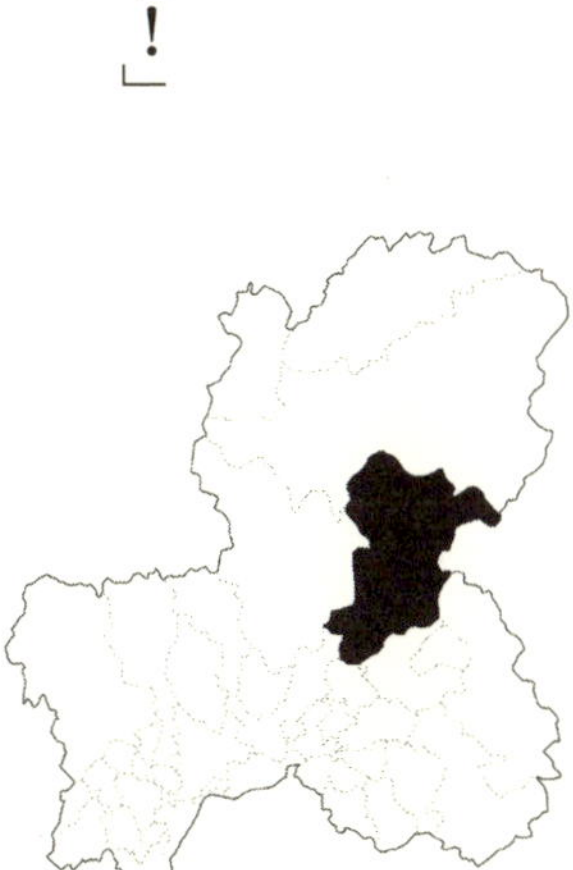

か「見てっておくれ」と招き入れるのである。座敷に上がりこんだ子供たちがひな飾りの前に正座して、見ているふりをしていると、その家のおばーちゃんが「よー、見に、きておくれた」と言いながら用意したお菓子をプレゼントする。子どもたちは「ごちそうさま」「ありがとう」とお礼を言って次の家に向かう。

お雛さまも、昔は御殿びなや、やきびな（土びな）、それに裸びなをきれいな衣装で飾った「ぎょきあん（市松人形）」など様々なものがあった。子どもたちは、「あそこの家のは、ええおひなさまや」と言ったり、「おぞても（古くても・汚くても）ほめた」そうだ。

近頃は五段飾りや七段飾りに加えて三段飾りも登場し、旧家の座敷に上がって正座をしておひな様を見るふりをするという見方も変わり、家の玄関口からおひな様をのぞいて（外から見える場所に飾ってある）、お菓子をもらうパターンが増えている。

## 菓子袋を一〇〇人分用意する家も

ＪＲ萩原駅から駅前通りを歩いて二～三分の桂川豊さんの家では、裏庭側の居間におひな様を飾っており、毎年一三〇人ぐらいの子どもたちがおひな様ぼめにやってくるが、中には二〇〇人もの子どもラッシュになる家もある。

このようにして小学校の上級生になると三〇軒ぐらいの家を回る

ので、リュックや大きな手さげ袋はお菓子でいっぱいになり、みんなニコニコ顔。子どもたちにとって「がんどうち」は年に一回お菓子を大量にゲットできる重要な一大イベントになるのである。

このひな祭りを前に、萩原町のスーパー・バローやマツオカ（スーパー）、ＪＡ・Ａコープ萩原店、今村牛乳（菓子も扱う）などでは、恒例の「がんどうち」用に、スナック菓子、チョコレート、キャンディなどそれぞれ三〇個ずつが入った袋を売り出す。

地元の家々では、この菓子袋を一軒当たり一〇〇人分ほど（桂川家では一三〇人分）用意する。このためスーパーなどのどの店も毎年「がんどうち」の前は大賑わいだが、子どもたちのもらう大量のお菓子が十日間ぐらいは持つので、ひな祭りのあとはヒマ祭りになるという。

地元では「雛さまのやわい（飛騨弁で準備・飾りつけ）は早うてもええが、しまうのはその日のうちにせよ」と言い、「嫁に行きそびれることのないように」という言い伝えから、ひな飾りのあと片付けを急ぐ習慣がある。それとともに、この町では、娘さんが嫁いだあとも、毎年おひな様を楽しみに飾る家庭が多いそうだ。

（写真提供：下呂市）

「おひなさま、きれいやね」

お菓子を入れる大袋を持った子どもたち

# 19

# 「さだきち」「たすけ」今も使う伝統の「家名《いえな》」

## 揖斐川町坂内地区の名字を呼ばない習慣

標高 1,100 メートルにある夜叉ヶ池（揖斐川町提供）

　伝説の名勝「夜叉《やしゃ》ケ《が》池《いけ》」で知られる岐阜県揖斐郡揖斐川町坂内地区には、名字で呼ばず「家名」で呼ぶ伝統が今も息づいている。

　今から十数年前、同県大垣市から坂内地区に嫁いできたK子さんは、当初一軒ずつの家に家名、つまり屋号のような名前がついているのに驚いた。屋号と言えば、そば屋の「更科」、呉服屋の「伊勢屋」、「三河屋」、八百屋の「八百正」などのように商売をしている店の呼び名のことである。

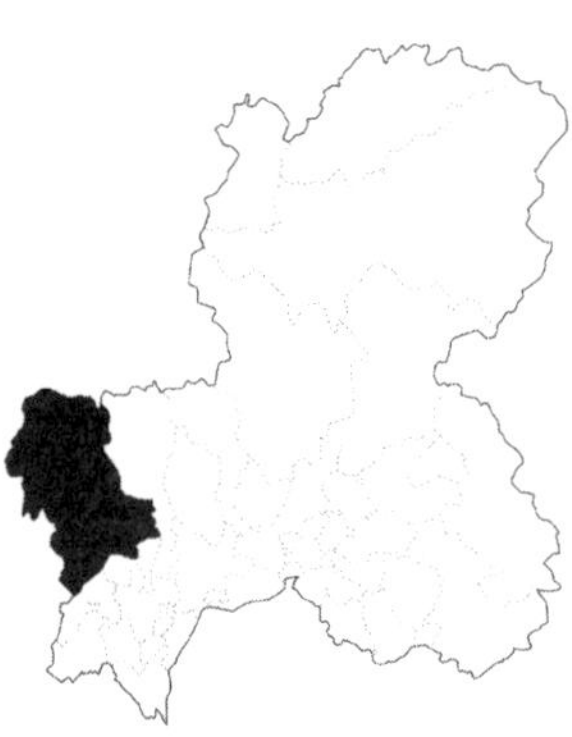

### 個人の家にもつく家名

　ところが坂内地区では、それぞれの家に「さだきち」とか「もざえもん」とか「さんにょも」というような家名がついている。表札にこそ出ていないが、普段の会話でも名字では呼ばず、例えば「タスケの姉が、こんど嫁に行くげな」「そうか相手は誰じゃ?」「ゲンニョモの兄や」というようなや

田中さんの家を探しているんです。
さだきち？たすけ？
そら さだきちの家やな…
さだきちの家ならたすけン家の三件向こうじゃ

りとりが交わされ、坂内の人たちにとっては、この方が分かりやすいという。

K子さんも、さすがに今は慣れたものの、初めて「さんにょも」とか「げんにょも」というような家名を聴いたときは、「これ一体何のことやろう?」と思ったそうだ。

ふるさとのこのユニークな習慣に興味を持った前揖斐川町議会議員（合併前は揖斐郡坂内村総務課長）の丸山周二さん（六九）は、当時の村内三〇〇戸余りの世帯の家名を調べるため、職場の仲間の協力を得て、聞き取り調査を実施した。その結果、村内の家名は大きく二つのグループに分かれることが明らかになった。

## 二つのグループからなる家名

まず、第一グループは、各家の先祖、つまり昔々のおじいさんやおばあさんの名前が家名になっているケース。例えば「ごんまつ、はんのじょう、ためさ、まんぺ、よはち、きよ、もへ、おせつ、かめきち、そうごろう、みね、よしまつ、でんのすけ、じゅうべ、おかよ、かろべ」など、いずれも昔風の名前ばかりだ。

次に第二グループは、「あめや、かじや、かなものや、きじや、だいくたすけ、みなとや、やねたつ、いちりきや、きちや」など。こちらは、昔商売をしていた頃の職種名が、そのまま家名になったものと見られている。調査結果では、第一グループの先祖名の家名が圧倒的に多いということだ。

このほか、「よよ、そのは、まんく、そのよも、かんにょ、げんにょも、きひ、くへ、ひょうざいも」など一風変わった名前もある。「そのは」は「そのはち」、「まんく」は「まんくろう」、「そのよも」は「そのえもん」、「かんにょ」は「かんにょえもん」をそれぞれ略したものである。

丸山さんは、「家名は、名字を言わなくても分かるので、地元の人たちにとっては便利なもの。昔は色んな店があったことも家名を通してわかる。平成の大合併から十九年過ぎ、坂内では空き家が増えてきたが、地元の人たちは今も変わらず家名で呼んでいる」と話している。自分の名前が今も家名で呼ばれ、坂内の文化が継承されていることにご先祖様たちも喜んでいることだろう。

〝岐阜のマチュピチュ〞
春日上ヶ流　天空の遊歩道として有名（揖斐川町提供）

# 20

# 「謎の五重の石塔」を発見！

## 風化した大岩壁の異様な景観

合掌集落で知られる大野郡白川村には、「幻の帰雲城」のほかに、もう一つ「謎の五重の石塔」の伝承がある。幾つかの民間の調査隊がロマンを求めて深い山中に入っていたが、その中の一グループが既に石塔を発見していたことが明らかになり、話題を呼びそうだ。

**幻の石塔が明治の新聞に紹介**

この話は、明治二七年（一八九四年）七月二五日付けの岐阜日日新聞（現在の岐阜新聞）に、「天然石造稀代の塔」という見出しの記事として掲載されており、現代文にすると次のような内容である。

「大野郡白川村加須良《かずら》の集落から約十二キロメートルの山中に石造りの塔がある。高さ二一メートル、直径四五メートルの円型で五階建てのものだ。各階とも外面は彫刻されているように見えるが、青い苔が一面を覆っているのでよく分からない。一階には五個、二階と三階には四個ずつ、四階と五階には三個ずつ窓がある。

三階までは内部から昇れるが、四、五階へは昇れない。三階の内側には仏像の彫刻があり、一階から三階までは周りを左に取り巻く縄状の欄干のようなものがある。この塔の珍しいのは、幾つかの岩を積み重ねたものではなく、一個の黒色の自然石でできていることだ。またこの塔は、約一〇〇メートル四方の平面な大岩石になっている。
しかも、その塔の上に突起している部分のそばには築山状の石造りのものがあり、そのてっぺんから冷たい水が噴き出している。石塔から相当離れた所には岩穴がいくつもあり、最も大きなものは入口が約七メートル、高さが約三メートル、最も小さなものが一メートル四方である。もっともその岩穴の奥行きがどの位あるのかは分からない。

　そのあたりは山全体に檜がびっしりと生い茂っているが、石塔の三三〇メートル四方は、木が一本も生えていないという。ちなみにこの塔は今年（一八九四年）の春、地元の猟師が狩猟のため山中に入った際発見したものだが、山間僻地のことでもあり、いったい誰が造ったものか、またこの塔がどんなものかを研究するような好事家もおらず、ただ不思議な塔と伝えられている」

岐阜日日新聞
明治二十七年七月二十五日　水曜日　第三千八百四十一號

石塔の発見を報じる岐阜日日新聞（拡大部分）

## 秘境！

　記事に出てくる加須良は、白川村の中心部から車で約三〇分の山中にあり、昭和四三年（一九六八年）に地元の住民たちが集団で離れるまでは、合掌造りの家が八軒並ぶ秘境の集落だった。そこから石塔があると言われるところまでは、さらに山奥深く入り、とても一日では行けない難コースだと言われる。

　新聞記事の内容は、白川村荻町の太田英夫さん（宮部家の次男）が、林業の仕事の関係で足しげく通っていた加須良の猟師から聞いた石塔のことを記者に話したと伝えられている。石塔についてはかなり具体的な描写になっているが、当時の村ではあまり話題にもならなかったそうだ。

この新聞の切り抜きを、太田さんの兄の宮部隆介さん（宮部家の長男）が保存し、その後この切り抜きを借り受けた松古孝三さん（宮部家の三男・帰雲城研究のパイオニア）は、郷土の貴重な伝承を広く知ってもらおうと、加須良に住む若い猟師の中野長次郎さんに石塔の話を伝えたという。

中野さんの姪で、白川村の活動派文化人として知られる保木脇の田口節子さんは、同村の職員だった若い頃に石塔のことが掲載されている新聞記事のことを知り、伯父の中野さんから石塔を見たという話を聞いた。

それによると、猟師をしていた中野さんが二四、五歳だった戦後間もない頃の四月、先輩の猟師と熊狩りに出かけ、同村山中の仙人窟岳（一七四七メートル）から移動中、あたり一面残雪の真っ白な中で、当時猟師仲間では五丈岩と呼ばれていた五重の石塔らしいものだけが、黒々としているのを目撃した。その光景の印象は非常に強く、猟師のリーダーから「この一帯は

山神の宿る特別のエリアだ」と聞き、「あれがそうかと手を合わせ、一礼をして加須良に向かった」という。

## ついに調査隊を結成

昔から村に伝わる話と、伯父の中野さんの話が一致したことから、田口節子さんは、一九九二年六月、飛騨山岳会のメンバーを含む六人で初めて現地行きを決行した。一行は早朝四時に加須良を出発、谷を旧林道沿いに登ったあと藪の中の道なき道を進んで、湿地帯の尾根に達し、さらに背丈ほどもあるような生い茂る熊笹などに手足を取られながら仙人窟に近づいた。しかし七、八メートルの巨岩に行く手を阻まれたため、檜の根やしゃくなげの枝をロープ代わりに、よじ登ったり下ったりし、大きなカモシカが岩場にいるのを眺めながら進むうちに夕闇が迫り、通称仙人ヶ岩屋でビバーク（野宿）することにした。仙人ヶ岩屋は、白山信仰の修験道の通過点に当たり、当時の行者たちが野営したり、ルートの拠点になっていたと言われる。このあたりには風雨や雪に浸食された幅約五〇メートルと約二〇メートルの岩場があり、これまでに見たこともないような奇観だったので、山岳会の人は国内でも珍しい眺めだと言う。結局この時は何も見つからなかったが、田口さんはその後も五回以上このハードな調査の企画後援者となっている。

また元荘川営林署の板倉重雄さんを隊長とする同僚五人グループは、同じ年の八月に現地に向かった。みな営林署の仲間とあって山には慣れているものの、初めて入った難コースとあって二泊のビバークを余儀なくされた。一行が仙人窟から西へ、ボージョー谷を上流へ進むと様々な形の風化した岸壁が広がる珍しい眺めの場所に出た。まさに奇観で「こんな所は初めて見た」と一同びっくり。この時も目指す石塔は発見できなかったが、岩場に刻み込まれた「岐」とも「支」とも読める文字を見つけ、新聞紙上で話題になった。板倉さんらは三日間の調査活動の模様をビデオに収めている。

一方、田口節子さんを中心とす

る調査隊に途中から参加するようになった山城兼歴史研究家で高山市史編纂室協力者の同市清見町の田口勝さんは、一九九五年五月と翌年五月に、登山仲間と独自のグループを編成し合わせて三回現地調査に取り組んだ。一行は、かつて加須良集落の猟師たちが毎年五月から六月にかけて熊狩りの時に進んだコースを忠実にたどった。

## 次々と向かう調査隊

この山行きは、笈ヶ岳《おいずるがだけ》（一八四一メートル）や仙人窟岳の稜線からボージョー谷の源流部へ下り、謎の五重の石塔の手がかりを求めての偵察であった。田口さんに同行したのは、米国・ディナリを単独で登頂した中部山岳ガイド協会会長の北川健司さんと、田口節子調査隊のリーダーだった飛騨山岳会会員の都竹茂樹さんであった。

一行が進んだコースのうち、笈ヶ岳には登山道がないため、偵察隊のリーダー的存在であった北川さんがガイド役を務めた。この時は雪が深かったのと雪崩が発生する心配があったので、仙人窟岳の稜線からボージョー谷の源流部に下りることは断念し、稜線からはるかな石塔を遠望しただけで、成果は得られなかった。

三回の現地調査の中で、田口勝さんたちが初めて目にした仙人ヶ岩屋の周囲は、三方向を大岩壁が取り巻く異様な景観で、石塔と見られる岩峰にも登ったが、周辺一帯には明治の新聞記事に記載されたような人工的な遺構はどこにも認められなかったという。

## ひとつの結論

このようなことから、田口さんは以前からの調査と、一九九五年、九六年に三回行った石塔調査で、ボージョー谷の源流部に見られ、昔から猟師たちが「五丈岩」と呼んでいる大岩石こそが「謎の五重の石塔」と断定した。

その理由として田口さんは、

①ボージョー谷の源流部に到達するルート、および位置や地形が、地元加須良の猟師たちの証言と一致する。

②加須良の猟師で現地を見た中野長次郎さんが話していた「ボー

ボージョー谷右岸の大岩壁
左方に石塔、右方に滝（冷水）（田口節子さん、田口勝さん提供）

ジョー谷に下りて石塔を見たことや、一枚の岩盤でできている石塔の大きさ、近くに滝があること、階層のような窓に見えるものがあること」などが、新聞記事の内容と一致する。

③石塔や滝のある流れ、近場の洞穴、対岸壁に多数の洞穴群があることなど、地形の特徴描写が新聞記事と符合する。

④昔からの石塔の名称が「五丈岩」であり、一丈＝三メートルとすると、五丈＝十五メートルとなり、新聞記事の二〇メートルに近く、「五丈岩」の名称が石塔の実態に見合っている。

⑤石塔の近くのホワイトロードあたりに、白山火山系の火山の昔の火口があり、かつての噴火で発

生した火砕流によって、軽石と黒い硬質の層が交互に何百層にもわたり、ほぼ水平に堆積した状態になっている。この軽石の部分が自然風化して、記事に見られる石塔の「一階から三階までの窓」に見える可能性がある。

⑥石塔は一枚の岩盤状の一角が飛び出し、突起した半円形の岩塔であったので、記事にある「一階から三階まで内部から昇れる」や「三階の内側には仏像の彫刻があり」「一階から三階まで周りを左に取り巻く縄状の欄干のようなもの」などの記述はあり得ず、記者の創作とも考えられる。

このような理由で田口さんは「謎の五重の石塔」は古くからの「五丈岩」だと断定したのだが、今から二五、六年前にこのことが分かっていながら、なぜ新聞などで発表しなかったのかを聞いてみた。

田口さんは「発表しなかった理由は、明治時代の新聞記事が、石塔を見たという加須良の猟師から直接取材して書かれたものではなく、また聞きによる間接的な取材を基にしているので、推測が見られるなど記事の根拠が弱いと思った。このようなことから「石塔は五丈岩だった」などと新聞に発表するのは控えた」と話している。

明治時代の新聞記事が元になって白川郷のロマンとなっていた「謎の五重の石塔」は、地元の猟師たちが呼んでいた「五丈岩」を指すことが明らかになった。このようないきさつから、石塔の不思議な話に関心を持つ人や、山登りが趣味の方の中には、石塔まで一度行ってみたいという人もいるかも知れない。しかし白川村で初めて石塔探しに取り組んだ田口節子さんをはじめ、石塔発見者の田口勝さん、山登りの世界的大ベテランの北川健司さんなどが、口を揃えて「現地は危ない。アプローチが危険なので行かない方が安全で良い」と警告している。

## 21

# 人魚を食べた「八百比丘尼《はっぴゃくびくに》」

## 下呂市・馬瀬川に竜宮城への入口

下呂温泉で知られる岐阜県下呂市の馬瀬地区を流れる馬瀬川には、昔から竜宮城への入り口と伝えられる「湯の淵」があり、「八百比丘尼」と呼ばれる非常に奇異な昔話が伝えられている。その不思議な内容はこうだ。

昔、馬瀬地区の中切に「次郎兵衛」という名の通った大酒屋があった。ある朝、小さな瓢箪を持った小僧がこの店にやってきて、「酒を一斗、売ってくりょ（ください）」という。次郎兵衛が、「ぼうよ、この瓢箪にゃ、一斗どころか一升も入らんやろに」と言いながら酒を入れ始めると、一升、二升と不思議なことに一斗の酒が瓢箪の中に入ってしまった。

びっくりしている次郎兵衛に小僧は、「これから毎朝酒を買いにくるで。けど銭はちゃんと払うで心配せんでくりょな」と言って、代金を払うと矢のように走り去った。こうして次の日も、またその次の日も小僧は瓢箪を持って酒を買いに来た。不思議に思った次郎兵衛は「小僧の行く先ぐらいは突き止めんとだしかんぞ（駄目だぞ）」と考えた。

ある日いつものようにやってきた小僧のあとをこっそりつけてみた。すると小僧は湯の淵まで来ると、岩の上で何やら唱えたかと思うと、ザンブと飛び込み、水底深

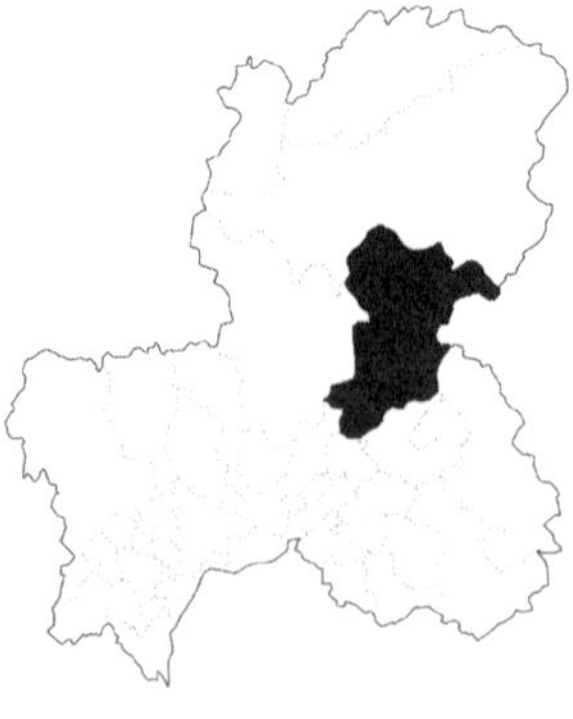

く沈んでしまった。

翌日またあとをつけ、同じ場所で水の中に飛び込もうとする小僧の衿をつかみ、「こりゃ、ぼう、ちょっと待て。おんさ（お前）、どこから来たんじゃ？」と問い詰めた。すると小僧は「おり（俺）は、ふんとは、竜宮のお姫様の使いで、酒は毎朝神様にお供えするためなんやさ」と白状した。そして呪文を唱えている時に、人間に呼び止められると術が効かなくなって竜宮に帰れなくなると訴えた。

湯の淵。かつての面影はない

同情した次郎兵衛は「そりゃ気の毒なことをしてしもうたわい。かんにんしてくりょ。おりが一緒に行って乙姫様に訳を話しておんさが許してもらえるように頼むから何とか連れてってもらえんかのう？」と話した。すると小僧は長い呪文を唱え、やがて次郎兵衛を背負って湯の淵に飛び込んだ。

水の中を進むうちに二人は竜宮城に着き、上機嫌で次郎兵衛を出迎えた乙姫様は、「次郎兵衛さん、この子が色々とお世話になりました上にわざわざおいで下さって恐れ入ります。さぁごゆるりとお過ごしくださいな」とにこやかに声をかけた。

次郎兵衛は、娘たちの舞や歌などを楽しみながらご馳走やお酒で三日三晩もてなしを受け、四日目につきぬ名残を惜しみつつ別れを告げることになった。乙姫様は、「この玉手箱は『ききみみ』と言って、耳にあてると虫や鳥やけものなどの話すことが何でも分かります。でもこの玉手箱のふたを決して開けないでください。開けるとあなたはすぐに死にますから」と言って、きれいな小箱を次郎兵衛に手渡した。

次郎兵衛は喜んで小箱を受け取り、竜宮をあとにして、小僧

の案内で湯の淵から岸に上がった。ちょうどその時、岸の柳の木に小鳥が三羽とまってしきりにさえずっている。次郎兵衛はさっそく「ききみみ」の箱を耳にあててみた。すると「ほれ、次郎兵衛がやっともどってきたよな」「可哀そうに何も知らんじゃろか。家には次郎兵衛の三回忌ちゅうのに」「うんにゃ、次郎兵衛は自分が今日でまる三年、竜宮へ行っとったとは夢にも思ってなかろうて」と話していることが分かった。

　驚いた次郎兵衛が大急ぎで家へ帰ってみると、鳥たちが言った通り、親戚中が集まって法事の最中で、お坊さんがお経を上げていた。そんなところへ亡くなったとばかり思っていた次郎兵衛がひょっこり帰ってきたので、家族も親戚の人たちもみんなびっくり仰天。三回忌はお祝いの席に変わり、次郎兵衛は竜宮城での夢のような話を皆に語って聞かせるのだった。

　それからというもの次郎兵衛の名前は飛騨の国中に知れ渡って、酒屋はますます繁盛していた。そのころ次郎兵衛は朝早く起きると床の間の木箱を拝んでいたので、一人娘のお光は不思議に思っていた。

　そんなある日、次郎兵衛が商いのためでかけたあと、留守番をしていたお光が、そーっと次郎兵衛の部屋に入り、こっそりと木箱を開けてみると、中にはなんと可愛らしい一匹の小さな人魚が入っているではないか。しかもその人魚は何とも言えない良い香りと、おいしそうなにおいがするので、お光は我慢しきれなくなって、とうとう人魚を食べてしまったのだった。

それから幾日かたったある日、旅先で次郎兵衛が急死したという知らせが届いた。母親が気を落として床に臥《ふ》すようになり、一年もたたぬうちにこの世を去ってしまった。

両親が相次いで亡くなったため、お光はある時思い立ち、父母の霊を弔うため尼になり、諸国をめぐる巡礼の旅に出かけた。それから何十年かたって長い旅から帰ってきたが、その後は草庵を結んで暮らすようになった。玉手箱の人魚を食べたせいか、お光はこの馬瀬の里で若く美しい尼僧姿のまま、八〇〇歳もの超長寿を全うして一生を終えたのだった。

若い女性が人魚を食べ、若々しい姿のまま八〇〇歳まで生きるという「八百比丘尼」の伝説は、現実性のない奇異な内容だが、岐阜県を含め全国の広い地域に伝わっている。二八都県、八九市町村一二一カ所に分布していて、伝承地は一六六に及ぶ。代表的な伝承地としては福井県小浜市や新潟県佐渡市などがよく知られている。

岐阜県では、分かっているだけでも十カ所に伝承されている。その伝承の形は次の通りである。

①多少の内容の違いはあるが、八百比丘尼伝説が伝承されている地域は、下呂市馬瀬、加茂郡富加町、関市洞戸、羽島郡岐南町。

②比丘尼が残したという峠の名や杉の木、岩石、屋敷跡などが伝承されている地域は、高山市朝日町（旧朝日村）、飛騨市神岡町、恵那市、各務原市、養老町。

全国的にみても広く分布する「八百比丘尼」の伝説だが、中でも下呂市の馬瀬地区に伝わる内容は、浦島太郎と八百比丘尼の話が一体化した珍しいストーリー展開となっている。八〇〇歳というキーワードを通して、時代を超えた不老長寿の願いが、必ずしも幸福を招くことにはならないことを教えているのかも知れない。

（写真提供：下呂市馬瀬振興事務所）

# 第四章 歴史 其の一

金の信長像

# 22

# 「にゅう」は水銀にちなんだ地名

## 旧徳山村の「門入《かどにゅう》」と「戸入《とにゅう》」

門入の村の風景
「増山たづ子の意志を継ぐ館」代表野辺博子さん提供

　国内最大の貯水量という徳山ダムによって湖底に沈んだ旧揖斐郡徳山村（現揖斐郡揖斐川町）には、門入と戸入という珍しい地名の集落があった。

　門入と戸入の「入」という字以外にも、「にゅう」と読む地名を全国的に見ると、「丹生・壬生・仁羽・仁宇・丹布・仁保・遠敷・乳・乳・廿・柔」などがある。この「にゅう」がつく地名はいずれもかつては水銀にちなんだ由来があると言われているのだが、門入と戸入は果たしてどうだったのだろうか。

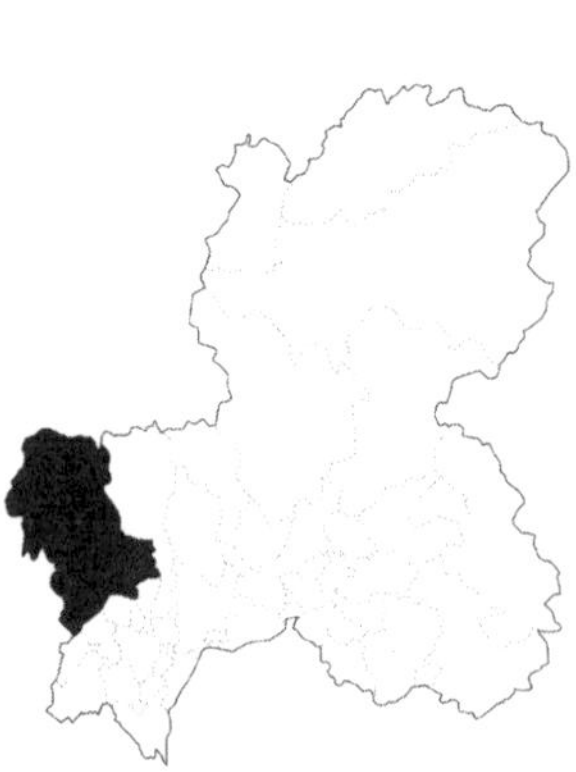

### 水銀由来の地名

　旧徳山村史や揖斐郡志などの史料によると、門入の八幡神社にあった県の重要文化財の神具・鰐《わに》口《ぐち》に、「文明四年（一四七二年）、美濃国門丹生」と書かれていたことから、門入が古くは「門丹生」であったことが分かる。「入」は

「入る」ということではなく「丹生《にゅう》」のことだったのだ。では「丹生」とは一体何のことなのか。

　シルクロード研究の第一人者で丹生研究者でもある早稲田大学名誉教授の故・松田寿男さんは、「丹生の研究」の中で、「丹《に》」とは赤みを帯びている水銀の原料の「辰砂《しんしゃ》」と言われる鉱物のこと。「丹生」や「壬生」という字の代わりに「入」という字が使われる例として「門入」と「戸入」を取り上げ、かつては「丹（硫化水銀）」がとれた地域と推定した。

　これを受けて、全国にある「にゅう」地名の調査研究を行っている福井県若狭歴史民俗資料館勤務で、中京女子大学客員教授の永江秀雄さんは、旧徳山村を調査した結果、門入と戸入の「にゅう」という地名が、松田寿男さんの推定通り水銀産地を示していることを明らかにした。

門入のてっさく
（「増山たづ子の意志を継ぐ館」代表野辺博子さん提供）

　また松田さんは、「戦前の日本では、北海道を除く本州の約三十の鉱山で水銀の産出が確認されたが、その三分の二以上は地質学上の中央構造線に沿って位置している。伊勢の丹生（三重県多気郡多気町丹生）から西に、数々の丹生を連ねて豊後の丹生（大分県大分市丹生）まで、中央構造線は、まさしく「丹生通り」を形成している」と説明している。

　しかし、日本の水銀鉱は一般的に産出量が少なく、ほとんど採りつくしていて、一体どこが鉱山であったのかが分からないことが多いと言われている。では旧徳山村の門入と戸入はどうなっているのだろうか。

## 鉱山跡は水銀の採掘地

　門入奥の入谷《にゅうだに》には「こうもり穴」、茂津谷《もづだに》には「弘法谷」という古い鉱山のあとが残っていて、今では忘れ去られているが、地元には「昔ここで水銀を掘っていた」という言い伝えがあった。

さらに「昔、門入の奥に入谷村というもう一つの村があって、その村の人たちが水銀を掘る仕事をしていた」という話も伝わっている。入谷村については今から二七〇年ほど前に徳山村本郷の白山神社を修理した時の帳面に「入谷村庄屋　助左衛門」の名前でかなりの金額の寄付が記されていたことから、相当大きな村があったと推測されている。

このようなことから、地元の「徳山村を語る会」では、昭和六〇年（一九八五年）に「こうもり穴」を、翌年には「弘法穴」の調査を行い、この二つの穴から鉱山跡を発見したのである。併せて入谷村が実在したことも確認できたのだった。

さらに「こうもり穴」から採取した岩石について、火山化学研究が専門で埼玉大学名誉教授の故・小沢竹二郎さんが分析した結果、普通の岩ではとても考えられないほど多くの水銀が含まれていることが分かり、門入の人たちの言い伝えが正しかったことが証明されたのである。

旧徳山村には、この他にも「鬼《お》生谷《にゅうだに》」「おおにゅ谷」「にゅうど」「しもにゅうど」「にゅうえの谷」などのような「にゅう」に関係する地名が多くあり、いずれも水銀の産地との関係が深いことを表していると考えられている。

その後、門入の「弘法谷」には、大垣山岳協会の鈴木正昭さんが現地調査に入っている。この時の模様をまとめた大垣山岳協会の「門入・弘法穴探訪記」と「弘法谷は何処に消えたか」、および「弘法穴実見記」から主な内容を紹介する。

それによると、かつて弘法大師が開いたという説話のある水銀鉱山跡「弘法穴」では、古くから小規模な採掘が行われていたという。鈴木さんは二〇一五年九月に門入の元住民で「門入おこし協力隊」を主宰していたSさんの誘いを受け探し求めていた「弘法穴」の場所の確認のため現地に向かったが、この時は失敗した。

続いて二〇一六年十月には、大垣山岳協会の仲間のKさんたちと再挑戦したがこの時も失敗に終わっている。さらに二〇一七年十一月四日には泉さんと鈴木さんを含む七人が、小雨の売る中を沢装備をし雨具をつけて、前日泊まった泉山荘を出発した。

入ってすぐの坑道を調査（大垣山岳協会提供）

多数のこうもりが飛び交う坑道（大垣山岳協会提供）

　門入の林道の降り口から西谷に向かったが、茂津谷は相当増水しており、岩穴谷も水しぶきの白い流れが広がり、やがて小さな沢との分岐点に到達。沢を少し上がりきつい傾斜を登り、低木や根をつかんで体を引き上げて急登するうちに、幅三メートルほどのテラス状の空き地に出た。

　斜面に向かって、幅約二メートル、高さ〇・八メートルの小さな横穴が口を開けていた。弘法穴の入り口だ。中に入ると、幅五・五メートル、奥行き三・二メートル、高さ二・四メートルの空き地があり、左側の奥に岩柱の仕切りがある。

　左側の坑道に入ると四・六メートル先に、真下に降りるたて穴坑道と水平に向かう坑道に別れている。たて穴は一・九メートル先、水平に向かう坑道は五・三メートル先まで確認できたが、その先は危険を伴うので進むのをあきらめた。こうして鈴木さんは「弘法穴」の実在を確認したという。

## 渡来人が伝えた技術

時はさかのぼって、縄文・弥生時代から古墳・飛鳥時代にかけて、戦に敗れ国が亡びるなど様々な理由で、中国大陸や朝鮮半島から渡来人たちが新天地の日本に向かった。やがて渡来した人たちは、灌漑とともに稲作をはじめ養蚕、機織り、木工、水銀を含めた金属の採掘や鋳造など、大陸や半島の優れた技術や文化を伝えた。

このような背景の中で、奈良時代には東大寺の大仏に施す金のメッキに大量の水銀が使われたほか、平安時代には宮廷や貴族の調度品のメッキにも水銀が大量に必要だった。

このため水銀に関するあらゆる作業に従事できる特権を持つ「水《すい》銀《ぎん》供《く》御《ご》人《にん》」が天皇家から任命され、この人たちは「丹生一族」と呼ばれた。彼らは全国に散らばり、水銀鉱脈を見つけては採掘したが、そのような地域に「にゅう」の地名が残ったと言われる。

当時としては先進的な技術や文化を持った渡来人や丹生一族が、昔の徳山村の門入や戸入に移り住み、足跡を残したという具体的なものや記述などがないため、実態はよく分からない。しかし、徳山村では約二万年以上前の石器が発見され、縄文人や弥生人が古くから暮らしていたことが分かっている上、門入・戸入とも水銀の産地とあって渡来人が活躍していたとしても不思議ではないのである。

一方、飛騨・高山市には丹生川町（旧大野郡丹生川村）＝「にゅうかわちょう」という読み方の地名がある。同市には小八《こはち》賀川《がわ》と大八賀川という川はあるが、昔から「丹生川」という名前の川はなく、この地域で水銀を産出した跡も見当たらず、そのような伝承もない。

調べてみると明治八年に三二村が大合併したのだが、その時につけられた新しい村名が「丹生川村」であった。

これは村の中央を流れる小八賀川を万葉集に出てくる「丹生川」になぞらえて命名されたもので、そのいきさつが同町の「村名の由来の碑」に見られる。

# 23 合併十九年 馬籠《まごめ》のビフォー・アフター

## 昔から岐阜県東濃地方の天気予報がピッタリ

中山道木曽路の宿場町・馬籠《まごめ》は、「木曽路は全て山の中である」という書き出しで始まる小説「夜明け前」の作家・島崎藤村の生誕の地としても知られている。その馬籠を含む元長野県木曽郡山口村が、二〇〇五年に岐阜県中津川市に編入合併して、二〇二四年で十九年になる。当時は「越県合併」とあって全国的にも話題を呼んだものである。

### 合併の経緯

そこで、山口村閉村記念誌などを参考に、合併の経過を簡単に振り返ってみよう。旧山口村の役場内に二〇〇一年五月「市町村合併研究会」が設置され、同年十一月～十二月にかけては「市町村合併に関する住民アンケート調査」が行なわれた。当時の村民数は一七八三名、回答者数一四七八名、回答率は八二・九％だった。

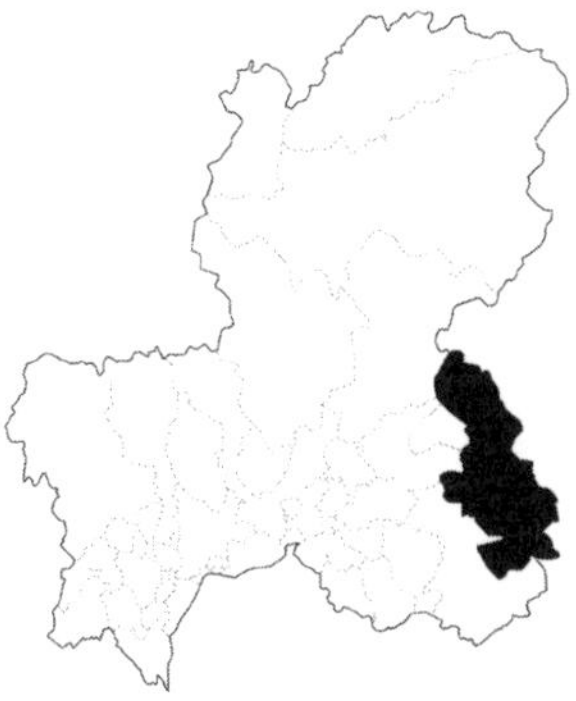

アンケート調査の結果を見ると、「山口村が他の市町村と合併することについてどう思うか」という設問に対して、①賛成が七一・二％　②反対が一七・八％、③分からないが九・六％　④未記入が一・四％だった。

次に「山口村が他の市町村と合併することになった場合、あなたはどのパターンが望ましいと思うか」という設問については、①中津川市（恵北町村を含む）七二・

二％　②長野県木曽南部町村（南木曾町等）十一・六％　③長野県木曽郡下全町村五・四％　④中津川市を除く恵北近隣町村四・八％　⑤未記入三・八％　⑥その他二・二％であった。

　このように、当時の山口村の住民は当初から中津川市との合併について賛成の人が多かった。合併の相手が長野県内の町村よりも、隣りの岐阜県中津川市が圧倒的に多数であったのは、山口村の住民の生活感覚が長野県よりも岐阜県に向いていたことを示している。これを受けて山口村議会も、賛成八、反対三で中津川市との合併を推進することになった。

　さらに二〇〇三年四月に、合併の行方を占う山口村村長選挙が実施され、当時の村長・加藤出さんが八八五票を獲得し、合併慎重派候補の六三五票を破り、再選された。

　その翌年の二〇〇四年二月に「投票による住民意向調査」が行なわれ、①合併に賛成九七一票（六二・二八％）②合併に反対五七八票（三七・八％）③無効投票十票（〇・六四％）であった。山口村の村民は、改めて越県合併を選択したことになる。

昔の面影を残す馬籠宿
（中津川市馬籠脇本陣資料館提供）

　当時の田中康夫長野県知事は、県議会で「村民の意志は重く受け止めるべきだ」としながらも、長野県の歴史的観光地である宿場町・馬籠を手放したくなかったので、「信濃が溶け出すのを見過ごす訳にはいかない」として、越県合併反対をぶち上げたため、順調に進んでいた合併問題がかえって着地しにくくなったと言われている。

　「住民の意思を無視して、勝手に合併反対を言い出した田中知事は許せん」とか、「合併問題をかき回し、住民の絆を分断した」などと今でも腹を立てている人が多いという。ともあれ、このようにして越県合併は二〇〇五年一月に当時の麻生太郎総務大臣によって決定された。

## 長野でも生活圏は岐阜

　このようにして、馬籠を含む山口村が、岐阜県中津川市に合併したのだが、ではなぜ山口村は多くの住民が当初から中津川市との合併を望んだのだろうか。

　そこで地元の歴史・文化に造詣が深い中津川市馬籠脇本陣史料館館長の蜂谷保さん（一〇〇）と、同市山口総合事務所所長の楯弘幸さん（六〇）にお話を伺ってみた。読者も初めて耳にするような「へー、そんなことが」情報も登場する。

　もともと馬籠を含めた山口村は、長野県にありながら岐阜県の東濃地方との一体感が強い地域だった。地形や気象条件が長野県というより、岐阜県の東濃地方とほとんど一緒なのである。このため長野地方気象台が発表する長野県地方の天気予報や霜注意報などは当たることが珍しく、むしろ馬籠の人たちは、昔から岐阜地方気象台が発表する岐阜県東濃地方の予報をテレビやラジオで視聴し、日ごろの生活に役立てていた。

恵那山を望む
（中津川市馬籠脇本陣資料館提供）

　放送でも、地元長野県のＮＨＫや民放各局のテレビ画面は砂嵐状態となり、全く見られないため、視聴に何の問題もない名古屋や岐阜の放送局に親近感を抱いていたという。ただＮＨＫについては、一九七五年に中継局が設置されたため、視聴できるようになった。

新聞については、昔から各家庭とも長野県の新聞はほとんど購読しておらず、名古屋や岐阜の放送局のラジオ・テレビ欄が掲載されている全国紙やブロック紙、ローカル紙を読むという人が圧倒的に多かった。

このほか合併前には、車の運転免許証の書き換えの講習の時に、その日のうちに交付してもらうため車で二時間かけて塩尻まで出かけたり、後日の交付の場合でも一時間かけて木曽福島まで行ったそうだ。パスポートの場合も同じように長距離を走って交付を受けたほか、税金の確定申告や民宿・食堂の保健所の指導

も木曽福島まで行かなければならなかった。

緊急時になると、火災が発生した場合、消防車は長野県の木曽消防署南分署から山口村まで約十五分（馬籠までなら約二五分）かかるのに対し、岐阜県の恵北消防組合坂下分署から山口村まで約五分で到着していた。

また山口村の急病人を救急車で運ぶ場合、長野県の県立木曽病院までは約五〇分（馬籠からは約六〇分）かかるが、岐阜県の国保坂下病院（現診療所）までなら約五分、中津川市立病院までなら

約二〇分とあって、長野県の場合いずれも生活上不便なことが多かった。

今では車で十五分程度の中津川市役所や関係機関に出かければ、比較的手間がかからず新しい免許証やパスポート、税金の確定申告の手続きを済ませることができるようになり、生活上は明らかに便利になっている。このように合併前の不便さを考えると、越県合併したのは、地形的にも日常生活上も自然の成り行きだったと地元の人たちは言っている。

## 内外の観光客で賑わう

その後、文化庁が二〇二〇年六月、馬籠の島崎藤村邸（馬籠宿本陣）を、「木曽路はすべて山の中～山を守り山に生きる～」の構成文化財として日本遺産に追加登録した。藤村邸は以前から知られてはいるが、登録を機に改めて観光文化スポットとして脚光を浴びている。

その後、二〇二三年九月十九日には、中津川市と長野県塩尻市や木曽郡の計八市町村の首長らが馬籠宿に集まり、第一回木曽路サミットが開かれた。

このあと開かれた交流会に参加した馬籠観光協会会長の大脇和人（六二）さんは、「今は岐阜県だけど、やっぱり馬籠はもともと木曽路だから集まった人たちの空気感がとても懐かしい」と語っていた。

長野県歌「信濃の国」を聞いて育った旧山口村の人たちにとって、「長野県・信州」は、今も心情的にノスタルジーを感じさせるキーワードなのである。

そのような一方で、同じ年の十月には、馬籠の水路の水が枯れて一滴もなくなり、水車がとまるというかつてないような渇水状態に見舞われ、隣りの神坂地区から水を何度も運ぶ事態となった。

さらに二〇二四年一月一日に発生したM７・６の能登半島地震で、石川県輪島市の観光名所である朝市通りの木造家屋が全焼するという大規模な火災が発生し、馬籠の人たちは馬籠宿の防火体制により強い危機感を抱くようになった。

もともと馬籠は、地形的に山の

尾根にあるので水の便が悪く、かつては江戸、明治、大正に四度の大火があり、馬籠の宿場町が全焼するという被災経験がある。

　こうしたことを背景に、二〇二四年四月下旬には、馬籠代表の地区役員たちが作る「馬籠懇話会」が岐阜県の古田肇知事を招き、水問題の実情を訴えたが、同知事は、清流の国ぎふでの馬籠の実情に驚いた表情を見せていた。

　前述の大脇和人さんは馬籠区長として「観光客が戻りつつある今、いざとなると輪島と同じことが起きかねない。馬籠の住民や観光客など多くの人の安全に直結する水の対策が急務だ」と訴えている。

　馬籠宿は、端から端まで歩いて十五分ぐらいだが、木曽路の宿場町らしさが残されているので、五月の連休中も内外からの多くの観光客で賑わった。街道沿いではゆっくり回る水車の前で記念写真を撮る人たちの姿も目立ったが、地元の人たちにとって水対策は大きな課題だ。

島崎藤村記念館（同館提供）

　さらに馬籠の住民にとって長年の念願でもある中央自動車道の神坂《みさか》スマートインターは、難工事のため開通が遅れているが、開通すると木曽路・美濃路・飛騨路の交通の要衝となり、東京から馬籠を訪れる観光客が同スマートインターを利用すると、インターから約五分で馬籠に到着するという利便性があり、同インター開通への期待は大きい。

　こうして馬籠の人たちは、水の問題と神坂スマートインターという異なる二つのテーマを抱えながら、平成の越県合併から間もなく二〇年を迎えようとしている。

# 24 南濃町の「七つ墓」の悲劇

## タイミングが悪かった明和の志津《しづ》騒動

明和の志津騒動と呼ばれ、村役人四人・農民三人が死罪となり、首切り三昧とも言われた「七つ墓」が、海津市南濃町志津地区の桂林寺にあり、今も大垣城に向かって何か言いたそうに一列に並んでいるのをご存じだろうか。

「たたりじゃー！」の『八つ墓村』は小説だが、こちらは歴史的な事実である。『養老郡志』や『大垣城代日記書抜』、『志津高木家文書巡視使御用日記』などを記載した旧南濃町史・通史編によると、これは江戸・明和年間の志津村（現在の南濃町志津地区）の村入用料（財政支出）が事件のきっかけだった。

### 不正追求に立ち上がる

当時の村の財政支出は、年間六十石から八十石程度だったが、明和六年（一七六九年）にはなぜか百十五石と急に増えた。不審に思った村人たちはこの問題について寄り合いを開き、村役人から借りた帳面などを調べた結果、不正のあることが分かった。やがて不正追及の声が村の中に広まり、農民の三郎次・勘右衛門・平四郎が中心になって、村人たちの連判した訴願書とともに役所へ訴え出たのである。

その頃、過酷な年貢米の取り立てが続いたため、全国的な規模の農民一揆、つまり命がけの高年貢米反対闘争が相次いでいた。これに対して幕府は、農民騒動鎮圧や百姓強訴・徒党停止令を出すなど、今でいう集会・結社の自由を奪い、農民一揆への弾圧を行った。こうした中で、村の役人たちは、農民たちが徒党を組むような寄り合いを開いていると、役所へ報告した。

　これを受けて、事件の究明に乗り出した大垣藩は、不正追及のため役所へ訴え出た村人たちの代表の三郎次ら三人を捕えた。その一方で同藩は、村の村人用帳（財政支出記録）をチェックし、年貢米の上納（村費支出面）で、村役人の仲四郎・幸右衛門・嘉平太・太

兵衛が不正を行ったとして、四人は入牢（刑務所入り）の処分となった。

## 七人に喧嘩両成敗の刑

　最終的に藩は、農民の訴え方にも問題があるとして農民のリーダー三人と村役人四人について、喧嘩両成敗の形で、明和七年（一七七〇年）三月六日、死罪獄門の刑とし、あわれ七人は刑場の露と消えた。このほか、役人組頭の七郎兵衛など四人が十里四方追放、死罪七人のうち五人の家族十六人が村払いとなっている。

　村役人の財政疑惑は、就

桂林寺に並ぶ７つの墓石（編集部提供）

任一年目で不慣れなことから発生したという側面もあって根の深いものではなかったと言われ、訴えられた村役人も、訴えた農民も、まさかこのような厳しい処罰を受けるとは、誰一人考えていなかったようだ。しかし、当時は農民一揆が相次ぎ、幕府が訴願への厳罰方針を打ち出してまもない時に、三郎次ら農民が藩に直訴したため、誠にタイミング悪くこうした悲劇的な結末を迎えた訳である。

## 十一年後に「七つ墓」を建立

これが「明和の志津騒動」と呼ばれる事件のてんまつである。七人が獄門にかけられたため、当時はすぐに墓を建てることが許されず、事件から十一年目の安永九年（一七八〇年）、地元志津地区の桂林寺に七人の墓が揃って建てられた。これと前後して追放処分や所払いを命じられた死罪者の家族や関係者の帰郷願いが藩に出されたため、受理され、その後それぞれ帰村している。

こうして今から約二五〇年前に命を失った七人が眠る「七つ墓」は、明和の志津騒動の犠牲者の墓として、現在も子孫の二家族によって祀られ、命日の旧暦三月七日には桂林寺で慰霊祭が営まれている。このようなほとんど知られていない郷土の歴史について、次の世代の子供たちにも正確に伝えたいものだ。

## 25

# 大垣・竹嶋町と朝鮮通信使

## 鎖国の中の国際文化交流

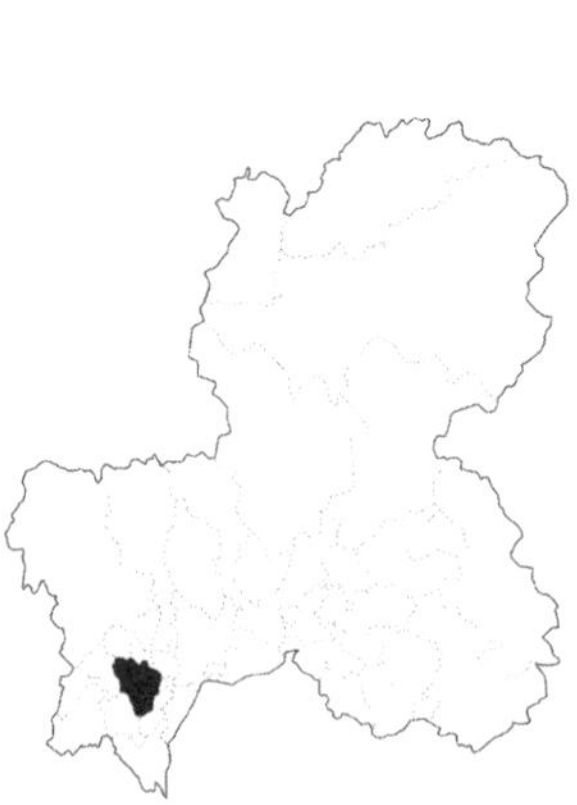

大垣市に関ケ原の戦い以前から続く、竹嶋町という古来町《こらいまち》がある。この竹嶋町は、江戸時代に何度も朝鮮通信使の大集団を迎え入れたホストタウンであった。

朝鮮通信使とは、豊臣秀吉の朝鮮侵略、いわゆる文禄・慶長の役によって、日本と朝鮮（李王朝）との国交が断絶状態になっていたのを回復し、善隣友好関係を築こうと、徳川家康が招いた朝鮮側の代表団である。

「通信」というと、郵便とか電話、ネット通信のようなイメージで使われる言葉だが、「朝鮮通信使」の「通信」はそういう意味ではない。「信義を通じる」「まことを通わす」という意味で使われ、お互いの国の信頼関係を築く代表団のことを「通信」という言葉で表したものだ。

通信使の一行は、李王朝の正式使節をはじめ、通訳、学者、医師、書家、画家、芸術家、武術家、馬術家、演奏家などで構成され、毎回総勢四〇〇人～五〇〇人という大型文化使節団であった。

通信使は、慶長十二年（一六〇七年）から文化八年（一八一一年）にかけて、通算十二回来日している。毎回、ソウルを出発して釜山に着き、六隻の渡海船に分乗して日本に向かった。

途中、対馬から壱岐、九州、瀬戸内海を経て大坂に着き、さらに川船で淀川を山城まで進み、ここから陸路をたどった。大津、近江八幡、彦根、そして（岐阜県の）今須、関ケ原、大垣、墨俣から名古屋を経て、東海道を江戸に向かい、江戸城では時の将軍に謁見している。

## 異国の文化を貪欲に学ぶ

当時、朝鮮使節団が入国すると、日本の文化人たちは、通信使が宿泊する各地の旅館などに集まり、滞在の間、競うように通信使たちに会い、漢詩を応唱、書画の揮毫を求め、さらに筆談で中国や朝鮮の政情を探り、歴史や風俗を尋ね、諸学の問答を交わすのが恒例のようになっていた。当時の朝鮮は日本の先生のような存在だったのである。

第三次通信使が書き残した「東槎録」は、一行が美濃と尾張の境界の川に近づいたころのことを、次のように伝えている。

「見物の男女は、道の両側をうずめ、船に乗って望見しようとする者にいたっては、河の上下をおおい、身分の高い女は轎《こし》（肩でかつぎあげ人を運ぶかご）に乗り、道をはさんでいる者がまたどれだけか分からないくらいで、誠に壮観であった。訳官たちが日本人にたずねると、『みな三河、美濃、尾張等の遠い地方の人で、見物のため前々から来て留まっていたという』」

朝鮮通信使行列（大垣市教育委員会提供）

当時の鎖国の日本で、見たこともないきらびやかな衣装の、文化先進国である朝鮮からの人たちの長い行列だったから、物珍しさと並々ならぬ関心もあって、どこへ行っても黒山の人だかりとなったのである。

正徳元年（一七一一年）の第八次通信使の『東槎日記』によると、一行が大垣に近づいた頃のことをこう記している。

「夕方に大垣に至った。燭火を持って一里余り行くと、大垣の白壁の塀と層廊に濠塹が取り巻いて青く人家が甚だ盛んであり、ここは美濃州に所属した地であった。（中略）。五日雨。夜明けに出発して数里進んで雨にあった。倭人が一行上下の雨具を供したが、皆華麗で鮮明であった。州股（墨俣）に至って三つの橋を渡ったが、橋はみな船を繋いで、板を敷いて、両橋には太い鉄索で繋ぎ、その構造が甚だ堅固で綿密であった」

通信使の一行は毎回大垣で一泊したが、高官の三使は全昌寺を宿舎とし、中・下官たちは竹嶋町の町人の家に分かれてホームステイをした。この時、竹嶋町の人たちは中・下官の人たちと交流し、中には朝鮮の民画に心得のある人が描いた絵を記念に贈られたこともあった。こうした交流が各民家で行われるなど、竹嶋町は町人文化の進んだ町であった。

## 江戸末期まで続く国際交流

このような交流や友情を大切にし、いつまでも忘れないために、竹嶋町の人たちは、何か形に残そうと考えた。研究者の李進肥《りじんひ》さんは、「大黒屋治兵衛という人の先祖が、あまりにも美しく、気品に満ち溢れた朝鮮通信使の一行に感銘し、ノートと筆を持って名古屋まで追いかけ、一行の楽器から帽子、服、沓、扇などをことごとくスケッチして帰ってきた。

そして祭りに繰り出す朝鮮山車《やま》を作り、記念にもらった民具を取り入れたデザインの朝鮮服を、京都・西陣の織屋に依頼して刺繍をしてもらって仕上げ、大垣まつりに登場させた」と述べている。清水進元大垣市史編纂室長は「大黒屋治兵衛の名前は幕末の美濃路大垣宿軒別絵図に見られる」と、代々続く大黒屋の存在を明らかにしている。朝鮮山車を中心とする竹嶋町の通信使行列は、毎年祭りの中で人気と話題を集め、江戸末期まで続けられた。

## 平成二七年に復活

ところが明治に入り、政府の神仏分離令によって、竹嶋町の朝鮮山車は地元の人たちの気持ちをよそに、現在の榊山車に変えざるを得なかったのである。それ以来、朝鮮山車のことは忘れ去られていたが、昭和五一年（一九七六年）郷土史家の山田美春さんが同町の山車倉の天井裏から、朝鮮山車の一部を一一〇年ぶりに発見した。

見つかったのは、木製白塗りの朝鮮王の頭とその衣装、朝鮮服、清道・竹嶋町の旗、山車の柱、木製車輪、車輪の受け台、鉦、胡弓、小笛などだが、これらは現在、大垣市郷土館に展示されている。

その後、大垣市では朝鮮通信使とのつながりを大切にするため、様々な取り組みを行ってきた。二〇一五年には、「朝鮮通信使ゆかりのまち全国交流会inおおがき」を開催し、講演が行われ、通信使行列が再現された。

二〇一六年には、「大垣祭の山車行列」がユネスコの無形文化遺産に登録されたほか、翌二〇一七年には、「朝鮮通信使に関する記録」が「世界記憶遺産」に登録された。

また二〇一八年には、大垣市の市制百周年記念行事として、「朝鮮通信使に関する記録ユネスコ登録記念碑除幕式」が行われ、大垣市内で通信使行列の大パレードが繰り広げられるなど、鎖国だった江戸時代の大垣における国際文化交流の名残りを今に伝えている。

江戸時代の朝鮮山車の名残り（大垣市秘書広報課提供）

## 26

# 日本でただ一カ所、お寺が一カ寺もない東白川村

### 神道だけの村　お墓は本名のまま

廃仏毀釈の歴史を持つ全国唯一寺のない村
白川茶でも有名

東濃桧や白川茶の産地として知られる加茂郡東白川村は、なんとお寺が一ヵ寺もなく、全国でも珍しい神道だけの村である。

調べてみると、この村にもかつては常楽寺と播龍寺という二つの寺があった。ところが明治三年（一八七〇年）、この村でも仏教をやめて神道に帰依することを強制する廃仏毀釈《はいぶつきしゃく》の嵐が吹き荒れた。

このため、二つの寺をはじめ、村のあちこちにあった石仏（十三仏像など）や石碑も、仏教に関するものはすべて取り壊され、運び去られてしまった。それ以来東白川村は仏教空白地帯となり、神道だけの村になったという歴史がある。

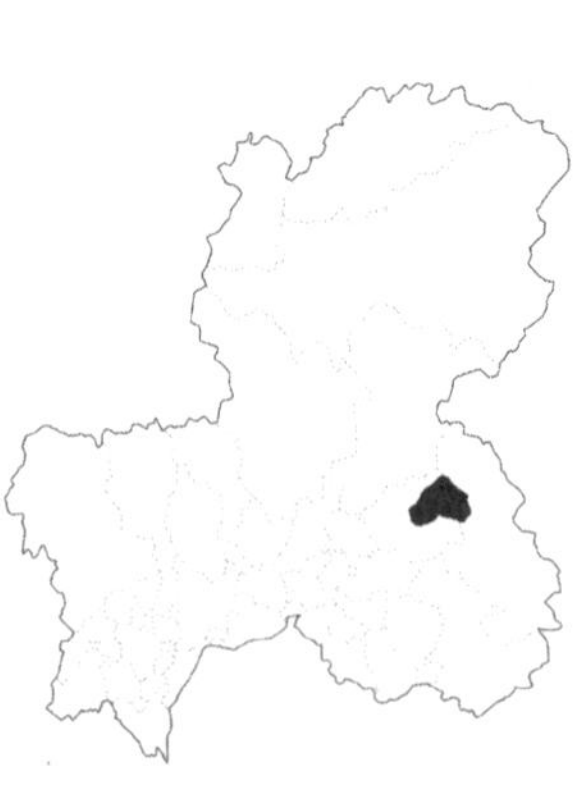

### 戒名のない墓石

このようにして村には今もお寺がないので、もちろんお坊さんもおらず、一般の家庭には仏壇もない。亡くなった人の位牌は神棚に

祀られ、村の人たちは「仏さま」とは言わず「御霊《みたま》さま」と呼んでいる。

結婚式や葬式などの冠婚葬祭のうち、村の人たちの葬式は、近辺の葬儀会場で神主さんが祝詞《のりと》をあげて執り行うのが主流だ。しかし結婚式については、神前結婚式が年間一～二組、チャペル式レストランウエディング（村外）が三～四組となっていて、今風のウエディング事情に神道の神様も苦笑いといったところである。

ただ葬式の際、亡くなった人については、神道では仏教のように戒名をつける習慣がないので、お墓の名前は生前のままである。

村内の家庭では、時おり「御霊まつり」が営まれるが、これは仏教の法事に当たるもの。○回忌法要などと違って、御霊まつりは家族の都合に合わせて行うので回数も少なく、費用も少なくて済むという。他の地域から移ってきた人は、初めのうち「いったい、何のおまつりなんやろう?」と首をかしげるそうだ。

## お焼香の仕方が分からない

このようにすべて神道一色なので、村民の中には村外のお寺の葬式に一度も出たことがない人もいる。寺の葬式では、数珠の持ち方や焼香の仕方が分からないので、あらかじめ経験者にノウハウを教えてもらったり、当日の会場で前に並んだ人のやり方をさりげなく見ながら済ませるという。

しかも初めて村外の寺の葬式に出た人は、聞きなれないお坊さんのお経が一体何を言っているのかさっぱり分からず理解できないそうだ。そう言えば神社の神主さんの「のりと」は比較的分かりやすいという人もいる。

さらに寺のないこの村では、ほとんどの人が大晦日の除夜の鐘を生で聞いたことがなく、テレビの「ゆく年くる年」などで初めて知った人も多い。このような背景があるので「百八つの煩悩」などと言われても全くピンと来ないという。

ちなみに東白川村村勢要覧資料編には、村のキャッチコピーの一つとして、「廃仏毀釈の歴史を持つ、全国唯一・寺のない村（神道

綺麗に割られた南無阿弥陀仏

村）」と書かれている。

## 廃仏毀釈の名残

村役場前には、上から真四つに割られた状態の「四つ割りの南無阿弥陀仏碑」が当時のまま保存されており、徹底的に行われた廃仏稀釈のすさまじさを今に伝えている。まさに寺のない村の象徴である。

お寺はなくても、村の人たちの人情は細やかであったか味があり、のどかで自然に恵まれた山村だ。

（写真提供：東白川村）

横からも割られている

# 第五章 歴史

## 其の二 掘り起こせ！ 岐阜の隠れたヒストリー

## 28

# 幻の帰雲城《かえりくもじょう》、ついに発見か?!

### 山城の入口跡や空堀《からぼり》が見つかる

**天正大地震で城と城下町が埋没し全滅**

今から四三八年前に起きたマグニチュード7・8の巨大な天正大地震のため、あっという間に城と城下町が地中に飲み込まれ、城内外にいた多くの人たちや牛馬も全滅した。そんな城が岐阜県の奥飛騨地方、世界遺産の合掌集落で知られる白川村にある。帰雲城と呼ばれる城で現在も調査が続いている。しかも徳川の埋蔵金のような伝承や伝聞ではなく、これは確固たる史実なのである。

これまで、この城がどこにあるのかが分からなかったため、「幻の帰雲城」と呼ばれてきたが、ここ数年の調査で、城のある区域が大まかに分かってきた。また二〇一九年以来の発掘調査によって、城や城下町の当時の暮らしぶりがうかがえる囲炉裏に使う木材や糸巻機の部品、それに馬の骨などが

左岸から見た庄川と帰雲山（テレビ愛知提供）

見つかっている。さらに最も新しい情報として、山城の入口跡や昔の姿のまま残っている空堀《からぼり》なども発見されたため、帰雲城の遺構かどうか城郭専門家による鑑定が待たれている。

　初めて、この話を知った人のために、暦を五五〇年ほどさかのぼることにしよう。古文書などいくつかの史料によると、帰雲城は寛正五年（一四六四年）、将軍足利義正の命を受けた奉公衆の内ケ島《うちがしま》為氏《ためうじ》が、現在の岐阜県大野郡白川村保木脇《ほきわき》に築いた居城である。そして四代目の城主・内ケ島氏理《うじよし》の時に、予想もしないことが起こった。

　それは、天正十三年十一月二九日（一五八六年一月十八日）の午

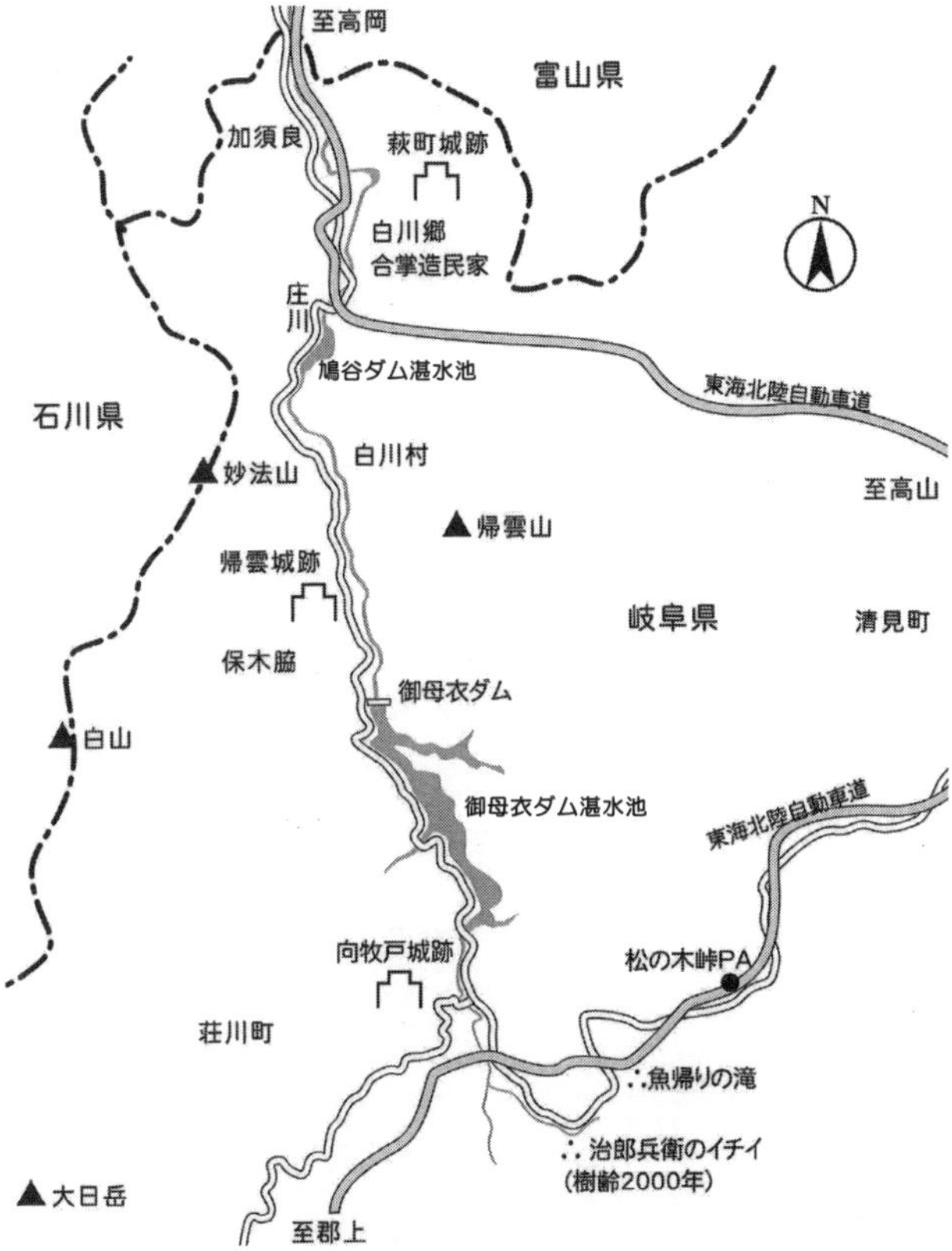


帰雲城跡の周辺地図

後十一時頃のことであった。岐阜県郡上市の大日岳付近を震源地とするマグニチュード7・8の天正大地震が発生した。この巨大な地震により、東海・北陸・近畿の広い範囲で大きな被害が出た。

　特に白川村にある標高一六二二メートルの帰雲山《かえりくもやま》の頂上付近が崩壊し、大量の土石流が山津波となって流れ落ちた。「当時は真冬だったので、山の積雪も巻き込んで雪崩状態になっただろう」と、地元飛騨出身で岐阜県文化財保護協会員の研壁幸《すりかべみゆき》さんは健在だった頃にこう語っていた。

　時速一七〇キロメートルぐらいのスピードで落下したと推測される土砂や岩石の山津波は、山麓を流れる庄川を渡って対岸（左岸）の山すそに乗り上げた。このため左岸側にあったと見られる帰雲城と城下町の三〇〇戸、推定人口約一二〇〇人が、一瞬のうちに地中に飲み込まれるという悲惨な大災害となった。同時に山津波が庄川をせき止めたため、溢れ出た水によってあたり一面湖のようになり、城なども水没してしまったのである。

白川村・保木脇（田口勝さん提供）

　当時の状況を古文書「飛騨鑑《ひだかがみ》」は、「内ケ嶋《うちがしま》ノ前《まえ》、大川有之候《おおかわこれありそうろう》。其向《そのむこう》ニ高山《たかやま》御座《ござ》候。而亦其《しこうしてまたそ》ノ後《うしろ》ニ帰《かえ》リ雲《くも》ト申高山《もうすこうざん》御座候。右《みぎ》ノ帰《かえり》

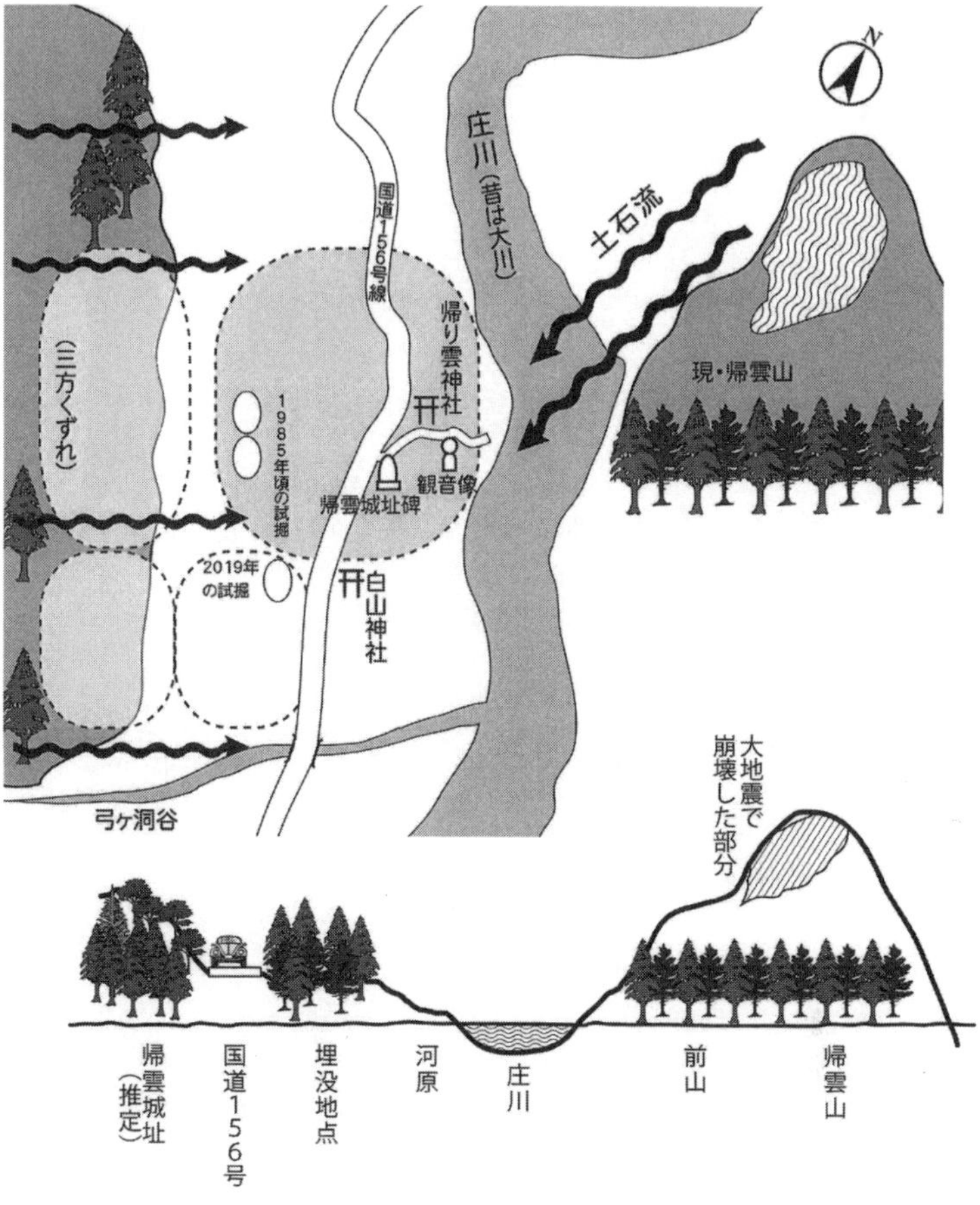


帰雲城被災地断面図

雲《くも》ノ峰《みね》、二《ふた》ツニ割《わ》レ前《まえ》ノ高山《たかやま》、竝《ならびに》大川打越《おおかわうちこ》シ内ケ嶋打埋申《うちうめもうし》候。人《ひと》、一人《ひとり》モ不残《のこらず》内ケ嶋ノ家断絶《いえだんぜつ》……」と伝えている。

また当時本願寺門主顕如上人の側近で、大坂・貝塚の願泉寺住職だった宇野主水の「貝塚御座所日記」によると、「廿九日夜《にじゅうくにちよる》、四《よ》ツ半過《はんすぎ》大《おお》地震《じしん》。夫《それ》ヨリ十餘日《とうかあまり》不止《やまず》。京都《きょうと》卅三間堂《さんじゅうさんげんどう》ノ佛《ほとけ》六百躰《ろっぴゃくたい》、イヅレモ倒給《たおれたまふ》ト云々《うんぬん》。飛州《ひしゅう》ノ帰雲《かえりくも》ト云在所《いうざいしょ》ハ、内嶋《うちがしま》ト云奉公衆《ほうこうしゅう》アル所《ところ》ナリ。地震《じしん》ニテ山《やま》ヲユリクズシ、山河《やまかわ》多《おお》クセカレテ、内嶋ノ在所へ大洪水《だいこうずい》ハセ入《いり》テ、内嶋一類《いちるい》地下人《じげのひと》ニイタルマデ、不残死《のこらずしに》タル也《なり》。他国《たこく》へ行《ゆき》タルモノ四人《よにん》ノコリテ、ナクナク在所へ帰《かえり》タル由申《よしもうし》　訖《おわんぬ》。彼《かの》在所ハ悉《ことごと》ク淵《ふち》ニナリタル也」と記している。

　古文書が伝えているように、この地震で帰雲城と城下町が山津波にのみこまれ、内ケ島一族は忽然と姿を消した。わずかに北陸に出かけていたとみられる四人の村人が帰ってきて、山津波に埋もれて湖のようになっている故郷を見て、帰る場所がなく、泣きながらも呆然としている様子がうかがえる。この時は、十一月二九日を含め前後三回の大きな地震が発生したと伝えられている。

　しかし、なにぶん古い時代のことなので、天正大地震のこともあまりよく知られていない。そこでマグニチュード7・8の巨大地震が岐阜県内にどのような被害をもたらしたかを、「天正大地震誌」などから紹介する。

## 岐阜県内の被災状況はこうだった

①白川村の帰雲城と城下町が山津波で埋没、約一二〇〇人が死亡、全滅。

②大垣市の大垣城が倒壊、焼失。城山の地割れから液状化。

③郡上市白鳥町長龍寺の三重塔が倒れる。

④郡上市明宝の水沢の金山および集落七十軒が崩壊。

⑤郡上市白鳥町石徹白道が崩壊、土砂で埋まる。

⑥郡上市気良の水沢上道場が押しつぶされる。

⑦郡上市明宝の水礼上の山崩れで川をせき止め、在所水底となり村埋没、民家住民残らず滅ぶ。

⑧郡上市明宝水礼上の鉱山、飯場、鉱員宿舎全滅。

⑨郡上市高鷲町の釜ヶ洞、赤崩が山崩れ。

⑩下呂市竹原の威徳寺七堂伽藍が倒壊焼失。

⑪堂威徳寺の本堂・講堂ほか多聞寺十二坊全壊。

⑫中津川市加子母小郷が陥没して大沼となる。

⑬恵那市上矢作町の上村川で山体崩壊。

⑭高山市上宝町の焼岳西麓が大崩壊、中尾村落埋没。

⑮高山市荘川町の赤崩の山崩れで、赤崩二〇軒、山田八軒、牧ケ野六十軒が跡形なく滅亡。

このほか愛知県、三重県、富山県、福井県、滋賀県、京都府、大阪府、奈良県、徳島県、大分県の被害状況については、本項目の最後に記載する。

天正大地震は、岐阜県の帰雲城や大垣城だけではなく、岡崎城、長島城、桑名城、亀山城、長浜城、木舟城、北庄城などでも倒壊や破損が見られた。このほか、寺社や民家などの倒壊および火災の発生、山崩れ、土地の陥没、地割れ、液状化や湧水、津波による多数の人や家の流出など、中部・北陸・近畿地方を中心に、まさに東日本大震災や阪神淡路大震災に匹敵する甚大な被害をもたらしたのである。

## 内ケ島家は裕福なローカル大名だった

ところで天正大地震が起こったのは、一体どんな時代だったのだろうか。当時は秀吉が天下統一を目指していた戦国時代の真っただ中で、帰雲城主の内ケ島氏理もその渦中にいた。内ケ島と言ってもほとんど知名度のない飛騨山間部のローカル大名であった。

当時の歴史の流れを見ると、天正十年（一五八二年）に明智光秀による本能寺の変で織田信長が自害を余儀なくされ、その光秀は山崎の合戦で秀吉に討たれる。続いて秀吉と柴田勝家の賤ケ岳《しずがたけ》の合戦で勝家が破れ、自害した。

その後、秀吉と対決する織田・徳川連合軍についた越中の佐々成政が兵を上げたため、佐々と同盟関係にあった内ケ島は支援のため越中に向かった。この間に秀吉の命を受けた金森長近が、内ケ島の留守中に、帰雲城の支城の牧戸城を攻め落とした。

内ケ島は白川郷に戻って金森に降伏したが、負け戦にもかかわらず、内ケ島の名字の使用と、帰雲城を含む所領、および金山の採掘権などの継続は認められた。ただし鉱山物の配分や提供は金森に譲歩したと見られている。戦のあと始末としては、敵対する大名などに対して通常は所領の召し上げや追放などが多かったが、内ケ島に対しては極めて寛大な処分であった。

このように金森を通じて秀吉が内ケ島に配慮したのには、大きな理由があった。それは、中世末期から飛騨地方は鉱山資源の宝庫として知られ、内ケ島が支配した白川郷には、金や砂金を産出する森茂、六厩、片野、落部、下滝、上滝の各金山があったためと、飛騨出身で山城研究家・歴史研究家の田口勝さんは見ている。

## 帰雲城の金銀財宝は十兆円に？

秀吉はこれらの鉱山を持つ内ケ島を支配下に置き、その技術を温存させる必要があった。当時秀吉は金銀を自分たち中央権力のものと考え、収入に応じて上納するよう命じていたと言われる。あるいは内ケ島は自分の首と引き換えに、金森を通じて秀吉に金銀などを上納していた可能性もある。

またこれより先、東本願寺の「天文日記」には、内ケ島から同寺に対する金銀献納が記帳されている。このほか山科本願寺の史料によると、内ケ島が同本願寺に五度にわたり金などを寄進したことが記されており、白川郷内の金や砂金の採掘を通じて内ケ島が飛騨の裕福な地方大名であったことがうかがえる。

冬場は豪雪に見舞われる白川郷の保木脇に城を構え、焼き畑農業ぐらいしか生産物のないところで、城下町の三〇〇戸、推定人口一二〇〇人を養うことができたのも、内ケ島が鉱山からの金や砂金の産出収入があったためと言われている。このようなことから、天正大地震による帰雲城の埋没は、ショッキングな大惨事であった一方、地下に眠る城の行方と、内ケ

帰雲城に眠る？財宝（テレビ愛知提供）

崩壊部分が今も残る帰雲山（テレビ愛知提供）

島の金銀財宝にも関心が集まるようになった。

新聞、週刊誌やテレビの特番、ネットなどで幻の帰雲城情報が紹介されるたびに、もともと確固たる根拠はないのだが、当初は五〇〇〇億円程度だった城に眠る金銀財宝額（？）が、今や一兆円から十兆円にまで跳ね上がっている。

のちにスタートする「ひだ白川郷・帰雲城を考える会」の設立メンバーの研壁幸さん（故人）は、新聞の取材に対して「飛騨と越中のつながり、内ケ島の系図、内ケ島と長龍寺の関係、なぜ庄川左岸なのかなどを調べると歴史は本当に面白い。根拠のない黄金伝説に惑わされず、史実から帰雲城を考えてほしい」と力説していた。

## 「まぼろしの帰雲城」で全国的な関心が集まる

地元白川村の保木脇で帰雲山を見ると、今も頂上付近が大きくえぐられたように陥没している様子がはっきりと分かるが、これは四三八年前の天正大地震の直後の状態がそのまま保たれていると見られる。ところが、この村では天正大地震や帰雲城のことを昔話や伝説として片付ける人が多かった。

そんな中でただ一人「これは伝説ではなく、史実だから科学的な調査が必要だ」と主張する人がいた。村内の旅館・城山館のオーナーで郷土史家の松古孝三さん（故人）である。「帰雲城の地震災害は、日本のポンペイなんだ」とアピールしていた松古さんは、戦後親戚が経営する名古屋市内の古本屋で、帰雲城に関連する古文書を見つけたのがきっかけで、早い時期から調査を始めていた。

その松古さんを、一九六七年（昭和四二年）に合掌造りの取材で訪れたのが、朝日新聞の記者で作家の佐々克明さん（故人）だった。松古さんは合掌造りの旧家・太田家が実家であった為、合掌造りには当然詳しい。合掌造りの取材の中で佐々さんは松古さんから帰雲城の話を初めて聴き、関心を持ったという。

この取材から帰ったあとも帰雲城のことが気になっていた佐々さんは、翌年の夏、再び白川村を訪れ、松古さんからの聴き取り調査を始めた。帰雲山や保木脇の集落などを見て回り、村役場で話を聞いたり、飛騨の郷土史を調べたり、名古屋の地質学者などからの取材も行った。

それらをまとめた本『まぼろしの帰雲城』が一九七二年（昭和四七年）に新人物往来社から出版され、話題をさらった。この本によって、日本中の多くの人が初めて帰雲城のことを知るとともに、松古さんの夢であった帰雲城の科学的な調査の出発点にもなったのである。

『まぼろしの帰雲城』が出版されると、帰雲城や金銀財宝のことを知った全国の城郭や地震、歴史の研究者それに関心を持ったマニアたちが、翌七三年から相次いで白川村を訪れ、スコップやシャベルで手掘りをしたり、試掘をする姿が見られるようになった。もっとも当時は帰雲城についての情報が著しく不足していたため、そんな程度では掘り出せるはずもなかった。

## 地質調査で「濃飛流紋岩」がポイント

このような関心の高まりの中で、一九七五年（昭和五〇年）に帰雲城は歌にもなった。中川連作詩、木村公一作編曲、春日八郎さんの曲「ああ、帰雲城」である。「飛騨路の山の秋深く、白川郷は敵の手に、落ちてぞ哀れ内ケ島、情けに還る喜びを、涙の宴か、あぁ帰雲城」という内容だ。キングレコードから発売され、ちょっとした話題にはなったがヒットには至らなかった。

そうした中一九七九年五月には、名古屋の歴史研究家・村上良行さんと名古屋工業大学講師で神道研究家のハインツ・アルバーさんなど十九人のグループが庄川右岸を調査し、古い石積みを発見。その形状から城壁か城内の通路ではないかと推測し話題を呼んだ。

このような調査が民間人の手によって行われる一方、地元白川村教育委員会（高島外成教育長＝当時）も動きを見せた。同年秋、同村の依頼を受けた名古屋工業大学の城郭研究の第一人者・内藤昌教授（故人）が、現地調査を行なった結果、「地質調査をすべきだ」と助言した。これを受けて村では金沢大学の紺野義夫教授（故人）と同大学の木村久吉助教授に、現地の地質と植生調査を依頼した。

そして一九八一年五月、金沢大学の紺野教授と木村助教授、および同大学の学生たち一行が現地で第一次地質・植生調査を、また一九八三年九月には第二次調査を行なった。これらの調査をもとに一九八五年二月に紺野教授が地質調査の報告書を発表した。

それによると、「天正大地震による帰雲山の西斜面の崩壊と、その後の江戸中期、安政年間の地震など、長年の間にあった何回かの崩壊によって、流れ落ちた砕屑物（土石）の総量は四五〇〇万立方メートルと推定される。帰雲山の西斜面の地質と庄川をはさんだ左岸側の上段・下段の地質が全く同じ濃飛流紋岩であったことから、左岸側の上段と下段は、右岸にある帰雲山の崩壊地から大量の土石流が流れ落ち、庄川を渡って形作られたことが証明された」としている。

紺野教授はまた「四五〇〇万立方メートルもの大量の土石流が流

金沢大学・紺野教授（左）グループの現地調査（筆者提供）

れ落ちたので、現在の地表から約三〇メートルほど掘らないと、当時街道があったと見られる地層まで到達しないだろう」とも話していた。

　同じ年の五月、左岸側の上段と下段で、深さ十メートルまでトレンチ（試掘調査）が行われた。この試掘によって、上段の堆積物は乱雑であり、短時間に一挙に累積した崩壊堆積物であることが明らかになった。またこの崩壊堆積物の下に巨大な円礫を含む旧河床堆積物があることが分かった。このことによって、庄川の左岸側の段丘上に城や城下町があり、それらが天正大地震による帰雲山頂上付近の大崩壊に伴う岩屑なだれによって、瞬時に埋没したという想定は充分成り立つとしている。

## 「帰雲400年白川フォーラム」で調査・研究発表と交流

　このような帰雲城をめぐる調査や報告などが報道される中で、一九八五年十月白川村教育委員会の主催で「帰雲400年・白川フォーラム」が、地元の平瀬小中学校体育館で開かれ、全国から学者、研究者、それに関心を持つ人たち約二〇〇人が初めて一堂に会した。

　同フォーラムでは、調査に当たった金沢大学の紺野義夫教授が「400年前の帰雲大崩壊」について、また宇都宮大学の柿崎京一教授が「嘉念坊と城主・内ケ島」について、さらに金沢大学工学部の安達正雄教官が「城主・内ケ島の系図およびその歴史」について、それぞれ講演を行った。続いてのパネル・ディスカッションでは「帰雲城の位置と埋没金」について活発な意見が交わされ、帰雲城研究の上で画期的なフォーラムとなった。

　これより先、地元の建設会社田口建設会長の田口雄一さん（故人）が、内ケ島一族の供養のため、私財を投じ、庄川沿いの左岸側に巨大な観音像を建立した。そこで同日午前、フォーラムの参加者が観音像前に集まり、除幕式を行うとともに、四〇〇年前の犠牲者約一二〇〇人を追悼する初めての法要を営んだ。

　翌一九八六年一月、前述の研壁

帰雲 400 年・白川フォーラム（1985 年）（筆者提供）

幸さんが、庄川の左岸側に「帰雲城跡」という文字が記入された古地図を岐阜県図書館で発見した。この地図は地質調査やトレンチで、庄川の左岸側に城や城下町があったという左岸説を裏付けろ重要な史料の一部となった。

　同年八月に、かねてより現地取材を続けていた岐阜放送のテレビ・ドキュメンタリー特番「埋もれた城～その謎と黄金伝説を追って～」（六〇分・和田道夫ディレクター＝故人）が放送され、古地図発見者の研壁さんや古地図なども紹介され、注目を集めた。

## 「ひだ白川の帰雲城を考える会」が発足

　「幻の帰雲城」の著者で、帰雲城ブームの火付け役となった佐々克明さん（故人）の呼びかけがもとになって、同年十一月、岐阜・長良川畔の岐阜グランドホテルで、全国から研究者やマニアなど約三〇人が出席し、「ひだ白川の帰雲城を考える会」（以下「考える会」）の初会合が開かれ、会長に歴史研究家の黒沢昭二さんを選出した。会では、当時の和田正美白川村村長や高島外成教育長が帰雲城の現状を報告、会員の会に寄せる期待も大きく、活発な論議が繰り広げられた。

　会の呼びかけ人だった佐々さんは、一九八五年ごろから「ひだ白川帰雲城を考える会」を創ろうではありませんか！」と会の設立を広く呼び掛けていた。新聞記者として活躍し、作家として「まぼろしの帰雲城」に続き「帰雲城大崩壊」を手掛けた佐々さんにとって、会の設立と現地での発掘調査は念願だったのである。

　その頃、会設立の影のメンバーとして岐阜で事務局を受け持ち、

# 「白川の帰雲城を考える会」発足

岐阜

## 全国から研究家30人

### 大地震で山崩れ　金塊のナゾを探る

全国から研究家らが集まって開かれた「白川・帰雲城を考える会」発足記念総会＝岐阜市の岐阜グランドホテルで

四百年前に起きた大地震で、膨大な金塊を納めたとみられる城と城下町が一夜のうちに地底へ消えたと伝えられる大野郡白川村の帰雲（かえりぐも）城について考える会の発足総会が一日、県内や名古屋、東京などの研究家ら約三十人が参加して、岐阜グランドホテルで開かれた。

会の名前を「ひだ白川・帰雲城を考える会」とし、世話人幹事に、小説「帰雲城燃ゆ」の作家生駒忠一郎氏、城郭研究家黒沢昭二氏、県文化財保護協会研璧幸氏、地元代表の田口勇一氏を選んだ。

帰雲城は室町時代に内ケ島為氏が庄川下流の白川村保木脇に築いたが、天正十三年（一五八五年）、四代目内ケ島氏理のとき、天正白川大地震で帰雲山が崩れ、城と城下町、約千五百人が土中に埋まったという。当時、内ケ島の領地には金山などがあり、採掘した金塊は城とともに埋まったという埋蔵金伝説があり、歴史小説家などの話題となっている。昨年五月には丘陵地の試掘が行われている。

総会後の記念研究発表では、元金沢大学助手の安達正雄氏が「帰雲城の崩壊について」、研璧氏が「内ケ島家の実像」と題して、それぞれ報告。

安達氏は地滑りの方程式などから岩石流によって流された城や城下町は、これまで約三㌔先に埋まっているとされていたが、新しい計算ではさらに一・五㌔ほど先の同村大牧地区のダム付近まで押し流されている可能性がある。また、庄川の河岸段丘の壁付近とも考えられる――と述べ、今後、裏付け調査をするという。

また、研璧氏は、内ケ島家の出身が、足利幕府での職務などから、これまでいわれていた楠氏の系統ではなく、武蔵地方の出身、など史料を紹介して説明した。

総会には梶原拓副知事も駆けつけ、帰雲城に関心を持ったいきさつを話したあと「みなさんといっしょに夢をみたい」とあいさつした。

「帰雲城を考える会発足」を伝える新聞記事（中日新聞 1986 年 11 月 2 日）

ささやかな準備を進めていた筆者は、佐々さんから度々お便りをいただいた。「ご返事ありがとうございます。昨秋白川行きがかなわず残念でした。暮れに退院し元気になりましたので、今春には白川に参りたいと考えています。「城跡」入りの地図が見つかったという新聞記事が出たそうですが、コピーをいただければ幸いです。目下同好の仲間に呼びかけ、会員を募っているところです。予算面や活動のための組織づくりを進め、本年はさらに発掘調査を強化したいと念じています。とりあえずご連絡まで。ご健闘を祈ります」

当時の佐々さんの意気込みが伝わるような文面である。しかし佐々さんは、会の設立を前にした一九八六年十月に、帰雲城調査のその後の進展をみないまま、残念なことにがんのためお亡くなりになった。いらい既に三八年の年月が過ぎているが、城の発掘調査が大きく進展しているのを見て、泉下の佐々さんも大声援を送っているに違いない。

その後、一九八九年五月には、「考える会」の第三回総会が岐阜市のホテル十八楼で開かれ、白川村として「古文書や史料など帰雲城に関する資料のリストを作成する」ことになった。また同会の研壁さんが「内ケ島氏に第四の城・日崎城（仮称）」について研究発表を行ったほか、黒沢会長から信州・諏訪湖近くの長野県茅野市茅野上原にあった山城＝上原城の復元図が紹介され、地形的にも帰雲城との類似性が大きな関心を呼んだ。

「考える会」は、一九八六年に発足していらい毎年五月か六月を中心に、白川村保木脇の左岸の現地調査のほか、内ケ島の鉱山跡の視察や砂金の採取体験、それに内ケ島ゆかりの場所を訪ねるなど約三十八年にわたり活動を続けている。そして一九九三年には会の名称を「白川郷埋没帰雲城調査会（以下「調査会」）に変更した。

その六年後の一九九九年十月には、白川村が主催する「白川郷文化フォーラム９９～内ケ嶋氏と中世白川郷～」が、白川郷鳩ケ谷コミュニティー会館で開催され、併せて交流会も開かれた。

翌二〇〇〇年十月には、山城研究家の田口勝さんの調査により、庄川右岸に当たる帰雲山の半島のように突き出た丸山で、敵を撃退する「舟形曲輪《くるわ》」と急な斜面になっている防衛のための「切岸《きりぎし》」が見つかる。田口さんはその後も、右岸の直谷で焼けた跡がある通信用の「のろし場の炉の穴」およびその近くにある監視用の「三角形の曲輪」などを見つけ、右岸に城があったのではないかと提起した。城の場所については左岸説が主流になっている中で、田口さんは右岸側も調べていたのである。

「調査会」は、最近では同会事務局長の野田秀佳さんが中心となり、「城や城下町には水場がある」

という帰雲城研究のパイオニア松古孝三さんの話をもとに、水場を探し当てたほか、左岸側にある字名《あざめい》の「帰雲川原《かえりくもかわら》」がキィーポイントと見て、活発な調査活動を続けてきた。しかし、自分たちだけの活動では限界があるとして、以前からマスコミの協力を呼び掛けてきたが、ここ数年前からテレビ愛知に対して、熱意をこめて調査や取材を働きかけた結果、テレビ愛知がこれに応えて動き始めた。

## テレビ愛知が帰雲城の調査・取材を開始

二〇一七年六月、テレビ愛知（以下同局）の林雪彦プロデューサーらが、同調査会の野田秀佳事務局長と会い、同会の資料などを基に問題点などを洗い出し、現地での調査・取材を始めた。

翌年の十月には、同調査会の今井・佐々木・林の三人の会員が帰雲川原を調査。その結果これまで他の山城も調べている今井桂会員が「ここにVの字に削ったような跡があるが、これは城跡だ」と断言し、城の遺構らしい地形を確認したのである。

こうした調査会の動きをもとに、同局は翌二〇一九年四月二九日、同会の現地調査の模様を取材。さらに同じ年の十月、調査会の協力のもと、保木脇の六二二メートル地点の南方で、初めて重機による掘削を数日間実施した。そして地下十二メートルの所から木片が出土し、炭素系年代測定の結果、中世の木片と確認された。

後日同局の取材に同行し、保木脇の六二二メートル地点を視察した城郭考古学で知られる奈良大学文学部文化財学科の千田嘉博教授は、「中世の城跡です。多分砦の跡と考えていいのではないか」と結論づけた。これを受けて同局はこれまでの取材をまとめたドキュメンタリー番組「消えた戦国の城、白川郷の埋蔵金を追え！」を放送し、話題を呼んだ。

また二〇二〇年八月六日、同局は保木脇の上段一帯と六二二メートル地点を調査。同行した前滋賀県立大学考古学研究室の中井均教授は現地を見て、「これは分かりやすい城跡だね」と述べた。

同年八月十七日から約十日間、

同局は保木脇の上段で深さ十四メートル以上のボーリングによる地質調査を行なった。さらに九月から十月にかけて保木脇上段で重機による掘削調査を行なったところ、①人間か動物か不明の骨　②自然木・人工木を含め木片一一〇点が出土した。

帰雲山をバックに掘削作業（テレビ愛知提供）

これらを科学的に鑑定した結果、①人間か動物か不明の骨は馬の骨　②加工された木片は糸巻機のようなものの木製部品　③もう一つの加工された木片はすのこ天井に使う木材版などであることが判明した。こうした経過をまとめた同局の帰雲城特番「消えた戦国の城～白川郷の埋蔵金を追え～白川郷の秘めごと」が二〇二一年五月二九日にオンエアーされた。

左岸段丘上段で約 15 メートル掘削（テレビ愛知提供）

ちょうどこの頃、地元白川村教育委員会文化財係の松本継多さんは、千田嘉博教授や中井均教授などの判断をもとに、保木脇上段で確認された「堀切《ほりきり》」は帰雲城の城跡と見て、埋蔵文化財の包蔵地として手続きを進めた。その結果岐阜県は、帰雲川原で確認された「堀切周辺」を「帰雲川原城跡遺跡」として登録した。

同じ年の十一月から十二月にかけて、同局は前回発掘した現場から少し西の場所で新たに約一四・七メートルの深さまで発掘調査を

日本在来馬の骨（テレビ愛知提供）

日本在来馬の木曽馬（木曽馬保存会提供）

糸車の支柱を発見（テレビ愛知提供）

糸車の復元図（テレビ愛知提供）

行なった。この調査では、丸い石や巨石、木材が出土したほか、錆びついた金属部品が三点見つかった。

X線検査の結果、これらの金属部品は、①木材と木材の継ぎ目に使う鎹《かすがい》の両端のかけたもの　②鍋や釜などの底やふちの部分　③矢じりの一部であることが分かった。こうしてその後の発掘調査で見つかった金属製品のレポートを中心に、二〇二二年五月二八日、同局の帰雲城特番が放送された。

さらに二〇二三年四月下旬、田口勝さんと知人の二人が字名の帰雲川原より上段の六五一メートルのあたりの、かつての土石流が届いていないので、昔の地形がそのまま残り小山のように盛り上がっている場所で、山城の跡らしい遺構を発見した。

田口さんによると、その場所からは、①「山城の登山道に当たる正面の入口跡」（城郭用語で「虎口《こぐち》」）と、②約二〇メートル下にある「二の曲輪（＝二の丸）」「三の曲輪（＝三の丸）」、および③そこから約十五メートル上で「土塁」が見つかった。さらに土塁から約二五〇メートル下には

「空堀《からぼり》」が、ほぼそのままの形で見つかった。通常山城は標高の最も高いところに、防御の拠点を置く構造になっているので、今回見つかった山城の正面の入口跡（城門跡）などが、専門家に正式に認定されれば、山城の近くに古文献に登場する居住用の建物「白川館《しらかわやかた》」が見つかると思う」と推定している。

このような新しい情報を伝えるため、田口さんは二〇二四年五月初め、同局の林プロデューサーとSディレクター、それに調査会の野田事務局長を段丘上段の山城の跡らしい場所に案内した。現場で「城門跡」や「土塁」「曲輪」それに「空堀」を見た上でそれぞれ信ぴょう性の高さを確認したという。

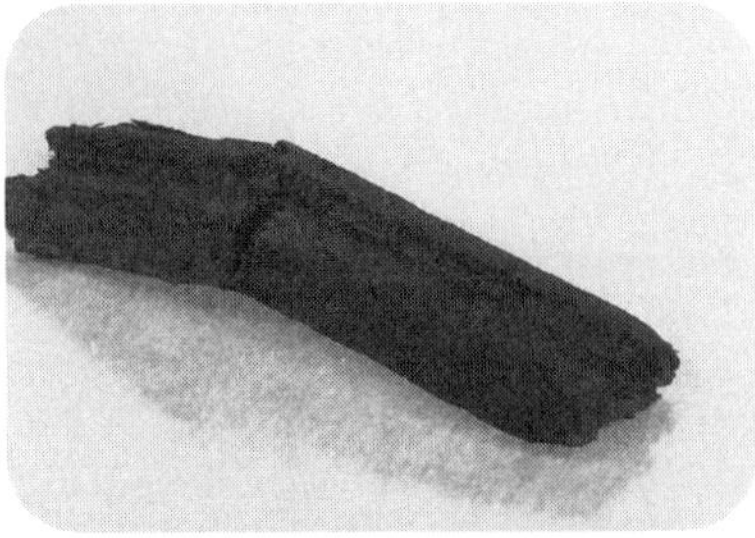
すのこ天井の木材（テレビ愛知提供）

すのこ天井（テレビ愛知提供）

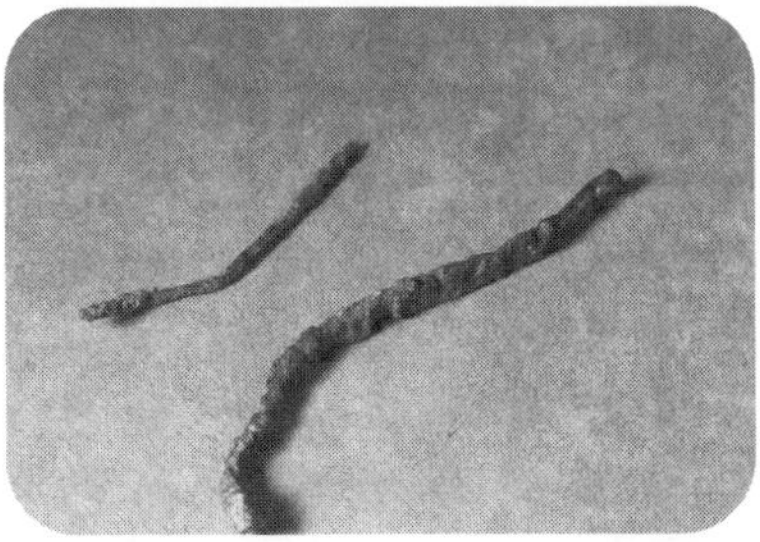
両端の欠けた「かすがい」（テレビ愛知提供）

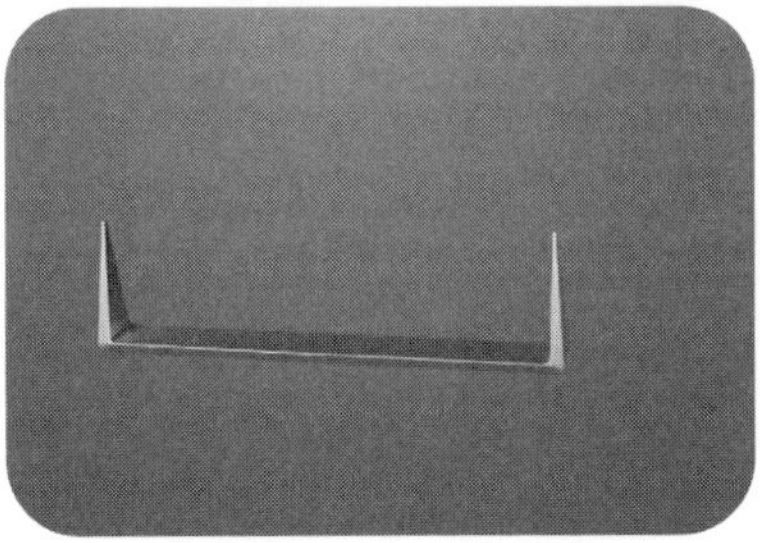
かすがい（テレビ愛知提供）

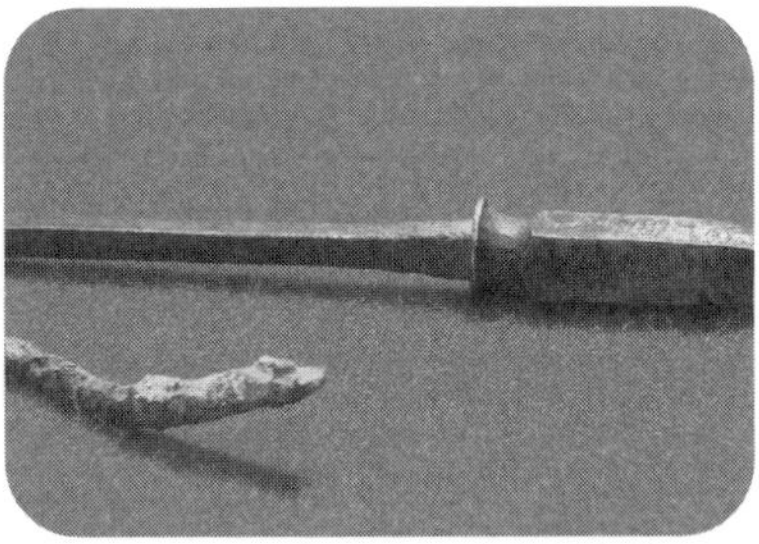
矢じりの一部（テレビ愛知提供）

　振り返ってみると、帰雲城があった場所については、庄川左岸説がクローズアップされ、これまでの調査は左岸側を中心に展開してきたが、岐阜県により左岸側上段の「城跡遺跡」が特定されたほか、左岸側の上段に山城の城門跡や曲輪、土塁、空堀と見られる部分が姿を現したことから、その正しさが証明されたことになる。

　さらに左岸側の城や城下町のあった場所について、これまで白川村や調査会、テレビ局の試掘調査に協力を惜しまなかった、地元の田口建設社長の田口修一さんは、「保木脇の帰雲神社や観音像のある場所と国道１３６号線をはさんだ上段部分は、いずれも平地が狭いので、多くの人が済める場所ではなく、城下町として古文書にある三〇〇戸の家があったとは思えない。おそらく保木脇の近くで平地がある野谷《のだに》にかけて城下町の家が散在していたのではないか」と話している。

　また、調査会の設立を推進し岐阜県文化財保護協会員だった研壁幸さんは、かつて「庄川の左岸側に帰雲山からの土砂や岩石が達していないあたりになるが、帰雲神社横の国道１５６号線を二〇〇メートルほど荻町に向かったあたりの、峠の頂点のまだ左側に城のからめ手＝裏門がある筈。そこが見過ごされている可能性がある」と語っていたことがある。研壁さんの指摘していた「からめ手＝裏門」と今回見つけた「山城の城門」の場所は近いのかを田口勝さんに確認すると「同じ場所だと思う」とのことだった。

　当時の帰雲城は、山間部の地形から、天守閣のあるような城ではなく、砦のような山城であったと、かねてより城郭研究者や歴史研究者は想定してきた。さらに元調査会会長の安達正雄さん（故人）は、「本来の帰雲城は、享禄四年（一五三一年）三月の火災で焼失している。当時残っていたのは屋形《やかた》であり、これを城と呼んでいた可能性がある」と指摘していた。

　あるいは、安達さんや研壁さんたちが推論する屋形を増築した「屋形城《やかたじろ》」であったかも知れない。千田嘉博教授のいう「中世の砦のあと」という見立て通りだとすれば、まだ見ぬ帰雲城への期待は大きくふくらむ。

## 震災に遭わなかった内ケ島家の二人

ここで再び暦を四三八年前に戻すと、天正大地震で内ケ島一族が地中に埋没した時に、帰雲城にいなかったため無事だった城主・内ケ島家の人が二人いる。調べによると、二代目城主の雅氏の弟とされる内ケ島良明《りょうめい》は、郡上市白鳥町の長龍寺・塔頭《たっちゅう》の経聞坊《きょうもんぼう》院主となっていたため、大惨事には巻き込まれなかった。

良明は、内ケ島家から長龍寺に送り込まれた最初の経聞坊院主である。その後良明の甥に当たる内ケ島道雅《どうが》と応円が順にあとを継いだ。さらにこの二人の直系の良雄、慶雄、慶輪、慶雅が代々内ケ島姓を名乗り、現在は子孫の内ケ島良映さんが経聞坊四十五代目の院主となっている。

このほか、もう一人、被災しなかった内ケ島家の人がいる。内ケ島三代目城主・氏利の末弟に当たる氏房の次男・氏政がその人だ。氏政は天正大地震以前から高山・円徳寺の前身に当たる道場で修業をしていたため、震災の難を逃れ、その後高山市丹生川町の地に還来寺を建立した。

その末裔の方は現在同寺の住職を継いでいるが、「かつての戦で寺が焼け、昔からの史料などがないので詳しいことは分からない。ただ帰雲城の内ケ島家から出た氏政が高山の道場で修業をして、やがて丹生川に来て今の寺を建てたことは確かです」という。

その内ケ島家の末裔の方の名字は「内ケ島さん」ではなく、なんと「帰雲さん」である。以前は「きうん」と名乗っていたそうだが、先代の住職やお兄さんから「古くは『かえりくも』と呼んでいた」と聞いたので、それ以来「かえりくも」と自称している。帰雲さんはさらに「岐阜県内を含め、日本中で「帰雲姓《かえりくも》』の家はこの寺一軒だけのはずです」と話している。先祖と家の歴史が刻まれている、どこにもない珍しい名字である。

## 家康は滅亡していたかも知れない

歴史といえば、天正大地震は、中部・北陸・近畿の各地に大きな被害をもたらしたが、国際日本文化研究センターの磯田道史准教授は、『天災から日本史を読みなおす』（中公新書）の中で、「大地震の最大の被害者は天下統一に半分大手をかけていた秀吉だった」と見ている。

それによると、天正大地震で、秀吉が長らく居城としてきた琵琶湖畔の長浜城が液状化し、当時の城主・山内一豊の娘が犠牲となった。宣教師ルイス・フロイスの記録では、この時大津市に滞在していた秀吉は、当面の計画をすべて中止し、最も安全と見られた大坂城へ一目散に避難したという。

磯田さんは、「天正大地震は、近世日本の政治構造を決めた潮目の地震だった。この地震がなければ、家康は二か月後に秀吉の大軍から総攻撃を受ける筈だった。小牧・長久手の戦いでは勝った家康だが、その後の秀吉は紀州や四国など版図を飛躍的に拡大し、軍事的には大きな差がついていた。当時の秀吉は家康征伐を公言し、戦争に突入すれば、その後の北条氏のように、家康は滅亡の可能性すらあっただろう」と読み解いている。

## テレビ愛知「城の入り口周辺の鑑定を城郭専門家に依頼する」

ところで、二〇一七年から帰雲城の取材を始め、二〇一九年から大がかりな発掘調査に取り組んでいるテレビ愛知の報道制作局長で、番組プロデューサーの林雪彦さんは、次のように話している。

「帰雲城に関心を持ったのは、以前『徳川家康の事件簿』をテーマにした番組で、埋蔵金の話が出たことがきっかけです。出演者で歴史作家の加来《かく》耕三さんが『徳川の埋蔵金は眉唾ものだが、帰雲城の埋蔵金は大地震によって埋没した、いわば〝埋没金〟でこちらは信ぴょう性が高い』と話されたのです。そこで一度調べてみようと思い、二〇一七年に白川郷埋没帰雲城調査会の野田秀佳代表に会い、疑問点や問題点を洗い出し、現地にも足を運びました。

　転機となったのは、庄川左岸の標高六二二メートル地点を、奈良大学の千田嘉博教授と調査した時です。千田教授は「これは中世の城跡に間違いない。砦のようなものがあったと思われる」と断言したのです。ここに砦があったのなら、近くの平らな場所に帰雲城の中心施設で、城主が暮らす「館《やかた》」があるはずです。

　私たちは番組にすることを決断、二〇一九年から三回にわたって、標高六二二メートル地点より南側の平らな場所で発掘調査を行ないました。これまでに糸車の支柱、武家屋敷に使われる屋根材、日本在来馬の骨、金属製品などが出土しています。いずれも深さ十四メートルから生活の痕跡が見つかっており、この深さが土砂崩れに飲み込まれる前の地表だったと推測しています。

　発掘調査ではショベルカー二台（時に三台）が稼働します。『金属探知機を使ったら？』と、よくアドバイスされるのですが、穴底の石の多くが金属を含むため、ピーピーと音が鳴りっぱなし（笑）。役に立たないので二回目以降は使いませんでした。

　その後、山城の入口のような跡が見つかったので、二〇二四年度中に城郭の専門家に現地で鑑定していただく予定です。これがはっきりすれば、城主などが住んでいた館の場所探しに移ります。いずれにしても歴史捜査の醍醐味を多くの方に届けたいと思っています。」

## 重要段階を迎えた帰雲城調査

　天正大地震により帰雲山頂上付近の崩壊による土石流によって、帰雲城と城下町が地中に埋没してから四三八年。作家・佐々克明さんの「まぼろしの帰雲城」が出版されてから五二年、白川村教育委員会主催の「帰雲４００年・白川フォーラム」が開かれてから三九年。白川郷埋没帰雲城調査会が発足してから三八年。テレビ愛知が現地で調査・取材を始めて七年。

　これまでレポートしてきたように、「まぼろしの帰雲城」の出版後は、一時的に「帰雲城ブーム」のような現象は見られたが、その後の無関心時期の長い間も調査会は地道に活動を続けてきた。やがて近年になって、テレビ愛知が帰雲城の発掘調査・取材・番組のオンエアーに取り組むようになって、事態は大きく進展している。

庄川左岸の段丘上段を視察した城郭考古学の千田嘉博教授による「中世の城跡」のお墨付き発言があり、岐阜県が「城跡遺跡」に特定した。またこれまでのテレビ愛知の発掘作業により、天正時代の城と城下町の生活ぶりがうかがえる品々が出土し、帰雲城跡とみられる山城の入口跡などが見つかったことによって、帰雲城の調査はいよいよ重要な段階を迎えている。

埋もれた城は果たして発見されるのか、眠っている金銀は見つかるのか。発掘調査が進む白川村保木脇に、今多くの人の関心が集まっている。この本が書店に並んだり、ネット上で紹介される頃には、帰雲城についての新しい発見や情報が報告されているかも知れない。

**【参考】**

天正大地震による岐阜県以外の各地の被害状況は次の通り。これらの被害状況は、研究書「天正大地震誌」などから転載した。

**愛知県**

①岡崎市の岡崎城が大破。
②津島市の津島神社領だけで約九六ヘクタール陥没。
③津島市の興禅寺諸堂陥没および火災、滅ぶ。
④海部郡甚目寺町の甚目寺本堂および三重塔が破壊。
⑤新居屋の法性寺全壊。および大口堂、三堂、弥陀堂、沙門堂などが破壊。
⑥一宮市の真清田神社本宮、楼門回廊、殿堂ことごとく転覆傾倒。
⑦加路戸で民家千軒湧没。
⑧北野で民家数百軒湧没。
⑨渥美町の三河・堀切で土地崩れ家倒れ人死亡。
⑩三河で大地割れ、大水湧く。
⑪三河・堀切で家屋倒壊により死亡者多数。
⑫海部郡蟹江町で陥没。
⑬尾張の木曽川流域で死亡者多数。
⑭尾張で土地の湧没。

**三重県**

①桑名市長島町の長島城が天守閣以下全壊し焼失。城内の家屋倒壊焼失。
②桑名市の桑名城の本丸・多門などが倒壊。
③桑名市の桑名宿が液状化で壊滅。
④亀山市の亀山城が倒壊。
⑤伊勢市の外宮が破損。
⑥伊勢市で家屋倒壊により死亡者多数。
⑦多度町で山崩れと地滑りのため野代・徳連寺堂塔が倒壊し、土中に埋まる。
⑧多度町の阿弥陀寺、中蓮寺、薬師寺、西道院、即心院の五寺も潰れる。
⑨桑名市長島町の総見寺が破壊
⑩桑名市長島町の杉江村・長禅寺殿堂が破壊。
⑪下逆手村の最勝寺が破壊。同村の地蔵堂ことごとく破壊。
⑫間々村の安養寺、東光寺、中島寺が破壊。
⑬長島町西外面八幡宮の建物こと

ごとく転倒。
⑭島町西外面がゆり込み、八幡社大破転倒。
⑮島町屋の日高日宮社が転倒。
⑯長島町の善光寺（理衛門屋敷）亡所。
⑰長島町長島が陥没により川となる。
⑱長島町各地に陥没亡所九カ所。
⑲長島町の善田新田亡所。
⑳長島町加路戸の浄安寺と了厳寺が破壊。
㉑長島町加路戸の諏訪大明神社社頭転倒。
㉒長島町の河内（長島付近一体）で所々大地割れ大水湧く。民家数百軒の住民離散。
㉓木曽岬町で湧没。千軒諸民ことごとく所々分散。
㉔木曽岬町で諏訪明神祠の社地崩壊。湧没。
㉕伊勢湾では大津波のため水没した地域が泥海となった。伊勢湾岸では海水が溢れ溺死者を出した。

**富山県**

①富山市福岡町で大地が約三丈沈下し、木舟城が崩壊陥没。城主夫妻など多数圧死。同城塁崩陥。
②井波町の金谷岩黒の東蛇嶋で山崩れ、庄川がせきとめられる。
③荘川弁財天の堂塔倒れる。
④福町村中島の神明社潰れる
⑤矢部の日尾神社が樹木ごと地中に陥落。
⑥富山湾で津波が発生し、溺死者が多数出た。荘川流域でも被害者多数。

**福井県**

①福井市の北庄城と城下町が被災し滅亡。
②津波のため若狭湾でも多くの人家が流され溺死者が多数出る。

**滋賀県**

①長浜市の長浜城が大きく破損、城主息女よね（六歳）と乳母圧死。
②長浜市の集落が液状化現象で水没。
③長浜市で土地陥落、人家三千の半分は倒壊。半分は焼失。
④長浜市で人家五百陥没破壊、約五百焼失、多数の人死亡。
⑤彦根市の佐和山城が損壊、滅亡。

⑥琵琶湖で津波が発生、死者多数。

**京都府**

①京都市の三十三間堂で約六百体の仏像が倒れる。
②東寺講堂一〇間瓦崩。
③八坂神社拝殿と鳥居が大破。
④東福寺山門傾倒
⑤吉田神社破損。
⑥観頂院ことごとく破損。
⑦壬生地蔵堂破損。
⑧丹後・浦辺の人家が津波で多数流失、数不明。
⑨京都・山城で多数の民家破壊。

**大阪府**

①大阪市の大坂城で所々崩壊の被害。
②秀吉の弟・美濃殿（秀長）の館倒壊。
③堺市で三〇以上の倉庫倒壊。十五〜二〇余人死亡。ほか六〇軒倒壊。

**奈良県**

①大安寺堂社大破。
②宝光院・慈恩院の厨子崩れる
③多聞院・小塔院法印石塔崩れる

**徳島県**

①阿波で地裂け、地割れ現象があった。

**大分県**

①大地震の津波で大分市萩尾、美佐、海辺郡大在地方の海浜数里、海中に没す。

［お問い合わせ先］
• 岐阜県大野郡白川村役場の代表番号＝０５７６９・６・１３１１

• 岐阜県大野郡白川村教育委員会の番号＝０５７６９・５・２１８０

• 白川郷埋没帰雲城調査会の活動内容は、公式ホームページで紹介。
年に１回会報紙を発行。
問い合わせ先は広報の野田秀佳さん＝０５８・３７１・２０３６まで。

• テレビ愛知「消えた戦国の城」についてのアクセスはこちらまで。
番組公式 HP　https//tv-aichi.co.jp/KaerikumoCastle
番組公式ツイッター　https//twitter.com/KaerikumoCastle

## 28

# 岐阜県への渡来人はこんなにいた！

## 美濃を中心に残る多くの痕跡

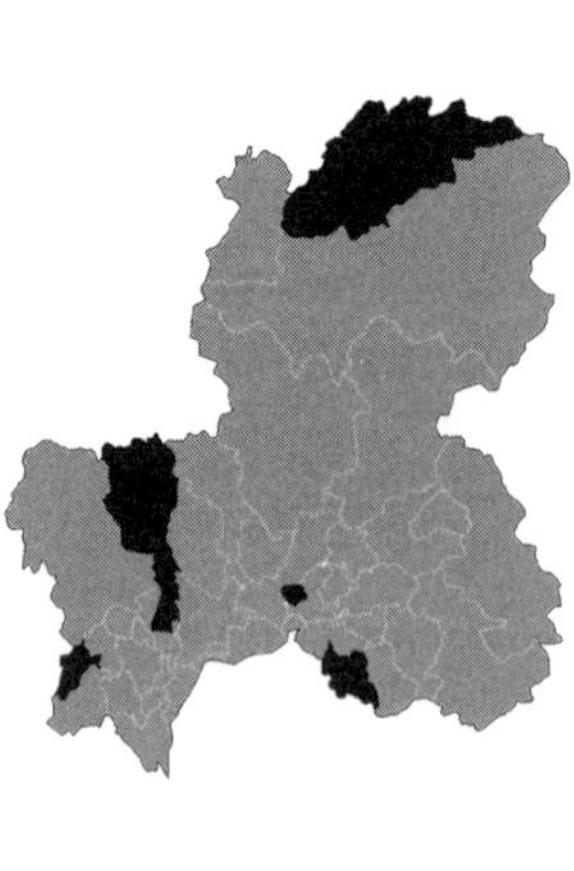

### 帰化人ではなく渡来人

放送のアナウンサー時代に、元劇団民芸の俳優・米倉斉加年さん（故人）にインタビューする機会があった。舞台や大河ドラマなど数多くの作品に出演する一方、演出家、絵師、絵本作家としても活躍。ともかく多芸多才な人だっただけに、もちろんお芝居の話も面白く楽しかったが、その合間に飛び出した渡来人の話が印象に残っている。

米倉さんの出身地は福岡市だが、距離的に朝鮮半島に近いせいもあり、日常的に韓国の放送が聴こえてくるので、何となく身近に感じていたという。米倉さんは「今の日本は一応先進国になってるけれど、大昔の日本にとって中国や朝鮮は文化の先進国だったから、お父さんお母さんのような存在だったと思う。時々帰化人という言葉を耳にするけどとんでもない話で、いにしえの日本人の先生に当たる訳だから渡来人というべきなんですよ」と力説していたのを思い出す。

その後しばらくたってから、渡来人が登場する本と出合った。金《キム》達寿《ダルス》さんの『日本の中の朝鮮文化』や『渡来人と渡来文化』である。キムさんは、韓国慶尚南道の生まれで、十歳の時に来日し、日本大学芸術学部を卒業したあと、長編小説『後裔の街』で作家生活に入った。

数多い著作を通して、古代の日本と朝鮮半島の歴史や文化の関わりについて、コツコツと長く研究を続けてきた。古代の日本と朝鮮半島の関係や渡来人などを研究する学者、あるいは作家・司馬遼太郎さんとの対談やシンポジウムなども多い。

著作の中でも触れているが、キムさんは「古代の朝鮮から日本列島へ数次にわたる植民集団の渡来を『帰化』と呼ぶのは実態に即していない。大和政権が確立される以前に、中国や朝鮮半島からやってきた人たちのことを一種の差別観をもって帰化人と呼んでいるが、これは『渡来人』または『渡来者』と呼ぶべきだと思う」と長く提唱してきた。

またキム・ダルスさんや司馬遼太郎さんとともに雑誌「日本の中の朝鮮文化」で座談会を続けた日本・東アジア古代史研究の歴史学者で、古社・小幡神社宮司でもある上田正昭さんも「帰化人」の中で「帰化すべき統一国家が存在せず、帰化のあかしになる戸籍が存在しない時代に、帰化人と呼ぶべき人間のいるはずがない。帰化人観は再考の必要がある。古事記や播磨風土記などで使用されている『参渡（度）来』『渡（度）来の用語に注目すべきだ』と提起していた。その結果、今では多くの学者・研究者の著作や教科書でも渡来人と表記されるようになっている。米倉斉加年さんが言いたかったのはこのことだったのだろう。

## 百済《くだら》地名に崔仁浩《チェインホ》さん驚く

キムさんの『渡来人と渡来文化』によると、以前韓国放送公社（ＫＢＳ）の取材クルーが作家の崔仁浩さんと来日し、古代朝鮮からの渡来人の足跡を調べるため、摂津《せっつ》、河内《かわち》、泉州《せんしゅう》（いずれも大阪）の百済寺跡や百済王神社、百済川、百済貨物ターミナル駅などを見て歩いた。

そのとき崔さんたちは、「本家本元の韓国では、とっくに消えてしまい、歴史書の中でしか見られない「百済」が大阪では今なお、あちこちに生き残っている」と目をみはり、感嘆した様子が記されている。

百済貨物ターミナル駅（JR貨物関西支社提供）

百済式伽藍配置《くだらしきがらんはいち》で知られ、聖徳太子によって建立された四天王寺からそう遠くない大阪・阿倍野《あべの》区出身の筆者としては、百済という地名がついた貨物ターミナル駅やバス停、それに高麗橋《こうらいばし》などは、子どもの頃から馴染んだ何の違和感もない名称である。

　しかし、かつての百済郡や百済野、百済川（今は平野川）、百済貨物ターミナル駅（東住吉区）や大阪シティバスの百済バス停などの地名から考えると、大阪は朝鮮半島ゆかりの古代地名が残り、渡来人の歴史とも深いつながりがありそうだ。

　ちなみに高麗橋は、古代朝鮮半島の高麗からの使節を迎えるための迎賓館である「高麗館《こまのむろつみ》」から橋の名前がついたことが分かった。そこでもう少し渡来人のことを知るため、古代の日本を含む東アジアや渡来人について関連した史料、資料や本を調べ、取材を進めたところ、様々なことが分かってきた。

　まず朝鮮半島からの渡来人が日本列島にやってきたのは、主に、①紀元前二世紀、②五世紀前後、③五世紀後半から六世紀の初め、④七世紀の後半の四つの大きな波のような時期があった。もちろん四つの時期の前後にも、時代を問わず人と文化の渡来はあったと思われる。

## 秦氏《はたし》と漢氏《あやし》の先進技術

　五世紀前後には、弓月君《ゆづきのきみ》を祖とする氏族の「秦氏《はたし》」（個人名ではなくグループ名）一族が、新羅《しらぎ》から渡来した。土木技術や農耕技術に長けていた秦一族は、灌漑設備を整え、土地の開墾も進めた。また養蚕、機織り、酒造、金工なども手がけ、その勢力を全国に広げて行った。

　秦氏一族は、大和、山城、河内、摂津、和泉、近江、**美濃**、若狭、播磨、讃岐、伊予など比較的都に近いところに多く住んでいた。特に山城盆地には古くから住んでいて大きな勢力を持つようになっていた。

　秦氏の名前の由来は、①機織りの関係から　②古朝鮮語で「海」をあらわす「パタ」から海を越えて渡来した関係からの二つが考えられるという。また「太秦《うづまさ》」姓は、秦氏のいわば本家筋と見られ、地名の「太秦」には、秦氏一族の中で最も知名度のある秦河勝《はたのかわかつ》が建立した広隆寺がある。

　一方、秦氏と並ぶ代表的な渡来人グループで、阿知使主《あちおみ》を祖とする漢氏《あやし》一族は、百済から渡ってきた。漢氏一族は文書記録や外交、財政などに秀でていたほか、製鉄、機織り、須恵器などの生産技術に長じていたため、やはり各地に勢力を拡大している。

　秦氏も漢氏も、名前から中国の王朝につながる人の名称のようだが、そうではなく、いずれも直接的には朝鮮半島南部から渡来したと考えられている。

　漢氏を中心とする渡来人たちは、当時都であった南大和の高市《たけち》郡《ぐん》飛鳥地方に多く居住し、史部《ふひとべ》となって朝廷に仕えたり、あるいは兵士となり、あるいは工芸に従事して、黎明期の我が国の文化や産業の発展に大きく貢献した。

## 飛鳥の八～九割が渡来人

『続日本紀《しょくにほんぎ》』によると、当時の都・飛鳥のあった大和石《やまとのくに》高市郡（現在の明日香村、高取町、橿原市、および大和高田市、御所市）の住民のうち、八割から九割が渡来人・漢氏の氏族の姓で占められているという驚くべきデータが残されている。

　古い吉備《きび》郡史《ぐんし》（岡山県）にも、「大和の如きは事実上漢氏の国、山城は事実上秦氏の国」と書かれている。しかし渡来人とその氏族が、飛鳥や山城のようないわば当時の都だけに集中して住んでいたのではなく、地方にも分散して数多く居住していたことがやがて明らかになる。

六世紀から七世紀にかけての朝鮮半島では、高句麗、百済、新羅の三国が覇を競っていた。そのような情勢の中、六六三年十月の白村江《はくすきのえ》の戦いで、百済と倭国《わこく》の連合軍が唐・新羅の連合軍に敗れたため、日本に残っていた百済の王子・善光は渡来人として定住することになった。

こうして百済王氏とその一族、および百済からの大量の難民を受け入れることになった倭の王権は、渡来人たちをなるべく一カ所に集めて居住させるため、摂津（大阪）の江南四郡のうちの一郡に新たに百済郡を設けた。『日本書紀』にあるように、百済王氏善光は大坂・難波《なにわ》の地に居住、百済寺などのある百済郡を拠点とし、百済からの亡命や難民などの多くの渡来人たちもここに住み着くようになった。

百済の名称が今も大阪に残っているのは、そのような経過があったからなのである。昔の名称の百済郡は、現在の大阪市生野区に当たる。同区のＪＲと近鉄の鶴橋駅付近に広がる生野コリアタウンは、一三〇〇年以上前に百済郡があった場所で、今また賑わいを見せている。

大阪には、ここ以外にもかつて百済や新羅、高句麗から渡来した人たちが定住した地域が多く見られる。難波、岸里玉出《きしのさとたまで》、我孫子《あびこ》町、杭全《くまた》、喜連瓜破《きれうりわり》、枚方《ひらかた》市、高師浜《たかしのはま》、北信太《きたしのだ》、加美鞍作《かみくらつくり》、呉服《くれは》町、稲、秦《はだ》、王仁《わに》公園、伽羅《きゃら》橋、恩智《おんち》などである。かつて朝鮮半島から日本を訪れる船は、九州の大宰府（福岡県）を経て、大阪の難波津《なにわづ》（港）までやってきたあと、百済郡や大阪の各地に定住するようになったと考えられる。

大阪の渡来人で忘れてはならないのが金剛家である。日本書紀によると、聖徳太子が日本最古の官寺建築である四天王寺を建築するに当たり、百済から金剛、早水、永路という三人の造寺工を呼び寄せた。この人たちの指導で十数年かかって四天王寺は五九三年に完成した。同太子は初代の金剛広目重光に対して、「ここに残って、修繕や保全に当り、四天王寺をお護りせよ」と命じたという。

以来一四〇〇年以上にわたり、

金剛家は四天王寺の再建や保全に努めてきた。金剛広目重光いらい四一代目になる金剛瑞さんは、当主として世界で最も古い企業「金剛組」に在籍しつつ、その成長を見守っている。

## 渡来人が京都・桂川に堰建設

その後、倭の王権は渡来人たちを日本に帰化させた上、各地に分散移住させ、口分田を与え、様々な文化や技術を持っている渡来人の力を活用するようになった。『日本書紀』には、秦人や漢人などを国郡《くにごおり》に移住させ、戸籍を編んだことや、秦人の総数が七〇五三戸にのぼったことが記されている。渡来人の移住については、「天智四年（六六五年）二月、百済の百姓四百余人を以て、近江国の神前郡《かんざき》に居《お》く」とあるほか、「天智五年（六六六年）五月、百済の男女二千余人を以て東国に居」などとある。それ以外の具体例は、日本書記、続日本紀による「天智朝以降の畿内を除く渡来人の移住地」の表1を参照していただきたい。

大阪に続いて京都を見ると、新羅から多くの民を率いて渡来した秦氏は、京都で暴れ川と呼ばれていた桂川に、高度な土木技術によって巨大な堰を作った。これによって水量を調節し、水を太秦西側の嵯峨野一帯に流して稲作を広め、これが人口増につながったと言われる。古代社会で最大の渡来氏族「秦氏」は、西日本を中心として広い地域に分布していた。

京都ではまた、秦氏が石清水《いわしみず》八幡宮や伏見稲荷大社、松尾大社の勧請《かんじょう》に関わったと見られるほか、日吉神社や上賀茂神社、下鴨神社も秦氏との結びつきが強かったといわれる。このほか八坂神社は高句麗系の渡来人氏族が関わったとされる。このように京都を代表する神社の大半が、かつては渡来系氏族の影響下にあったと伝えられる。

平安時代初めの弘仁六年（八一五年）にまとめられた「新撰姓《しんせんしょう》氏録《じろく》」は、左京、右京、河内、摂津、和泉出身の一一八二氏の出自、始祖、名の由来を明らかにしたものである。それによると、天皇家から分かれた「皇別」＝例え

**表1　天智朝以降の畿内を除く渡来人の移住地（『日本書紀』『続日本記』より）**

| | 西暦 | 年 / 月 | 記　　事 |
|---|---|---|---|
| ① | 665 | 天智 4/2 | 百済の百姓男女四百余人を以て近江国の神前郡に居く |
| ② | 665 | 天智 4/3 | 神前郡の百済人に田を給ふ |
| ③ | 666 | 天智 5/ 是冬 | 百済の男女二千人余人を以て東国に居く。凡て緇と素（僧俗）とを択ばず、癸亥年（663）より起こりて三歳にいたるまで並びに官の食を賜へり |
| ④ | 669 | 天智 8/ 是歳 | 佐平余自信・佐平鬼室集斯等男女七百人余人を以て近江国の蒲生郡に遷居す |
| ⑤ | 675 | 天武 4/10 | 筑紫より唐人三十口を貢れり、則ち近江国に遣はして安置す |
| ⑥ | 684 | 天武 13/5 | 化来の百済の僧尼及び俗、男女あわせて二十三人、皆武蔵国に安置す |
| ⑦ | 687 | 持統元 /3 | 投化の高麗五十六人を以て常陸国に居く、田賦ひ稟受ひて生業を安らかしむ |
| ⑧ | 687 | 持統元 /3 | 投化の新羅十四人を以て下野国に居く、田賦ひ稟受ひて生業を安らかしむ |
| ⑨ | 687 | 持統元 /4 | 筑紫太宰、投化の新羅僧尼及び百姓の男女二十二人を献る。武蔵国に居く。、田賦ひ稟受ひて生業を安らかしむ |
| ⑩ | 688 | 持統 2/5 | 百済の敬須徳那利を以って甲斐国に移す |
| ⑪ | 690 | 持統 4/2 | 帰化の新羅の韓奈末許満等十二人を以って武蔵国に居く |
| ⑫ | 690 | 持統 4/8 | 帰化の新羅人等を下野国に居く |
| **⑬** | **715** | **霊亀元 /7** | **尾張国人、外従八位上席田君迩近及新羅人七十四家を美濃国に貫して、始めて席田郡を建つ** |
| ⑭ | 716 | 霊亀 2/5 | 駿河、甲斐、相模、上総、常陸、下野の七国の高麗人千七百九十九人を以って武蔵国に遷し、高麗郡を置く |
| ⑮ | 733 | 天平 5/6 | 武蔵国埼玉郡の新羅人徳師ら男女五十三人を、請に依りて金の姓とす |
| ⑯ | 758 | 天平宝字 2/8 | 帰化の新羅僧三十二人、尼二人、男十九人、女二十一人を武蔵国の閑地に移す。是に始めて新羅郡を置く |
| ⑰ | 760 | 天平宝字 4/4 | 帰化の新羅の一百三十一を武蔵国に置く |
| **⑱** | **761** | **天平宝字 5/ 正** | **美濃、武蔵の二国の少年、国毎に廿人（にじゅうにん）をして新羅語を習わしむ** |
| ⑲ | 766 | 天平神護 2/ 正 | 上野国に在る新羅人の子、午足ら一百九十三人に姓を吉井連と賜ふ |

吉村武彦，吉川真司，川尻秋生 編『渡来系移住民　半島・大陸との往来』（岩波書店）より

ば蘇我氏、源氏、橘氏などが三三五氏、神々の子孫である「神別」＝例えば藤原氏、大伴氏などが四〇四氏、任那《みまな》、百済《くだら》、新羅《しらぎ》、高麗《こうらい》など渡来人の特に王族を祖先とする氏族の「諸蕃《しょばん》」＝例えば秦氏、漢氏などが三二六氏となっている。

このまとめを見ても、「諸蕃」に分類された渡来系の人たちが全体のほぼ三〇％を占めている。このように渡来人とその氏族は、私たちがイメージするよりはるかに多数であったことが伝わってくる。

## 席田《むしろだ》に一〇〇〇人前後が移住

では、岐阜県における渡来人は、どんな状況だったのだろうか。斉明七年（六六一年）十一月、日本の同盟国であった百済の高官・鬼室福信《きしつふくしん》が、唐（中国）の捕虜一〇六人を日本に送ってきたので、美濃国司はこれらの渡来人を不破《ふわ》郡と方県《かたがた》郡（岐阜市）に移住させた。この時来日した唐人の続守言《しょくしゅげん》はのちに帰化し、美濃国に移されたが、やがて中国語の発音を指導する音博士《おんのはかせ》となり、水田四町を与えられ、大宝律令に関わるなど、朝廷で重用された。

また美濃国は、西隣りの近江国（滋賀県）とともに、主に朝鮮半島から渡来人系の人びとが多く定着した国の一つである。その具体例として、本巣市糸貫の席田《むしろだ》にスポットを当てる。席田は現在の本巣市糸貫の東部一帯のことで、蛍の名所としても知られている。『続日本紀』に「霊亀元年（七一五年）七月、尾張の国の外従八位という位の席田君迩近《むしろだきみじこん》という人が、新羅人七四家を率いて席田郡を創建した」と書かれている。（表1参照）

七四家というのは七四戸と同じことなのだろうか。元岐阜大学教授で古代史研究の早川万年さんは、「戸と家は厳密には違う。戸は法制上の言葉で、家は実態的な言葉である。しかし一般的には戸も家も同じ程度で、それほど差はないかもしれない」と説明している。戸と家が同じ程度と考えると、七四家は一体何人ぐらいになるのだろう。

「韓国の歴史・文化」を研究す

る元岐阜女子大学客員教授で、元圓元《ウォンガン》大学校招待研究員の森澤久雄さんによると、「当時の朝鮮半島の一家は、その家にもよるが親子、兄弟、中には父親の兄弟や奴婢《ぬひ》（奴隷）などもいて、十数人から二〇数人、あるいはそれ以上の大家族もあった」という。

このほか、日本古代史、日本文化史の研究者で堺女子短期大学准教授の水谷千秋さんは、著書『謎の渡来人秦氏』の中で、「古代の一戸の平均はおおよそ二十五人とされている」と述べている。

仮に一家十人で計算すると、七四家×十人＝七四〇人、十五人では、七四家×十五人＝一一一〇人、また一家二〇人では、七四家×二〇人＝一四八〇人、さらに、一家二五人では、七四家×二五人＝一八五〇人となる。いずれにしても一〇〇〇人前後の新羅人大集団が席田に移住してきたことになる。

当時、地元では根尾川の氾濫や洪水などの大きな自然災害によって、荒廃した地域の復旧や再開発を進める必要があった。そこで糸貫川東岸の船来山南麓に当たる席田に、土木新技術や農耕技術に長けた渡来人集団を定住させて、生産指導が行われたのではないかと考えられている。

大化の改新以降、国内は豪族を中心とした政治から天皇中心の政治へとわりつつあつた。律令政府は地方支配の徹底を図るため、諸国の実情に応じた郡の分離や建置を指令し、諸国の国司は司令にもとづいてそれぞれの県都を進めた。席田をはじめ表1にも見られる渡来人の列島各地への移住は、

290基の古墳が群集した船来山古墳群（本巣市教育委員会提供）

当時の大和政権の方針に基づいたものであった。

そのような中で、慶雲三年（七〇六年）に、美濃国は国守《くにのかみ》として笠朝臣麻呂《かさのあそみまろ》を迎えた。もともと吉備地方（岡山県と広島県東部）の地方豪族であった笠臣《かさのおみ》氏は、七世紀半ばころに中央で活躍した。当時の地方長官である国守は平均して二年半の在任期間であったが、笠朝臣麻呂は十四年あまりという実力者であった。

席田建部は、そのようなキャリアを持つ笠朝臣麻呂の決断によるところが少なくなかったが、中央政権による地方支配の表れであったと見られている。

ところで地元・糸貫の席田小学校から一キロほど北に船来山がある。ここには三世紀から七世紀にかけての前方後円墳や横穴式石室古墳が二九〇基もあり、船来山古墳群として知られ、独立丘陵の古墳群としては東海地方最大級である。

この古墳群からは鏡や鎧などの武器をはじめ、馬具製品や馬具に関係する資料、それに装身具や多くの須恵器が出土している。さらに同古墳群から出土した人骨は三五個体が確認されている。これらの人骨の大腿部からは背側のピラスター（付柱《つけばしら》）の発達と、前後の湾曲が見られることから、被葬者が日常的に乗馬をし、馬具を副葬できる階級にあったことが伺える。

もともと馬を扱う技術や習慣は、五世紀ごろに朝鮮半島からの渡来人によって我が国に伝わった。六世紀に入ると乗馬の習慣が身分の高い人を中心に広がり、こ

大たい骨背側ピラスター（船来山 160 号墳）（本巣市教育委員会提供）

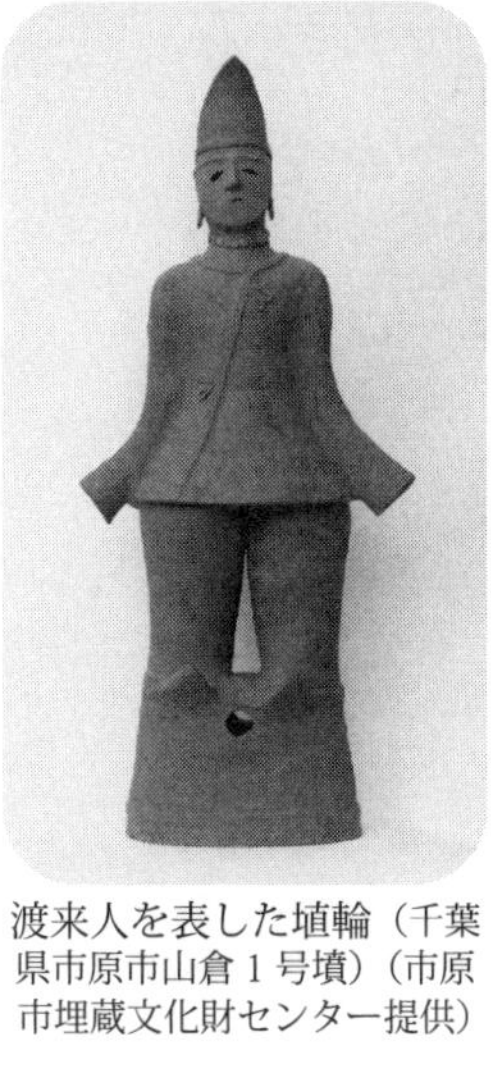

渡来人を表した埴輪（千葉県市原市山倉 1 号墳）（市原市埋蔵文化財センター提供）

船来山 166 号墳（本巣市教育委員会提供）

船来山 272 号墳の須恵器
（本巣市教育委員会提供）

馬具「轡（くつわ）」（船来山古墳群）
（本巣市教育委員会提供）

の時代の古墳に馬具類が多く副葬されている。船来山古墳群から出土した馬具類や須恵器から、古墳の被葬者が地域の有力者となった渡来人およびその氏族の可能性が強いと見られる。

その後、席田は源氏物語に「催《さい》馬楽《ばら》」の演目「席田」として披露された場面が描かれているほか、元慶元年（八七七年）に行われた陽成天皇の即位の祝いの席でも上演された記録が残っている。催馬楽とは、大陸や朝鮮半島から渡来した楽器を伴奏し、地方の民謡などを都風にアレンジして歌い、宮中の宴などで披露される歌謡のことをいう。さらに陽成天皇の祝いの席で詠まれた和歌の中に、「むしろ田のいつ貫川（糸貫川）にすむ鶴は千とせをかねてあそぶなるかな」と、糸貫川の名前が読み込まれている。

本巣市教育委員会の恩田知美さんは、「都でも知られていた席田は、船来山麓にある上保郷遺跡から銅の鍛冶炉跡が出土したことや、その地名が催馬楽の演目にも見られ、和歌にも登場するなど異国文化に触れることができる工業および文化の先進地として栄えていたと考えられる」と話している。

## 半布里《はにゅうり》戸籍一一一九人の四四・五％が渡来人

続いて、奈良県の東大寺正倉院に伝わる日本最古の戸籍を取り上げる。断片として十四通が確認でき、そのうちの九通が御野国《みのこく》（美濃国＝岐阜県）の戸籍である。このうち加茂郡富加町の半布里戸籍に注目したい。「大宝二年（七〇二年）御野国加毛郡《かもぐん》半布里戸籍」は、大昔の無名の人たちの記録台帳である。

実はこの戸籍には、半布里にやってきて住みついた渡来人のことを知る上で、重要な手掛かりになる内容が書かれている。

富加町史には、約一三二〇年前の戸籍を含め、詳しい情報が網羅されているので、その一端を紹介する。地名の半布里の範囲は、おおよそ現在の富加町の全域と、東南は美濃加茂市の一部に及ぶ地域と推定されている。古名の半布里は、今も富加町の大字・羽生《はにゅう》の地名として残っている。

この半布里は、郡領クラスの地方豪族であった牟宜都《むげつ》君氏の本拠地であった。低いスロープの火山灰台地で水田は川裏川や蜂屋川という小川を水源としているので、このような立地条件では大規模な集落にはならないと推定されている。

古代のこの戸籍を調べると、当時半布里の総戸数は五八戸であったが、このうちの四戸分が欠けているので五四戸分が記録され、その人口は一一一九名もの大人数である。これらの人たちの名前や続柄、年齢など家族情報がくわしく記入されている。

では半布里戸籍の一覧表（表2）の主な部分を見てみよう。表の中の「政戸《せいこ》」というのは二一歳から六〇歳までの労働力としての男性が何人いるかによって決まるもので、一戸を経済力によって上政、中政、下政の三段階に分けた区分である。続いて「資産」、「戸主姓名」、そして「戸口（男女計）」の順に絞ってみた。

この結果、戸主姓名の欄で、五四戸一一一九名のうち、秦人《はたびと》・秦人部《はたひとべ》・勝《すぐり》などと書かれている渡来人は、四九七名で、全体の四四・五％を占め一大勢力になっている。

また五四戸を同族グループ別に見ると二つのグループに分かれる。第一のグループは、土着的な県造《あがたのみやつこ》同族グループで、県造（三戸）、県主《あがたぬし》（二戸）、県主族《あがたぬしのやから》

## 表2　半布里戸籍集計一覧表（最初の４戸を欠く）

| 番戸 | 政戸 | 資産 | 戸主姓名 | | 戸口（男女計） |
|---|---|---|---|---|---|
| 1 | 下政戸 | 下下 | 岩部三田 | いわべみた | 十七 |
| 2 | 中政戸 | 下下 | 県主族島手 | あがたぬしやから・しまて | 三十 |
| 3 | 中政戸 | 下下 | 物部宇麻 | もののべうま | 一三 |
| 4 | 中政戸 | 下下 | 務従七位下県主族都野 | あがたぬしやから・つの | 一八 |
| 5 | 上政戸 | 下中 | 県主族安麻呂 | あがたぬしやから・やすまろ | 二一 |
| 6 | 上政戸 | 下上 | 県主族牛麻呂 | あがたぬしやから・うしまろ | 三一 |
| 7 | 上政戸 | 下下 | 県主族安麻呂 | あがたぬしやから・やすまろ | 一七 |
| 8 | 中政戸 | 下中 | 追正八位上県主族　津真利 | あがたぬしやから・つまり | 二三 |
| 9 | 上政戸 | 中下 | 県造吉事 | あがたのみやつこ・よごと | 四四 |
| 10 | 中政戸 | 下中 | 県造荒島 | あがたのみやつこ・あらしま | 一三 |
| 11 | 中政戸 | 下下 | 県主万得 | あがたぬし・まろとこ | 二一 |
| 12 | 中政戸 | 下中 | 神人辛人 | みわびと・からひと | 二〇 |
| 13 | 下政戸 | 下下 | 県主族比都自 | あがたぬしやから・ひつじ | 三〇 |
| 14 | 下政戸 | 下下 | 県主族安麻呂 | あがたぬしやから・やすまろ | 一二 |
| 15 | 上政戸 | 下下 | 県主族与津 | あがたぬしやから・よつ | 二八 |
| 16 | 中政戸 | 下下 | 守部加佐布 | もりべ・かさふ | 一八 |
| 17 | 中政戸 | 下下 | **秦人弥蘇** | はたびと・みそ | 二三 |
| 18 | 中政戸 | 下下 | **秦人小玉** | はたびと・おたま | 一八 |
| 19 | 上政戸 | 下下 | **秦人部身津** | はたひとべの・みつ | 二四 |
| 20 | 中政戸 | 下下 | **秦人古津** | はたびと・こつ | 一四 |
| 21 | 下政戸 | 下下 | **秦人身麻呂** | はたびと・みまる | 一五 |
| 22 | 中政戸 | 下下 | 県主族安多 | あがたぬしやから・あた | 一三 |
| 23 | 中政戸 | 下下 | 穂積部安倍 | ほずみべ・あへ | 二〇 |
| 24 | 下政戸 | 下下 | 神人牧夫 | みわびと・ひらぶ | 二三 |
| 25 | 中政戸 | 下下 | 神人波手 | みわびと・なみて | 一四 |
| 26 | 中政戸 | 下下 | 生部津野麻呂 | ふみべつのまろ | 一六 |
| 27 | 中政戸 | 下下 | **秦人黒当** | はたびと・くろあて | 一三 |
| 28 | 中政戸 | 下中 | **秦人多都** | はたびと・たつ | 二四 |
| 29 | 中政戸 | 下下 | **秦人部都弥** | はたひとべの・つみ | 一五 |
| 30 | 中政戸 | 下中 | **秦人多麻** | はたびと・たま | 三一 |
| 31 | 中政戸 | 下下 | **秦人久比** | はたびと・くい | 一六 |
| 32 | 中政戸 | 下下 | 県主族母呂 | あがたぬしやから・もろ | 二九 |
| 33 | 上政戸 | 下中 | 県主族安倍 | あがたぬしやから・あへ | 二七 |
| 34 | 中政戸 | 下下 | 神人小人 | みわびと・おひと | 一六 |
| 35 | 中政戸 | 下下 | 県主族長安 | あがたぬしやから・ながやす | 三二 |
| 36 | 中政戸 | 下下 | **秦人都弥** | はたびと・つみ | 一三 |
| 37 | 上政戸 | 下下 | **秦人石守** | はたびと・いわき | 一八 |
| 38 | 中政戸 | 下上 | **秦人甲** | はたびと・きのえ | 二四 |
| 39 | 中政戸 | 下下 | **秦人止也比** | はたびと・とやひ | 一四 |
| 40 | 中政戸 | 下下 | **秦人山** | はたびと・やま | 二二 |
| 41 | 中政戸 | 下下 | **秦人小咋** | はたびと・おくい | 一四 |
| 42 | 中政戸 | 下下 | **秦人都々弥** | はたびと・つつみ | 一七 |

| | | | | | |
|---|---|---|---|---|---|
| 43 | 下政戸 | 下下 | **秦人堅石** | はたびと・かたいわ | 一一 |
| 44 | 中政戸 | 下中 | **不破勝族金麻呂** | ふわすぐりやから・かねまる | 二三 |
| 45 | 中政戸 | 下下 | **秦人安麻呂** | はたびと・やすまろ | 三六 |
| 46 | 中政戸 | 下下 | **秦人和爾** | はたびと・わに | 一四 |
| 47 | 中政戸 | 下下 | 県主族身津 | あがたぬしやから・みつ | 二六 |
| 48 | 中政戸 | 下下 | 県主族稲寸 | あがたぬしやから・いなき | 二四 |
| 49 | 中政戸 | 下下 | 敢臣族岸臣目太 | あえのおみやから・きしのあみめた | 八 |
| 50 | 中政戸 | 下下 | 県造紫 | あがたのみやこ・むら | 三二 |
| 51 | 中政戸 | 下下 | 県主古麻呂 | あがたぬしやから・こまろ | 一八 |
| 52 | 上政戸 | 下中 | **秦人桑手** | はたびと・くわて | 二三 |
| 53 | 中政戸 | 下下 | **秦人阿波** | はたびと・あわ | 二六 |
| 54 | 中政戸 | 下下 | **務従七位下不破勝族吉麻呂** | ふわすぐりやから・よしまろ | 一七 |
| | 合計 | | | | |
| 54戸 | 下政戸　五 | 下下 四二戸 | 男女計　男　五五五人 | | |
| | 中政戸 三九 | 下中 九戸 | 女　五四六人 | | |
| | 上政戸 一〇 | 下上 二戸 | 総計一一一九人 | | |
| | | 中下 一戸 | | | |

「富加町史』（1980年）より　　※太字は渡来人あるいは渡来系氏族

（十五戸）という氏姓《うじかばね》的な呼び名を持つ二〇戸のグループである。このグループは、中心となる四戸で里内にいる奴婢《ぬひ》（奴隷）の七〇パーセントを所有していた。一方、第二グループは、秦人（二〇戸）、秦人部（二部）という秦人同族グループで、県造グループより後に半布里の地に定着させられた渡来人系の同族グループと見られている。

このため、秦人同族グループは、半布里内部での地歩は低く、奴婢の所有から見ても三戸に六人、里内の二二パーセントを持つに過ぎなかった。このようなことから、自然灌漑に頼る水田耕作において、有利な水利権は県造同族グループに抑えられていたと推定される。

全国的に広く移住していた秦人はたちは、大和政権に接近して力をふるうのではなく、半布里に見られるように、それぞれの地域に住み着いて在来の人たちと協同して米を作ったり、畑作を行うなど生産に携わっていたのが特徴的である。

八世紀の初頭、一三〇〇年前の富加町半布里で、渡来系の氏族が全戸数人口の半数近くを占めていたことは実に注目すべきことだろう。

この富加町の役場周辺で、昭和五二年（一九九七年）に役場の建設工事に伴う発掘調査が行われた。その結果、竪穴住居跡一五七棟が発見され、ほとんどの住居跡にかまどが見られ、須恵器や土師器が出土した。

かまどは、窓際にあるので居住空間が広がり、煙を外に出すので室内で快適に過ごせるなど在来の人たちの暮らしを変え、全国に広まったといわれる。この居住跡は、かまどや須恵器などの発見により、戸籍の半布里の一部地域と見られ、渡来人の生活のあとがうかがわれる。

このほか、同戸籍に二九名の名前が見られる不破勝族《ふわのすぐりのやから》は、不破郡を本拠として、国内に勢力を持っていた不破勝氏の同族と見られ、半布里のある加茂郡にも勢力を伸ばしていたことが想像される。勝《すぐり》（村主）というのは、百済系渡来人に授けられた「姓《かばね》」であり、渡来人の中でも有力者と見られている。また各牟勝族《かかみのすぐりのやから》は、各牟郡中里（今の各務原市那加町）を本拠とする各牟勝の同族とされている。

『日本書紀』には、帰化した秦人や漢人などを諸国に移住させ、戸籍に登録したと記されているが、民俗学者の宮本常一さんが「日本文化の形成」の中で触れているように秦人の戸数は七〇五〇戸になったと出ている。このことから六世紀中頃の少し前に、大和政権の手で諸国に移住させられた渡来人の中に、富加町の半布里に住んでいた秦人や本巣郡糸貫の席田に移り住んだ新羅人（秦人）七四家が含まれることになる。

このように日本最古の戸籍に記録されている秦人を中心とする渡来人の実数を見ると、他の地域でも古代の戸籍が残っていれば、大和政権によって列島内で移住させられた渡来人の数がさらに膨大なものになっている可能性がある。

続いてそれ以外の岐阜県内の渡来人についても探ってみよう。『続日本紀』の天平宝字五年（七六一年）正月に仲麻呂の変が起きたが、その前に「美濃・武蔵二国の少年、国毎に二〇人をして新羅語を習はしむ。新羅を征たむが為なり」とあり、新羅への侵略に備えて、美濃の国と武蔵の国の少年たち二〇人ずつを通訳にするという内容である。

日本考古学研究の八賀晋さんは春日井シンポジウムで、「このころ日本に来た秦人の中には、日本語もあまり話せず、生活では新羅語をずっとしゃべっていた人たちがいて、まわりと上手く同化できず、非常に閉鎖的な生活を送っていたのではないか。そういう人たちをピックアップして、その当時の渡来人に姓を与えるという動きとも連動して、少年たちを通訳に育てようとしたのではないか」と解説している。

美濃地方の渡来人関係では、新羅系の渡来人をルーツとする秦氏が分布している地域として、美濃国では、当嗜郡《たきぐん》（多藝・当藝・当者・当伎・多紀、多伎とも書く・今の養老郡養老町および海津郡南濃町・大垣市の一部）厚見郡（今の岐阜市の中心部分）、土岐郡（今の土岐市、瑞浪市一帯）、賀茂郡（今の加茂郡と美濃加茂市）、不破郡（今の不破郡、大垣市西部）、各務郡（今の各務原市一帯）や不破郡、方県郡《かたあがた》（今の岐阜市北部）、本巣郡、山県郡、それに池田郡（味蜂間郡春日部里→和同・養老年間に池田郡を分置）などがあげられている。このうち岐阜市寺町の瑞龍寺ずいりょうじの境内から「厚見寺瓦」が出土したため、この場所にかつて厚見寺があったことが明らかになった。また同じ境内から全国的にも珍しい「花鳥文瓦」が見つかったことから、この地域にあった古代三寺院跡と関連があると伝わる地方豪族のルーツが渡来系であることをうかがわせている。また各務郡、不破郡、方県郡の古い寺院跡からは、高句麗式、新羅式、百済式の瓦が出土しており、渡来人との関りが注目される。

## 表佐・綾戸・綾野・綾里は渡来人ゆかりの地

西濃地方では、不破郡垂井町の表佐《おさ》と栗原、綾戸《あやど》、および大垣市の綾野《あやの》と綾里《あやさと》がある。垂井町の表佐については、今から約一五〇〇年前の欽明天皇の頃、朝鮮半島の百済の国から、武内宿禰の子孫で達者な日本語を話す曰佐《おさ》という男が、同族三人、百済人三五人を率いてわが国を訪れ、帰化の手続きをした。この男たちは、仏の教えや学事、技事を日本の人たちに分かりやすく訳語し、日本と百済の言葉を通事する仕事をしたいと言い、不破郡《こおり》表佐《おさ》に住み通訳の仕事についた。このように表佐は、渡来人の曰佐氏、訳語《おさ》氏と呼ばれる通訳が集住したことに由来し、曰佐氏ゆかりの地と伝えられている。

垂井町綾戸については、朝鮮半島にあった「安耶《あや》国」から渡来した漢氏《あやし》に由来する地名と見られ、不破郡と方県郡に移り住んだ地域の戸口を「漢戸《あやど》」と呼んでいた。やがて渡来人たちが、綾を織る家を、地元の人たちも「綾戸」と呼ぶようになった。大垣市の綾野と綾里についても、垂井町の綾戸と同じように渡来人が移住した地と推定されている。ちなみに京都府の「綾部《あやべ》」は、もと「漢部《あやべ》」と言い、絹織物を専業とする渡来人の村であった。

また垂井町栗原については、『続日本記』によれば、奈良時代の官人・栗原勝子公《くりはらすぐりこきみ》の先祖にあたる伊賀郡臣が、神功皇后の代に百済に使者として派遣され、在地の女を娶って男子二人をもうけた。名前を大本臣と小本臣という。成人した二人は、父の国を訪ね朝廷に帰化し、不破郡栗原の地を与えられ、居住地にちなんで栗原勝姓を与えられた。栗原勝は、もともと自分たちは日本の名家、中臣連《なかとみのむらじ》の子孫なので、今こそ中臣連の姓《かばね》を賜りたいと申し出て、子公など男女十八人にこれが認められたという。

なお不破郡の「不破」は、弘仁六年（八一五年）に編纂された「新撰姓氏録」右京諸蕃下に、不破勝、不破連の両氏がともに百済系渡来人と書かれていることから、古代朝鮮語から使われている可能性がある。

渡来人またはその氏族の足跡としての古墳を見ると、先に触れた船来山古墳で見つかった鎧や馬具製品、須恵器などのほか、大垣市の遊塚《あそびづか》古墳からは、陶質土器である杯の蓋の完成品が出土したが、これは朝鮮半島の伽耶から出土したものと同じ土器であった。

また岐阜市の鎧塚《よろいづか》古墳の墳頂部から祭祀に使ったと見られる器台形の陶質土器が出土し、関市の陽徳寺古墳からは角杯または馬上杯と思われる陶質土器が見つかっているが、いずれも渡来人の技術的な面での指導や活躍ぶりが読み取れる。

## 大桑《おおが》は養蚕、服織《はとり》は機織《はたおり》

さらに平安時代の辞書『倭名類《わみょうるい》聚抄《じゅしょう》』によると、新羅、百済、高句麗（高麗）から渡来した人たちが分散定住した日本列島の地域は広く、北海道と沖縄を除きほぼ全国に及んでいる。

このうち美濃国では、安八（神戸町）の服織と、山県（山県市）の大桑の地名があげられている。全国的に見ると、地名で最も多いのは「桑」の字のつく「桑原、桑田、大桑、桑市」などの二〇カ所である。山県の「大桑」を含め、これらの地域では秦人の指導により、桑が多く作られ養蚕が盛んであったと見られている。

また機織の技術を持った秦人や中国・江南からの渡来人が定住した地域としては、服部、服織、服田、錦織などの地名が全国に多く見られる。安八郡神戸町の服織は、もとは「服織郷《はとりのごう》」と呼ばれ、『和名抄』に載る美濃国安八《あはち》郡六郷の一つである。ここは機織りの盛んな地域で、美濃国における絹生産の中心地であったことが知られる。

## 新羅神社《しんらじんじゃ》は新羅人が勧請《かんじょう》か

続いて東濃地方である。五世紀ごろに朝鮮半島からの渡来人によって須恵器が我が国に伝わり、飛鳥時代には多治見・土岐などの東濃地方でも須恵器が作られるようになった。

伝承によると奈良時代の前期に、多治見市には新羅系の渡来人が住み着いていたことから、同市の新羅神社は新羅系渡来人の氏族の祖神を祀ったものと見られている。

朝鮮語では「新羅」を「シルラ」（ルが小さい）と発音するので日本人には「シンラ」と聞こえる。

こうしてもとは「シルラ神社」

と発音されていたものが「シンラ神社」として伝わったようだ。

　新羅の名のついた新羅神社は全国にあるのだが、多治見の「シンラ神社」は朝鮮語の発音に近い珍しいケースなのである。

## 飛騨に流罪の新羅僧・行心

　舞台は変わって飛騨地方に移る。ＪＲ飛騨古川駅から定期バスで神岡方面に向かう途中、古川中学校の近くに「行真《ゆきざね》」というバス停がある。この地名は新羅から渡来した僧侶・行心《こうじん》（幸甚の字も）にちなんでいると言われる。

　行心は様々な学問・知識の持ち主で、大津皇子に仕えていたが、六八六年九月に大津皇子が謀反の疑いで捕らえられ、憤死した時に、処刑を免れて、飛騨の寺院に送られた人物である。しかし流罪の身でありながら行心に対する制約は緩かったと言われている。

　伝承によると、この地（飛騨市古川町）に住んでいた行心の子で、新羅の沙門（僧侶）隆観は、隆観屋敷の小字がある同地に寺院を建立した。その隆観が当時、新羅風の獅子舞を創作したといわれ高麗獅子と呼ばれた。この獅子舞こそ古川町数河の白山神社と松尾白山神社に伝わる岐阜県指定重要無形文化財の「数河獅子」である。隆観はまた大変な経済力をもつ大富豪だったといわれ、駿馬や様々なものを朝廷に献上し、許されて都へ帰ったという。

　白山神社と松尾神社の宮司を兼務する五社神社宮司の上杉千文さんは、「今から十五年ほど前に韓国から日本語ペラペラの学者が、祭りの時にやってきたことがある。かつて新羅の僧の隆観が新羅風の獅子舞を創作して残したという伝承について、おそらく民俗学の視点からだろうが、朝鮮半島の文化が飛騨に伝わり、定着していることを確かめるため、祭の数日前から熱心に調べていた」と話す。

## 木工技術者が飛騨の匠に

　古代の飛騨では、当時の律令制度によって、米や織物を収める代わりに、腕の立つ木こりや優秀な木工技術者を年間一〇〇人ほど、奈良の都へ送り込んでいた。飛騨の職人たちは、宮内省木工寮修理職に所属し、寺院の建立や平城京の造営に携わり、やがて飛騨の匠として高い評価を受けるようになる。

七世紀初めごろまでの飛騨の建築の中心は、宮殿建築であったと見られるが、七世紀中頃からは飛騨でも国分寺などの寺院建築が始まり、八世紀はじめにかけて十五カ寺を建立している。考古学者・八賀晋さんは、「日本古来の建築技術に加えて、飛騨の匠に対する寺院建築技術のノウハウ習得が必要となったため、新羅や百済から相当数の渡来人たちが飛騨に入り、技術指導に当たった成果が飛騨の寺院建築であった」と解説。

飛騨の寺院の建立に当たっては、全国的に例を見ない新羅系の軒丸瓦が使われたと言われることから、国府町の名張廃寺や石橋廃寺などから新羅的な瓦が出土しているのは、この時飛騨を訪れた渡来人技術者たちと関りがあるのではないかと推測されている。

## 飛騨の伝説になった止利仏師《とりぶっし》

さて飛騨に関連して名前をあげなくてはいけない百済系の渡来人氏族に止利仏師（鳥仏師）がいる。止利の祖父は、百済系の渡来人・司馬達等《しばたっと》である。

彼は蘇我馬子の有力なブレーンで、仏教顧問の地位にあった。司馬は母国の姓で、帰化したあとは馬具などの製作に従事し、工人集団の「鞍作《くらつくり》」を名乗った。鞍作には朝鮮半島から渡来した人が多いと言われる。

二代目の多須奈《たすな》も仏教の帰依者で、出家したのち坂田寺を建立した。馬具製作の技術を仏像作りに応用し、用明天皇の病気平癒を祈って、丈六の仏像や菩薩を作り百済仏工と呼ばれた。

三代目の止利仏師は、聖徳太子の信任を受けて多くの仏像を手がけ、中でも法隆寺の釈迦三尊像はよく知られている。止利の造仏の技法は、止利方式あるいは止利様《とりよう》と言われるほど、飛鳥時代の仏像彫刻に大きな影響を及ぼした。

止利仏師は蘇我馬子の法興寺の造営にも協力し、同寺に納める金銅の丈六仏像（＝ブロンズの仏像）を作るため、『日本書紀』には「鞍作鳥《くらのつくりのとり》（鳥仏師）」を「造仏の工《たくみ》」に任じていることが記されている。

この仏像が完成した日に金堂に入れようとしたが、堂の戸口が低くて入らない。他の工人たちは戸を破って入れようとしたが、止利は秀れた技術で戸を損なわず入れることができたという。推古天皇はこれに感嘆し、祖父の達等いらい三代の功績を称賛して止利仏師に「大仁《だいにん》」（冠位十二階の第三位）の冠位と、併せて近江・坂田地域の水田二十町を与えた。止利はこの水田を財源に金剛寺を建立したが、日本書紀には同寺が南淵（明日香村稲淵）にある坂田尼寺であったとしている。

鞍作二代目の多須奈の妻、つまり止利の母親は、飛騨・河合村（今の飛騨市河合町）天生《あもう》の出身と言われ、止利仏師の話は月ヶ瀬の伝説として、地元の人たちに長く親しまれている。

月ヶ瀬の伝説をかいつまんで紹介しよう。この伝説は、月ヶ瀬（今の飛騨市河合町）余部《あまるべ》の里に住む九郎兵衛の娘・信夫《しのぶ》が主人公である。信夫は醜い顔の娘だったので、二十五を過ぎても婿のなり手がなく、両親は先々を心配する毎日だった。

楽しい村祭りの夜も信夫は賑やかな鎮守の森には行かず、川辺の淵にぼんやりたたずんでいた。その時、淵に映っていた満月の影に、はるか籾糠山《もみぬかやま》から一羽の鳥が飛び込んだ。信夫は美しい月影をすくって飲み干した。間もなく信夫は身ごもっていることが分かった。実は信夫には相手がいたのだった。

その男とは、聖徳太子の命で仏像の良木を求めて余部の里に入ってきていた渡来人・鞍作多須奈《くらつくりのたすな》であった。しかし多須奈は信夫を置き去りにして、都に帰ってしまう。父親のいない子を宿した信夫は九郎兵衛から勘当され、一人、人里離れた山小屋で出産した。

村人たちは「天から授かった子どもが生まれた所」ということから、この土地を「天生」と呼ぶようになった。生まれた子は、鳥のような首をしていたので「トリ」と呼ばれ、小さい頃から神技のような不思議な才能を持っていた。

やがてトリ《止利》は十七歳の時に都に向かい、仏師としての技術を身につけ、立派な工匠になったという伝説である。この止利仏師こそ飛騨の匠の始まりと言われる。

　このほか飛騨では、百済系渡来人の利善に続いて秦石竹が飛騨国司になっており、郡司になったり地域の豪族や勢力者になる渡来系の氏族もいた。

止利仏師の里案内板
（高山市在住の長瀬正昭さん提供）

　一方、斉藤忠さんの『わが国における帰化人文化の痕跡』によると、岐阜県内で帰化人（渡来人）の居住した地域として、次のような場所と人名をあげている。①本巣郡栗栖太里《くるすだり》・漢人目速、②同・漢人部鳥、③加毛郡半布里《はにゅうり》（富加町）秦人石守等、④同小山郷・上連稲実、⑤味蜂間《あじはちま》郡（池田郡）秦部里・漢人意比止等、⑥安八郡服部郷（人名不明）。（以上のうち「漢人」とあるのは百済・安耶系渡来人氏族を示す）。こうして古代岐阜県内各地でも、多くの渡来人たちが生産に従事し、地域での生活を送っていたことが分かる。

## 明仁天皇の発言

　これまで日本に移住した渡来人について述べてきた中で、大和朝廷や天皇家をはじめ推古天皇や称徳天皇など古代の天皇の名前が登場している。今から二三年前、平成十三年（二〇〇一年）十二月十八日に行われたご自身の誕生日の記者会見で、明仁天皇（現・上皇陛下）が注目すべき発言を行った。

　この時記者団から「世界的なイベントであるサッカーのワールドカップが来年（二〇〇二年）、日本と韓国の共同開催で行われるが、歴史的・地理的にも近い国である韓国に対し、陛下の関心や思いなどをお聞かせ下さい」という質問があった。これに対して明仁天皇は次のように語った。

　「日本と韓国との人々の、古くから深い交流があったことは、日本書記などに詳しく書かれています。韓国から移住した人々によって、様々な文化や技術がつたえられました。宮内庁楽部の楽士の中には、当時の移住者の子孫で、代々楽師を勤め、今も折々に雅楽を演奏している人があります。

こうした文化や技術が、日本の人々の熱意と韓国の人々の友好的態度によって日本にもたらされたことは、幸いなことだったと思います。日本のその後の発展に、大きく寄与したと思っています。

私自身としては、桓武天皇の生母が百済の武寧王の子孫であると、続日本紀に記されていることに、韓国とのゆかりを感じています。武寧王は日本との関係が深く、この時以来、日本に五経博士が代々招へいされるようになりました。また武寧王の子、聖明王は、日本に仏教を伝えたことで知られております。

しかし、残念なことに、韓国との交流は、このような交流ばかりではありませんでした。このことを、私どもは忘れてはならないと思います。

ワールドカップを控え、両国民の交流が良い方向に向かうためには、それぞれの国が歩んできた道を、個々の出来事において正確に知ることに努め、互いの立場を理解していくことが大切と考えます。ワールドカップを通して両国民の間に理解と信頼が深まることを願っています」

この発言を、韓国の新聞社はほとんど一面トップで報じたが、日本では、朝日新聞だけが発言を伝えた。

## 渡来人は日本人の祖先

大昔の天皇家に百済の王家とのつながりがあったことを明仁天皇自らが話し、また宮内庁楽部の楽士の中にはかつての渡来人の子孫が活躍していること、あるいは大坂に百済からの渡来人が大量に移住した百済郡があったこと、岐阜にも加茂郡富加町半布里の日本一古い戸籍に当時の村人のおよそ半数に及ぶ秦人たちの記録が残されていること、本巣郡糸貫町席田にもかつて新羅人七四家約一〇〇〇人が移住したことなどから古代の日本と朝鮮半島との人の交流はひんぱんに行われていたと思われる。

このようにして、岐阜県や筆者の出身地である大阪を含む古代の日本列島には、主に朝鮮半島から、今私たちが想像するよりもはるかに多くの渡来人たちが移住し生活していた。彼らは各分野の先進的な朝鮮文化を持ち込み、中心的な役割を果たしながら、在来の地域の人たちと力を合わせ、新しい文化、国づくりを進めた。

やがて時代の推移とともに、彼らが持っていた新しい文化や技術も渡来人だけのものではなくなり、日本列島各地の住民になるとともに地域に溶け込み、渡来人という存在感も薄くなり、日本人としてのアイデンティティーを持つようになってくる。このように渡来人が果たしてきた役割を考えると、現在の日本と韓国のいびつで不正常な関係を早く解消して心からの親善関係を築きたいものである。歴史の中で、足を踏んだ人は踏まれた人の痛みが分からないという。かつて、豊臣秀吉が朝鮮半島を侵略した文禄の役があり、その後、日朝関係を改善するため、江戸時代に通算十二回の朝鮮通信使が日本を訪れ時の将軍に謁見している。しかし、日本は明治時代に韓国を併合し太平洋戦争が終わるまで朝鮮半島を植民地化した。その間、従軍慰安婦や徴用工強制労働問題など多くの問題を起こし、現在も日韓関係に暗い影を落としている。明仁天皇の発言のように「個々の出来事について正確に知り、理解し合うことが大切」ではないだろうか。

おしまいに渡来人の長い歴史を振り返りながら、今から五十五年前に古代東アジア史研究者の関晃さんが「帰化人」の冒頭で述べている次の一文を紹介する。

「われわれは、誰でも古代の帰化人（渡来人）たちの血を十%か二十%受けていると考えなければならない。われわれの祖先が帰化人（渡来人）を同化したというような言い方がよく行われるけれども、そうではなくて、帰化人（渡来人）はわれわれの祖先なのである。彼らのした仕事は日本人のためにした仕事ではなくて、日本人がしたことなのである」

# 第六章　文化・サブカルチャー

鮎菓子

# 29 あの頃の柳ケ瀬

岐阜高島屋の閉店に伴い、柳ケ瀬の今後に関心が集まっている。厳しい現状を知るにつけ賑やかだった時代の柳ケ瀬を思い起こす人も多い。

昭和三〇年代から四〇年代にかけての柳ケ瀬は、丸物百貨店を中心に（のちに高島屋も登場）、レストラン・ビクター、百助美容院、平和園、タナハシ、江戸っ子、賞月堂、マルイチ、なまずや、昭美堂、清楽、古金軒、瑪瑙館など様々な種類の店が揃っていた。

また岐阜劇場などの映画館が十二館、カサブランカなどのキャバレーが十一店あり、岐阜県内では最も賑やかな繁華街だった。日曜・休日の柳ケ瀬本通りや日之出町通り、劇場通りは、溢れるほどの人波が続いた。そこで、賑やかだった「あの頃の柳ケ瀬」について、当時はボー（男の子）やビー（女の子）だった人たちの目を通した様々な思い出やエピソードをご紹介しよう。

◆◇◆◇◆◇

## 昔のぼーんたの思い出話　其の一

磯貝貴彦さん

まずは、柳ケ瀬の映画館ＣＩＮＥＸやロイヤル劇場などの様々な企画を通して、岐阜の映画文化をリードし活躍を続けている、岐阜土地興行取締役企画本部長の磯貝貴彦さん（六二）が少年時代を振り返る。

「昭和三〇年代後半の小学生の頃、よそ行きの服を着て、母に連れられ、『ゴジラ』や『ガメラ』の映画を見に、年に数回、日曜日の柳ケ瀬に出かけたものです。その頃の柳ケ瀬は、大変な人出でまるでお祭りみたいでした。丸物百貨店（昭和五二年から近鉄百貨店）の食堂でお昼ご飯を食べて、そのあとは決まってお気に入りのソフトクリーム。取っ手のついた金属製の受け皿に入れてありましたが、それがとても豪華なデザートのように思えたのです。各務原の家に帰る途中、新岐阜百貨店のバスターミナルで買ってもらう『みたらし団子』がこれまた

1968年（昭和43年）当時の柳ケ瀬本通り（岐阜市柳ケ瀬本通り商店街連合会提供）

おいしくて大満足。当時『岐阜へ行く』ということは、ぼくにとって特別なハレの日で、毎回エキサイティングな一大エンターテイメント・デイでした」と懐かしそうに話す磯貝さんだった。

◆◇◆◇◆◇

## 昔のぼーんたの思い出話　其の二

岩田龍郎さん

岐阜市徹明通一丁目にある「宝石・時計の岩田」のオーナー岩田龍郎さん（七二）の実家は、日ノ出町通りの「岩田時計舗」なので、柳ケ瀬は小さい頃から走り回ったホームグラウンドである。友達から「たっちゃん」と呼ばれていた子ども時代の柳ケ瀬回顧談を聞いてみた。

「店兼家のまん前が丸物でした。戦前から丸物は男性の背広や女性のファッションなどの衣料品の評判が良かったのです。丸物の社員になると、その家のステータスが上がると言われ、五％の社員割引もあるので、娘さんを丸物に入社させたがる親御さんもいるくらいのブランドデパートでした。

その丸物へは、子どもの頃から毎日のように遊びに行ってました。屋上にあるヘリコプターの乗り物が空いていると、係の女性がよく来る子どもなので覚えていて『乗ってええよ』と言って乗せてくれたりしました。子どものフリーパスでしたね。

町の中ではかんしゃく玉や2B弾、それにビー玉でも遊びましたが、地元の小学校の縄張り争いがありました。柳ケ瀬本通りは明徳小学校、神田町を超えると梅林小学校、日ノ出町通りは徹明小学校のそれぞれのテリトリーがあって、最終的な決着をメンコでつけ、勝者は一躍ヒーローになったものでした。

丸物が夜八時頃に閉まると、日ノ出町側の出入り口の角のスペースが格好のグラウンドになり、友だちと集まっては、十一時頃まで三角ベース（草野球の一種）をやったものです。ある時、友だちの打ったボールがすぐ向かいにあった『ミュージックホール』のネオンに当たって割れてしまい、当時は珍しかったスキンヘッドの支配人に『こらっ！』と叱られたこともありました。

十一時頃にお風呂屋さんに出かけていたうちの店員さんたちが帰ってくると、それからテレビの『マルマン洋画劇場』を見ていました。ですから寝るのは午前一時ごろ。睡眠時間が平均五時間という超夜型の小学生でした」と笑いながら話す「たっちゃん」こと岩田さんだった。

◆◇◆◇◆◇

## 昔のぼーんたの思い出話　其の三

上野道子さん

映画「郡上一揆」やテレビドラマなどで郡上弁の指導に当たってこられた郡上市に住む上野道子さん（七二）の小学生時代の柳ケ瀬体験談である。

「小学校六年生の頃、姉や妹と三人で、日曜日に柳ケ瀬に遊びに出かけた記憶があります。実家が酒屋をやっていたので、両親は店に残り、妹とお揃いの母手作りのカーディガンやスカートなどいつもよりちょっと良い服を着て、社会人だった姉が保護者代わりでした。

柳ケ瀬に出かける前々日に、私は歯医者で奥歯を抜いたので、ほっぺたが腫れて痛みが残っていましたが、姉から「岐阜へ行く」と聞くと、歯は痛いけど岐阜へはどうしても行きたいので、ついて行きました。郡上八幡からは、岐阜バスか名鉄美濃町線を利用して徹明町まで、当時は時間がかかったと思います。

柳ケ瀬に着くと、まず丸物です。重厚感のあるデパート丸物のエレベーターに乗ると、エレベーターガールのお姉さんが操作しながら、上品な言葉使いでアナウンスする様に声も出ず、郡上では決して経験できない、すごい都会感を味わったものです。

丸物では各階に綺麗に並べられた商品の数々に見とれながら、やがて食堂に行き、ガラスの陳列ケースのサンプルを見て、結局ミニ日の丸の上がったオムレツを食べましたが、歯の痛みの方が強くて、おいしさはほとんど記憶にありません。

そのあと柳ケ瀬の商店街を歩きましたが、両側の店の商品が前に出ていたり、映画館の看板が目につきました。多分レコード店からの音楽も流れていて、人出が多く、活気があって、お祭りみたいだと思ったほどでした。郡上の子どもにとって柳ケ瀬は日頃の暮らしとかけ離れた、まるで別天地でした」約五十数年前の上野さんの楽しい思い出話である。

◆◇◆◇◆◇

## 昔のぼーんたの思い出話　其の四

平工幸二さん

柳ケ瀬の日ノ出町一丁目に二幸写真館がある。この店の元オーナー平工幸二さんには、約六年前（当時七五）に取材をさせていただいたが、その一年後に残念ながら他界された。その平工さんにとっても、柳ケ瀬はわが家の庭のようなものだった。

「子どもの頃、僕は柳ケ瀬の人ごみの中を駆け抜けるのが早くて、それが自慢でした。映画館では、受付の人が町内の僕たちを知っているので、たいていフリーパス。大映の長谷川和夫の時代劇なんかは、ほとんど観たと思います。近所にあった満映と小劇場は、ビルの屋上がつながっているので、僕たちにとってはもってこいの遊び場でした。

小劇場の裏に小さな川があって、岡晴夫とか白鳥みずえといった歌手が出演の合い間に涼んでいたのが印象に残っています。小劇場に来ていた高島忠雄が泊まっていた西柳ケ瀬の旅館・一力とか紅葉園に、父親が依頼を受けて時々写真を撮りに行ってました。のちに僕も北島三郎が小劇場に来た時に頼まれて、粋な場所まで写真を撮りにいったこともありました。

柳ケ瀬本通りにあったビクターは、ステーキ類がおいしいので有名な洋食の店でしたが、子どもでしたからコーヒーについてくる角砂糖をなめたりしていましたね。

節分の頃に柳ケ瀬で行われた仮装イベントを思い出します。小柳町のバーやスナック、キャバレーの女性たちが、女学生や舞妓さんになったかと思うと、若い女性に化けた白塗りのおばあさんが不気味で、節分イベントは大騒ぎでした。

東映や大映など映画館が並ぶ日ノ出町１丁目（岐阜市日ノ出町１丁目・二幸写真館提供）

僕たち柳ケ瀬育ちの子は、昔からお洒落で自称シティーボーイでした。そうは言っても、みんな大人になっても、たつみのえーちゃんとか、ねこいちのはじめちゃんとか、マミー美容室のまこちゃんとよっちんというように、ちゃんづけで呼んでいて、実に庶民的な良いつながりが続いているんです」

健在だった頃、こう話していた平工さんだったが、今はご子息の平工真行さんが、二幸写真館のあとを受け継いで活躍されている。

◆◇◆◇◆◇

## 昔のぼーんたの思い出話　其の五

塩見善彦さん

岐阜北法人会専務理事の塩見善彦さん（五九）は、小学校二年生の時は金華小学校で住まいは松屋町、三〜五年生の時は鵜川町に住んでいて良西小学校の児童だった。同じ岐阜市内に住んでいたぼーにとっても柳ケ瀬は独特の地域だった。

「当時、父が十六銀行の柳ケ瀬支店に務めていたので、土曜日の仕事が終わったあと（週休二日制のずっと前）、夕方から両親と妹と四人で柳ケ瀬でよく食事をとったものです。初寿司やとんかつ屋の清楽、焼きそばのまさむら、それに名前は忘れましたが汚い焼き肉屋さん（すみません）なんかが懐かしいですね。

平日は母に連れられてよく柳ケ瀬の丸物に出かけましたが、デパートでは母の買い物が面白くないので、おもちゃ売り場をのぞくのが楽しみでした。お昼は食堂でお子さまランチを食べるのが、お決まりのコース。母はなぜかいつもラーメンでしたね。

小学校三、四年生の頃になると、一人でバスや名鉄の市内線に乗って、柳ケ瀬に向かいました。そんな時は、丸物のアーケード通りのおもちゃ屋へ行って、ヒモつきの玉が二つついていてカンカン鳴らす、当時流行っていたクラッカーというおもちゃに熱中していました。

柳ケ瀬に行く時は、父からいつも「らっしもねーかっこで行くんやないぞ」と言われていたので、こどもなりに精一杯おめかしをして出かけました。同じ岐阜市内で

キャバレー「夜間飛行」の看板が見える日ノ出町２丁目
（岐阜市日ノ出町１丁目・二幸写真館提供）

も、僕にとって柳ケ瀬に行くのは、何か違う世界に行くような、楽しくて特別な淡い気持ちになったものです」。子どもの頃の塩見さんが体験した「にいわしい」柳ケ瀬の様子が伝わってくるようだ。

◆◇◆◇◆◇

## 昔のぼーんたの思い出話　其の六

小石千代子さん

柳ケ瀬の「宝石・時計の岩田」のオーナー岩田龍郎さんのお姉さんである小石千代子さん（七六）も、賑やかだった時代の柳ケ瀬の表情をよく知っている一人だ。では早速子ども時代にタイムスリップしていただこう。

「徹明小学校の頃は、同級生だった隣りの寿司安の洋治君たちと、映画館の壁や路地でかくれんぼをしたり、日ノ出町通りで缶けりをしたり、チョークで線を引いてケンケンパやマルパッパをやったり、スカートを翻して高いゴム縄跳びを飛んだり、ともかくとても活発な女の子でした。

　でも実家の岩田時計舗の向かいの丸物百貨店に、小さかった弟のたっちゃんを連れて行って子守りもしていましたよ。東映などの映画館は、近所の子どもだから、もちろん顔パスで入ってました。その頃は中村錦之助や東千代乃介などの時代劇全盛の時代で、『白馬童子』なんかも観てました。

　当時の映画館は、映画の上映に合わせてスターたちがステージの実演に来ることがよくありました。六、七歳の頃、岐阜劇場に美空ひばりが来た時は超満員だったので、お客さんの足元をくぐって、必死にひばりちゃんを見に行ったものです。

　また実家の店の隣が日活劇場になった時、あの石原裕次郎が映画のPRにやってきたのですが、

アーケードはまだなかったので、店の二階から見ていて、『すごーい、素敵な人！』と感動しました。
　同じ頃だったと思いますが、柳ケ瀬の歳末大売出しの福引が丸物百貨店の前で行われていたので、抽選券をもらった私も抽選に行きました。残念ながらハズレでしたが、五円玉を一個もらったので、さっそく近所の駄菓子屋のおばさんが鉄板で焼いているお好み焼きを買いました。
　おこづかいをもらった時は、日ノ出町の古金軒で焼き立てのおいしいパンを食べたりしましたが、私の場合、戦後のそんなにたっていない時代でしたから、ハングリーな思い出もあるんですよ。
　大晦日になると、店は夜十時頃までやっていたので、そのあと大掃除をして、母が近くの百助美容院に行くのは、毎年ラスト組で夜

中の一時頃でしたね」と、幅広く、しかもかつての柳ケ瀬の芸能ニュースを忘れずにレポートしてくれる小石さんだった。

◆◇◆◇◆◇

## 昔のボーンたの思い出話　其の七

斎藤洋二さん

子どもの頃に柳ケ瀬に遊びに行ったのは、岐阜市やその周辺からだけではなく、飛騨地方からも時間をかけて出かけた少年もいた。JR下呂駅前にある明治屋そば店のオーナーで、ミニコミ誌「ましたむら」の編集人の斎藤洋二さん（七二）がその人で、高山線の列車で柳ケ瀬に向かうのがとても楽しみだったという。

「私の父は下呂駅前で観光客用の土産物店・明治屋をやっていましたが、岐阜に用事がある時は、そのついでに母と兄、私、弟の家族五人で高山線に乗って岐阜に向かったものです。

年に一回行くか行かないか程度の岐阜行きでしたが、それでも普段のハナ垂れ小僧とは違うよそ行きの格好をして、わくわくした気分でした。当時の高山線は、SLと新しいディーゼルカーが走っていましたが、中山七里のあたりでトンネルが多かった記憶があります。

岐阜に着くと早速柳ケ瀬の丸物です。ここでは地球儀や天体望遠鏡がお目当てでしたが、高級品なので買ってほしいとは言いづらく、結局ハンディーなサイズのペンシル型の顕微鏡を買ってもらいました。これでも今なら三千円ぐらいになるでしょうか。帰ってから植物や虫を見たり、色んなものを見て喜んでいました。

丸物の最上階だったと思いますが、食堂ではお子さまランチを横目で見ながら食べたのはやきそばだったと思います。屋上の遊園地や熱帯魚売り場の記憶が残っていますね。柳ケ瀬は、当時の私にとって丸物というデパートがあり、見たことも触ったこともない地球儀や天体望遠鏡に触れることができる憧れの場所でした」飛騨の少年にも柳ケ瀬は強い印象を与えたようだ。

# ㉚ 山中マーガレットさん「あんばよー、やろめー」

## 外見は外国人、中身は岐阜のじん

オーストラリア出身で、関市内に住むようになって約四十三年という岐阜女子大学文化創造学部教授の山中マーガレットさんを紹介しよう。

彼女は、オランダ出身でオーストラリアに移住した両親の間に、クイーンズランド州キンガロイで四人兄姉の末っ子として生まれた。岐阜弁でいう在所（ざいしょ）は広い牧場だったので、自然いっぱいの環境の中で育った素朴な少女であった。しかも牧場から学校までが遠いので、小学校時代は通信教育だった。

若い頃のマーガレットさん（山中マーガレットさん提供）

やがて高校二年生の時、交換留学生として初めて日本を訪れ、石川県金沢市で一年間を過ごした。その後も日本語の上達を図るため、一九八〇年に再び日本を訪れ、中部女子短期大学（現在の中部学院大学）で、初めての外国人専任講師となった。

当時マーガレットさんは、やがてご主人になる山中吉典さんと交際していたが、彼の第一印象は、「夏の短パン姿がかっこ良かった。ええ男やったよ」とのろける。晩秋の土曜日の午後、彼女は彼の案内で関市内にある山中家を訪れた。

家には、彼の母親の房子おばーちゃんをはじめ、弟の孝さん、姉の和子さん夫妻と二人の子どもたちがいて、マーガレットさんを賑やかに出迎えてくれた。こたつの上のみかんを食べ、せんべーをかじり、お茶を飲みながら、「オーストラリアのどこから来たの?」「どんなとこ?」「日本語は?」「おすしとか天ぷらとかは食べる?」「納豆は大丈夫?」「東京や京都や富士山は?」など、外国人に対するおなじみの質問が相次ぎ、楽しい会話がはずんだ。

そんな最中、おばーちゃんが和子さんの夫に声をかけた。「おまはん、このめーは、ひまぜーかけて、すまなんだなも」。マーガレットさんには、おばーちゃんが何を言ったのかさっぱり分からなかったが、「おまはん」ということばが、アメリカ・ネブラスカ州最大の州都「Omaha（オマハ）」と聞こえた。

## おまはん……?

それから数か月後、山中家に時々遊びに行くようになったマーガレットさんは、おばーちゃんが家族に対して「おまはん、そこの新聞とってくんさらんかな?」「おまはん、夕飯のまわしはえーか?」というように、「おまはん」を連発しているのに気がついた。「なーんだ、オマハ（Omaha）じゃないんだ。「You」のことを「おまはん」て言うんだ」と自ら学習したのだった。

房子おばーちゃんが言った「おまはん、このめーは、ひまぜーかけて、すまなんだなも」は共通語訳では、「あなたに、この前は、貴重な時間を使ってもらって（何かを手伝ってもらったりして）申し訳なかったですね」となる。

さてその後山中さんと結婚したマーガレットさんは、岐阜女子大学大学院英米文学研究科を修了し、二〇〇〇年には同大学文学部英米文学科助教授に就任した後、現在は同大学文化創造学部文化創造学科観光専修の教授として活躍中。二〇〇九年には医療現場の実用英語をまとめた「看護・医療スタッフの英語」を出版している。

## 文化の違い

このようなマーガレットさんも、関市で生活を始めた頃は、母国オーストラリアと日本の文化や習慣の違いにとまどったこともあったが、徐々になじんできた。結婚して間もない頃に、夫のいとこ会があった。夫の両親がいずれも七、八人の兄弟姉妹なので、夫のいとこも多く、集まったのは家族を含めると四〇人近くになり、名前を聞いてもなかなか覚えきれず、数の多さに驚いたという。

オーストラリアにはない町内会については、彼女も持ち回りで会計や班長をやり、回覧板をお隣りに届けたりしたが、町内会は何かあった時にその良さが分ると実感したことがあった。

マーガレットさんの子どもが二歳半の時、病気に伴う手術のため、A型の血液が必要だったが、病院にはA型血液のストックがなかった。そこで彼女の窮状を知った町内の人たちが病院にかけつけ、そのうち当時の男子高校生のA型血液を輸血し、無事手術は成功した。このような体験から、情報が早く伝わり、地域のつながりが活きるなど、いざと言う時の町内会の役割にびっくりし、感激したと話している。

また町内会が年に一回開き、酒食を共にする「おひまち」にも出るようになった。彼女の夫がお祭りや行事には駆けつけるが、「おひまち」のようなお付き合いが苦手なので、「おまはん、行ってりゃー！」と送り出され、いらい毎年出席し、向こう三軒両隣り以外の町内の人たちとも知り合いになれて、結果的に良かったという。

## 気にならない亭主関白

マーガレットさんの夫は、彼女に言わせると亭主関白だそうだが、彼女の両親の出身地オランダでは、男性、特に長男が中心的な存在だそうで、そんな点が日本と似ているので、亭主関白もそんなに抵抗感はないらしい。

オーストラリアにいる彼女の兄は、家では長男なので、発言は尊重されてきた。例えば牧場に馬を新たに購入するに当たって、お兄さんがアメリカの馬を輸入して地方競馬の種馬にすべきだと主張した時は、お父さんも賛成し、長男のいう通りアメリカから馬を輸入した。

そのお兄さんの影響か、彼女は馬に関心があり、関に住み始めてから、馬頭観音に注目するようになった。在来の日本の馬は労働のための農耕馬だが、彼女は馬頭観音の歴史や現状などを調べるようになり、何と円空彫りの馬頭観音も持っているという。

このほか、幕末から明治にかけて日本を訪れた外国人、例えばアーネスト・サトーやウオルター・ウエストンなどについても研究し、岐阜学会などでも発表している。上高地にレリーフがあり、日本の登山家の間でも昔から人気のあるウエストンについては、濃尾大震災の時に岐阜県羽島郡笠松町に滞在していたことも紹介している。

こうした活動の一方、現在の彼女には、東京三人、大阪三人、地元一人の合わせて七人の孫がいるので、夏休みともなると各地から可愛い孫たちが山中家にやってくる。そんな時彼女は、房子おばーちゃん直伝で、「おまはんた、手が汚れちょるんやねーかな？ ごはんの前やで、ちゃっと手を洗ってりゃー、えか?!」と見事な関弁で注意を与えるのである。

また今年（二〇二三年）は八月二三日に地元で開かれた「地蔵祭り」に向けてお得意の腕前を発揮し、淡い色彩の布地を使ってお地蔵さんの帽子やよだれかけを１日で創りあげたという。このように、マーガレットさんは、外見は外国人だが、長い日本の生活の中で方言や習慣などをマスターし、岐阜県人風文化の持ち主になってまったのである。ご承知の通り「なってまった」は岐阜の方言だが、彼女のお得意のフレーズ「あんばよー、やろめー！」も彼女のポリシーが活きた方言である。

お孫さんとお地蔵さんの前で（山中マーガレットさん提供）

# 31 伝説の中津川フォークジャンボリー

## 日本の野外フェスの原点

今から五四年前、岐阜県で、日本で初めてのオールナイト野外コンサート「中津川フォークジャンボリー」が開かれ、全国各地から当時のフォークソングファンを中心にたくさんの若者たちが中津川に押し寄せた。それまでオールナイトの野外コンサートはほとんどなかっただけに、ジャンボリーへの関心は高く、その後のイベントなどにも少なからぬ影響を与えた。

しかも同ジャンボリーは、あのウッドストックよりも一週間早く開催されているので、規模の大小はともかく、厳密に言えば世界で最も早く開かれたオールナイト野外音楽イベントということになるが、このことは案外知られていない。

当時はベトナム反戦や全共闘、七〇年安保などの学生運動が盛んな時期だったが、その一方で、市民グループや野党から「安保隠し」と批判されながらも、延べ六四二〇万人が訪れた七〇年大阪万博も開催されたそんな時代でもあった。

正しく言うと、「全日本フォークジャンボリー」（通称中津川フォークジャンボリー）は、一九六九年（昭和四四年）を皮切りに、一九七〇年（同四五年）、一九七一年（同四六年）の三回にわたり、岐阜県恵那郡坂下町（現在の中津川市坂下）上野にある「椛の湖《はなのこ》」畔で開かれた。

そうは言っても、このイベントを知らない人にはイメージがわかないと思うので、三回のジャンボリーの日程・観客数と出演したフォークシンガーを中心とするミュージシャンの名前などをはじめに紹介する。

**開催期間と観客数**

第1回＝一九六九年八月九日～同年八月十日

観客数約三〇〇〇人

第2回＝一九七〇年八月八日～同年八月九日

観客数約八〇〇〇人
第３回＝一九七一年八月七日～同年八月九日
観客数約二万五〇〇〇人

**主な出演ミュージシャン**＝（　）内は出演した開催回
赤い鳥（２）、あがた森魚とはちみつぱい（３）、浅川マキ（２・３）、五つの赤い風船（１・２）、五輪真弓（３）、岩井宏（１・２・３）、遠藤賢司（１・２・３）、大瀧詠一（２）、岡林信康（１・２・３）、小野和子（２・３）、加川良（２・３）、かまやつひろし（３）、上條恒彦（１）、カルメン・マキ（３）、ガロ（３）、小室等と六文銭（２）、斎藤哲夫（２・３）、ザ・ディランⅡ（３）、シバ（２・３）、ジャックス（１）、シュリークス（３）、杉田二郎（２）、高石ともや（１）、高田渡（１・２・３）、チェコスロバキア・スルク大舞踏合唱団（２）、田楽座（１・２）、友部正人（３）、中川五郎（１・３）、なぎら健壱（２・３）、のこいのこ（２・３）、はしだのりひこ（２・３）、長谷川きよし（３）、はっぴいえんど（２・３）、日野皓正クインテット（３）、ブルース・クリエイションン（２）、細野晴臣（２）、本田路津子（３）、三上寛（３）、ミッキー・カーチス（３）、武蔵野タンポポ団（３）、安田南（３）、山平和彦（２・３）、山本コータロー（２・３）、吉田拓郎（３）、乱魔堂（３）ほか。

これだけ全部のミュージシャンが一度に出演した訳ではないが、いま振り返ってみてもなかなかの豪華メンバーである。当時としてはとんでもない企画だったのだがその経過については、全日本フォークジャンボリー実行委員会事務局長でのちのフォーク・シンガーだった笠木透さん（故人）が健在だった頃に断片的に伺った話をはじめ、同委員会事務局次長の安保《あぼ》洋勝さん（故人）著の「あぼ兄は荒野を拓く」、および愛知県立芸術大学音楽学部教授・東谷護さん著の『ポピュラー音楽から問う日本文化再考』と『復刻　資料「中津川労音」』などを参考にしながら、明らかにしたいと思う。

なお同ジャンボリー実行委員会のメンバーで記録係担当の田中鉦三さんから二回目ジャンボリーの写真を、また同委員会メンバーで我夢土下座（カムトゥゲザ）リーダーの田口正明さん、および笠木さんと共に長年「雑花塾」コンサート活動を続けた増田康記さんからも写真を提供していただいた。

## 企画・運営は地元の青年たち

さてこのような巨大なイベントを企画し運営したのは、当時の地元の青年たちだったのだが、もともと中津川は労音（全国勤労者音楽協議会）の活動が盛んな地域であった。その中心メンバーでもあった元教員の近藤武典さんと、教育出版の仕事をしていて誘われて労音のスタッフに加わった笠木透さん、それにバス会社の運転手で労音坂下支部長の安保洋勝さんの三人が中心となり、やがて中津川フォークジャンボリーを支えることになる。

当時の労音は、主にメジャーなミュージシャンなどのコンサートを開いていたので、まだマイナーな存在だったフォーク・シンガーたちを集め、しかも地方の中津川労音が主催して、全国を対象に全日本フォークジャンボリーを開くのは極めて珍しいことだった。

このジャンボリーの中心人物となる中津川労音の三人のうち、笠木さんを労音のスタッフに誘った近藤さんは、妻が笠木さんの姉であり、当時の日教組の組合員で、この地域で盛んだった「生活綴り方運動」を進める進歩的な知識人だったと言われる。しかし、決してお高くとまらず、すぐに誰とでも打ち解けるタイプの人だったので、自己紹介の決まり文句は「タワケでスケベやで、たけすけや」と言ったという。

中津川労音に参加した笠木さんは、ラジオから流れる関西フォークを中心とするフォークソングに強い関心を持つようになり、よく顔を合わせる近藤、笠木、安保の三人が集まると、ギター一本で生活や反戦を歌う高石ともや、および岡林信康のフォークソングを高く評価するようになった。

ひるがえって日本のフォークソングは、一九五〇年代後半からアメリカのヒットチャート番組の中で、オールデイズナンバーと共に登場し、トップにランクされたザ・キングストン・トリオの「トム・ドゥーリー」やザ・ハイウェイメンの「漕げよマイケル」のほか「コットンフィールズ」（のちにCCRのカバーもヒット）、ザ・ブラザーズ・フォーの「グリーン・フィールズ」などのモダン・フォークのコピーから始まった。

やがて60年代は、アメリカの公民権運動やベトナム反戦運動に伴って、ＰＰＭ（ピーター、ポール＆マリー）

の「花はどこへ行ったの」やボブ・ディランの「風に吹かれて」、ジョーン・バエズの「勝利を我らに」などの曲が世界中で歌われ、フォークソング全盛の時代を迎えていた。国内では六〇年代後半から高石ともや、岡林信康、小室等、高田渡、ザ・フォーク・クルセダーズなどが活躍し、七〇年安保や学園闘争の高揚と共にメッセージフォークや反戦フォークが大きなうねりとなって広がった。

このような社会的な背景の中で、笠木さんたちは中津川や坂下で労音が主催する高石ともやや岡林信康、森山良子などのフォークコンサートを相次いで開いた。このことによって地元のフォークソングタウンとしての土壌が作られ、あわせて出演するフォークシンガーたちとの交流やつながりが深まることになった。

笠木さんは、のちに二〇〇六年八月十二日に岐阜放送のラジオ特番「夏の32時間スペシャル」の中で、「真夜中のフォークジャンボリー」に出演し、フォークソングについて次のように話している。「フォークソングが出てくるまで、音楽とは専門家やプロと言った「偉い人」の文化で、自分たちは聞き手としてお金を出していました。でも誰でも心の中には知ってもらいたい、思いを伝えたい、訴えたいことがあるんです。歌＝うたは「訴える」ということが原点だと思います。「俺たちだって言っていいんじゃないか。下手な歌で、下手なギターで言いたいことを歌ってもいいんじゃないか」それをフォークソングは教えてくれた。フォークは自分たちでもやることができる音楽であり、それで世の中に対して抗議すること、プロテストもできる。若者にとっては、すごい魅力だったんです」

運営スタッフの多くは地元の若者

## 「じーさんになっても語り合える思い出を作ろう」

　一九六九年の年明けに、笠木さんは近藤さんと暖めていたアイデアを安保さんに告げた。「野外でコンサートやるってのはどうや？　夜満天の星空の下、雰囲気満天やし、苦労して椅子を並べたりしなくていい」「ほーっ、外でやるんか、面白そうやな」「あぼ兄（安保さんの愛称）、お互いじいさんになっても、共に語り合える思い出を作っておこう」。これが笠木さんの殺し文句だったと安保さんはいう。

新宿の喫茶店でくつろぐ笠木さんと田口さん
（田口正明さん提供）

　かくて話し合いの中から、野外コンサートの名称は「全日本フォークジャンボリー」に決まった。野外の会場について初めは中津川市周辺を検討していたが決まらず、最終的に夏はキャンプ場、冬はワカサギ釣りで知られる根の上高原の保古の湖しかないという結論に達した。

　一九六九年の春、笠木さんなど労音事務局のメンバーが中津川市役所を訪れ、当時の西尾市長に訴えた。笠木さんの熱意のこもった訴えは、進歩派として知られた西尾市長に通じたかに見えた。

　しかし後日伝えられた回答は「残念ながら……」というものだった。市議会議員の中には、「髪を長く伸ばして破れたズボンをはいた訳の分からん連中が歌う歌や」とか、「学生運動の残党とヒッピーが押し寄せる」などと、フォークソングに対する誤解や偏見があり、猛反対をした議員もいたという。

　こうして会場探しの話は振り出しに戻り、中津川からあまり遠くない会場探しに移った。地元の坂下町を打診された安保さんは、「これまでの労音活動が地域の人たちに親しまれ感謝されとると思う。「椛の湖」なら何とかなるかも知れん。俺にまかせてくれ」と自信ありげに話した。

早速紹介を受けて、保守色の強い岐阜県では初の革新系首長である吉村新六町長に打診することになった。町長は労音には好意的で若者たちの活動には理解を示していることが分かったので、安保さんの仲間が町長と面談した。その結果町長は、「椛の湖なら現地の地ならしは考えます。あとは皆さん方が何とかするということで……」という回答を引き出すことができた。

しかし町が造成工事をするのには予算措置を伴うので、町議会の承認が必要である。議会の中には「フォーク」と聞くだけで拒否反応を示す古参議員などもいて、議決の結果は、賛成が反対をわずか一人上回っただけという薄氷を踏むような有り様であった。

当時のことを安保さんは、「大勢の人が来て、お金を落としてもらうのは大歓迎というのが商工会などのスタンスでしたが、やはり田舎ですからテレビとかでもまだなじみが薄く、あまり良くない噂しか伝わってこないフォークは警戒されていました。知り合いのお店の親父さんも「店としては期待しているが、うちの娘には「絶対に行ったらあかん！」と言い聞かせていると話していたほど。フォークジャンボリーに対する坂下の人たちの反応は、田舎特有の新奇なものに対する単純な忌避感や反発も少なからずあったに違いないと思う」と振り返る。

このような会場の交渉と共に、笠木さんたちはミュージシャンたちとの出演交渉も全部自分たちでやった。一回目は十組の出演者が決まったが、交渉に当たっては、「お金はありませんが、ぜひ出演してください」とお願いし、笠木さんたちの熱意が通じたのか、大半のミュージシャンが快諾してくれたという。労音で培ったフォークシンガーたちとの交流やつながりも役立ったようだ。

さて会場に決まった坂下町の「椛の湖」は、町の中心部から歩いて一時間ほどの上野地区にある里山の中腹に水を湛え、湖面の周囲は二キロほどの人造湖である。もともと灌漑用で近くに民家もなく雑木林が広がっていた。

## 「第1回全日本フォークジャンボリー」の開催日が決定

「第1回全日本フォークジャンボリー」の開催が、八月九日と十日の二日間と決まり、実行委員会が正式に発足した。実行委員長に近藤武典さん、事務局長に笠木透さん、事務局次長兼会場設営責任者に安保洋勝さん、その他労音の関係者が委員に加わった。

当時労音機関誌のジャンボリー開催告知のページは笠木さんが担当した。笠木さんがのちにフォークシンガーとして自ら作った歌詞は人の心を打つ暖かく美しい詩が多いのだが、ジャンボリーの「キャッチフレーズ特集」では、「エキスポNO、アンポNO、インポOH、ジャンボリーYES」という意表を突いたものだった。

約一カ月に及ぶ坂下町の地ならし工事で、湖畔の原野に約六〇〇〇平方メートルの木の生えていない更地が現れたが、まだ切り株や大きな石がゴロゴロしていた。そこで実行委員会を中心に、地元の十八歳から四〇代前半までのボランティアの男女約五〇人が集まり、早速土木工事に取りかかった。

会場の設営には一部業者が入ったが、安保さんが業者に助け舟を出したりしながら、原野だった「椛の湖畔」に電気が通り、個々の施設整備が始まった。トイレは経費を浮かすため簡易トイレを借りずに、会場から少し離れた所に次々と穴を掘って代用することにした。山で伐採した竹で大きなすのこのようなものを作り、タダ同然で手に入る間伐材の柱四本の上に固定し、その上にシートを乗せてくくりつければテントが完成した。同じやり方でテントが並んだ。

ステージ作りも土盛りはボランティア部隊が担当し、ブルドーザーなどは借りずに土砂などを運ぶ一輪車だけの人海戦術だった。流石に重機の力を借りることは一度だけあったという。石屋をしている仲間の一人が、現地で集めた大きな石で石垣を作って土をせきとめ、上部を土間のように平らにし、板などは張らずに踏み固めるだけにした。そのあと電柱の仮設工事を行い、山から水を引き、コンサート当日用の街灯のような灯りも取り付けられた。

このボランティア土木工事に参加した当時高校一年生だったS夫さんは、その頃のことをこう話している。「坂下で変なことをやっているという噂が立ち、学校からあそこには行ってはいけないと言われていましたが、勉強してなかったから何を言われようと関係なかった。なんとなく「危ないもの」に惹かれるところがあり、結局毎週バイクで通いました。高校入学の時は丸刈りでしたが、フォークにかぶれてしまい、いつの間にかベートーベン

地元の多くのボランティアに支えられ設営準備は進められた

みたいな頭になっていました」

会場づくりを始めてから二カ月にわたり、ボランティアのメンバーたちは、それぞれ仕事のかたわら会場づくりに取り組んでいたので、作業は仕事を終えた夕方からか休日の土日に集中していた。このように、ジャンボリーの準備作業はほとんど地元の若者たちによる手作りで進められたのだった。

こうして全国的に全く無名の恵那郡坂下町（今の中津川市坂下）上野の「椛の湖」が、日本のフォークの聖地として、日本のポピュラー史上に名を刻むことになる日を迎えた。

## 第1回「全日本フォークジャンボリー」開催！

一九六九年八月九日、中津川労音内実行委員会主催で、URC＝音楽舎の全面協力で開かれた第1回全日本フォークジャンボリーの当日は、雨が降ったりやんだりのすっきりしない天気だったが、開催に支障はなかった。開会は夜なので地元の商工会婦人部などが屋台を何店も出し、コーヒーやコーラ、地元の名物五平餅などを並べた。午後三時の開始を前に、各地から集まってきた若者たちは、ゲート前で大人しく開始を待っていたが、むしろ地元の関係者たちが盛り上がっていた。入場料は八〇〇円、観客数は約三〇〇〇人であった。

やがて予定より早く午後六時になると、ドドーン！という号砲とともに花火が打ち上げられ、漆黒の闇の中ステージが照明で浮かび上がり、「第1回全日本フォークジャンボリー」が開幕した。髙石ともやさんによる開会宣言に続いて、信州伊那谷の歌舞団「田楽座」の軽快な太鼓の演奏が会場に響き渡り、揃いの法被すがたの面々がオープニングを賑やかに盛り上げた。

この後は、髙石ともや、岡林信康、上條恒彦、五つの赤い風船、岩井宏、遠藤賢司、高田渡、田楽座、中川五郎、そしてこれが最後のライブとなったジャックスがステージに上がり、文字通り夜通しのライブで、関西フォークを中心に、会場を盛り上げ沸かせた。

この間大雨が降る中、高田渡をはさんで、プロ、アマを問わず残っていたほとんどの出演者がステージに上がって、岡林信康による「友よ」を大合唱。続いて「それで自由になったのかい」を翌日十日午前九時十五分に歌い終え、一回目のジャンボリーの幕を閉じたのだった。

その頃を振り返って笠木さんは、「一回目は手作りのチラシで告知したものの、お客さんが来るかどうか不安でしたね。でも開催日の二、三日前から若者たちが続々と会場を目指してやってきて、三〇〇〇人ほどの参加者を集めることができました。初めて取り組んだ一回目は、十五時間以上の長丁場で、しかも途中から雨が降って会場はズブズブのぬかるみ状態でしたが、それでもみんな座って聴いていてくれて……。その模様が評判になり、三年連続で開催しました。やはり初回の印象が強いですね。お金儲けではなく、純粋に「日本初の試みを成功させたい」という情熱だけで動きましたからね」と語っている。

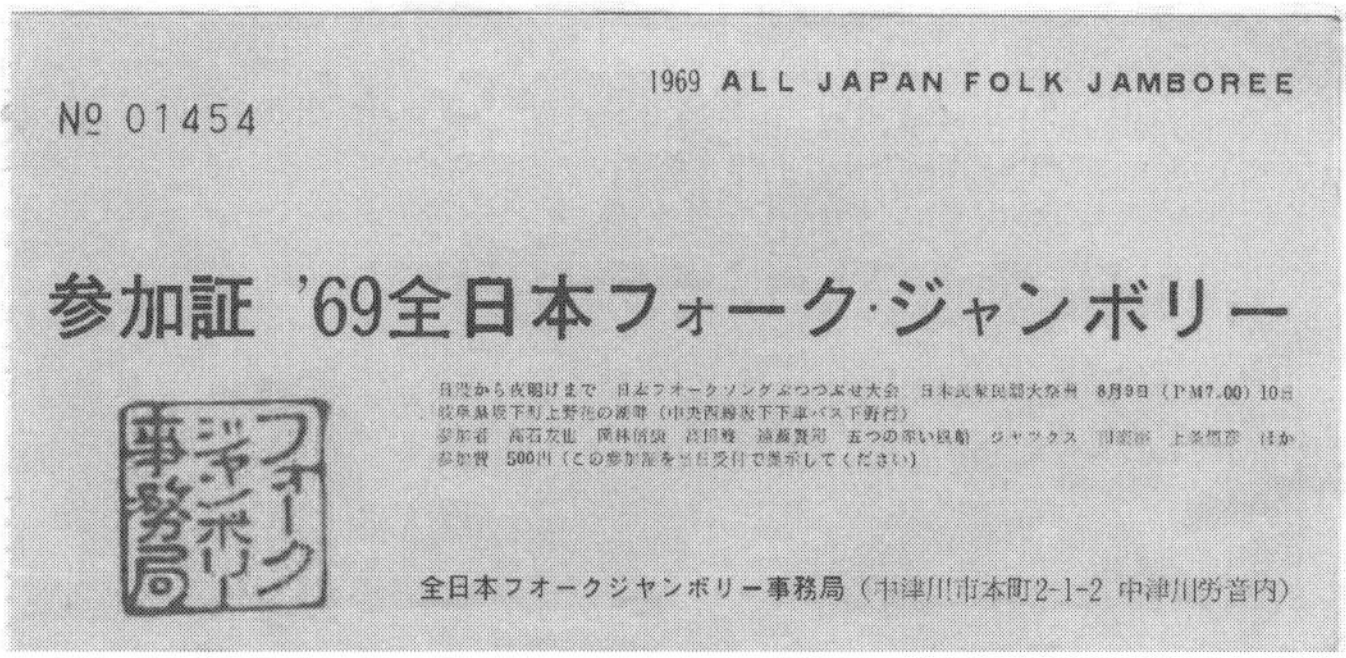


第1回の参加証

る。

## 第2回全日本フォークジャンボリーも開催！

続く第2回全日本フォークジャンボリーは、出演アーチストが三倍以上に増え、アマチュアも二五組が出演することになったため、一九七〇年八月八日の午後一時四五分から開幕した。二四時間にわたるコンサートの観客数はおよそ八〇〇〇人に膨らんだ。この年の準備作業は六月から始まった。特に出演者の中に、チェコスロバキアのスルク大舞踏合唱団総勢八十名が含まれるというので、一回目のステージとは違い、湖面を背に間口二〇メートル、奥行き十メートルのステージを新たに作り直すことになった。ステージの床に貼る大量のコンパネ（合板の床材）を某会社社長が貸してくれることになり、このステージづくりが主な作業となった。

二回目の主な出演者は、赤い鳥、浅川マキ、五つの赤い風船、遠藤賢司、岡林信康、加川良、斎藤哲夫、ソルティー・シュガー、高田渡、はしだのりひことマーガレッツ、はっぴいえんど、六文銭、かまやつひろしなどが顔を合わせ、アマチュアのなぎら健壱も加わった。関東を拠点にするミュージシャンも参加し、東西フォークの競演もあり、フォーク、ロック、ブルース、ジャズ、伝統芸能などが楽しめる二日間となった。

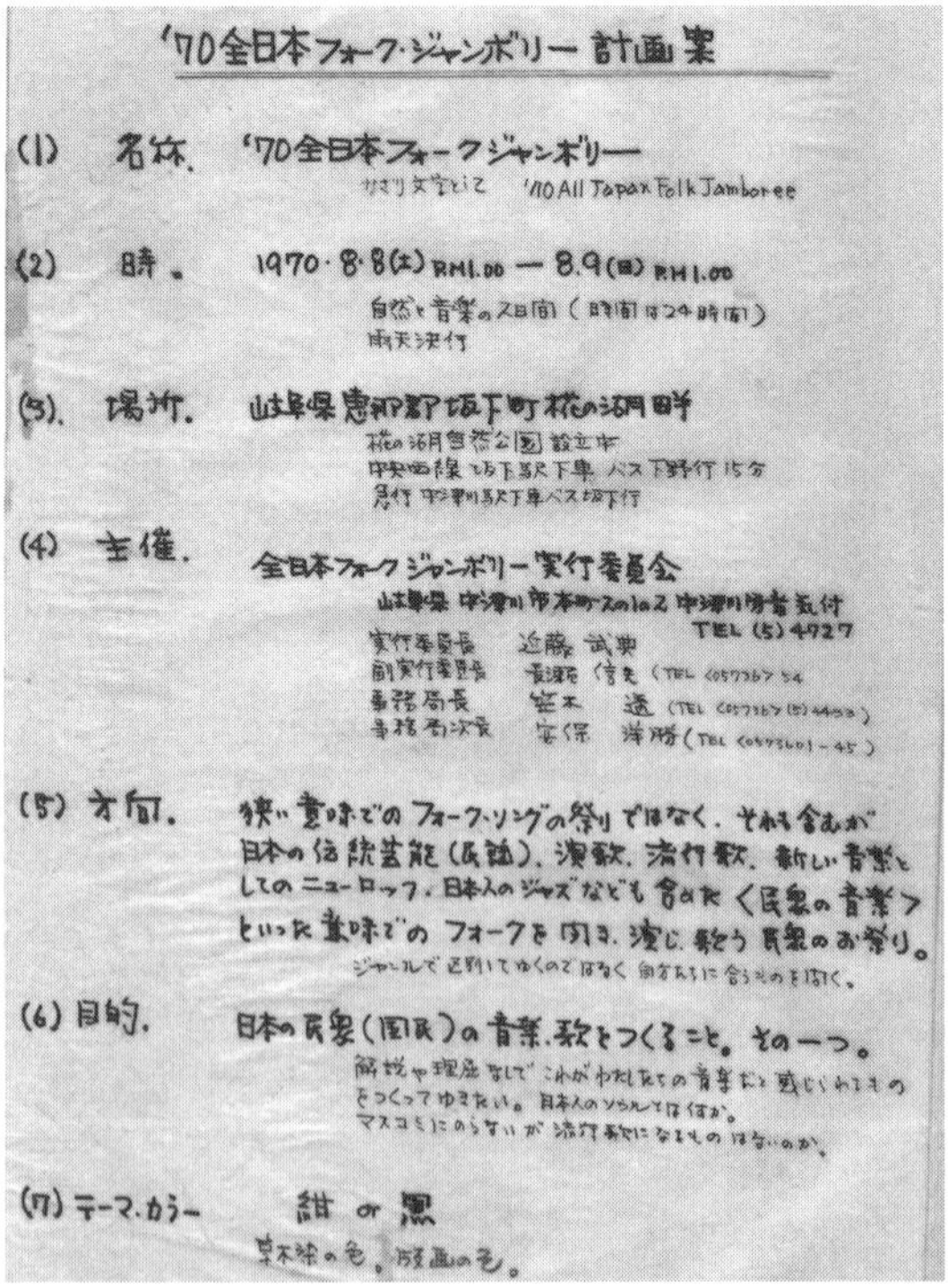

'70全日本フォーク・ジャンボリー 計画案

(1) 名称. '70全日本フォークジャンボリー
かざり文字として '70 All Japan Folk Jamboree

(2) 時. 1970・8・8(土) PM1.00 — 8.9(日) PM1.00
自然と音楽の2日間（時間は24時間）
雨天決行

(3). 場所. 岐阜県恵那郡坂下町花の湖畔
花の湖自然公園 設立中
中央西線 坂下駅下車 バス下野行 15分
急行 中津川駅下車バス坂下行

(4) 主催. 全日本フォークジャンボリー実行委員会
TEL (5) 4927
実行委員長 近藤 武典
事務局長 笠木 透
事務局次長 安保 洋勝

(5) 方向. 狭い意味でのフォーク・ソングの祭りではなく、それを含むが日本の伝統芸能(民謡)、演歌、流行歌、新しい音楽としてのニューロック、日本人のジャズなども含めた〈民衆の音楽〉といった意味でのフォークを聞き、演じ、歌う民衆のお祭り。
ジャンルで区別してゆくのではなく自分たちに合うものを聞く。

(6) 目的. 日本の民衆(国民)の音楽、歌をつくること。その一つ。
解説や理屈なしでこれがわたしたちの音楽だと感じられるものをつくってゆきたい。日本人のソウルではないか。
マスコミにのらないが流行歌になるものはないのか。

(7) テーマ・カラー 紺 or 黒
草木染の色。版画の色。

第2回全日本フォークジャンボリー計画書

この中で浅川マキが歌った「夜が明けたら」などが、

アバウトでラフな歌唱で注目を集め、遠藤賢司の「夜汽車のブルース」は、圧倒的な演奏が観客を魅了し、二度のアンコールに応えた。加川良は「教訓Ｉ」を歌い、フォーク界に衝撃の新人登場と話題の存在となった。この時の映像が16ミリの記録映画「だからここに来た」に収録され、二〇一〇年にＤＶＤで発売されている。

二回目のジャンボリーのあと、会計責任者から安保さんに「二〇〇万円の赤字やぞ！」という驚くべき連絡が入った。当時の二〇〇万円は現在の一五〇〇万円に相当する。会計担当者が勤務先の信用金庫に事情を話して融資をお願いした結果、理事長が「よし、何とかしよう」と担保も何もないまま融資を了解してくれたという。困っている時に助け舟を出してくれた太っ腹の理事長がいたのである。

来年もジャンボリーを開いて二〇〇万円を返す。実行委員会としてもそれしか道はなかった。また安保さんたちは、「自分たちで何とか仕切れるのは今回くらいの規模までだ。大きくなればなるほど、音楽事務所やレコード会社などの関与が強まって、蚊帳の外に置かれて、「俺たちのジャンボリー」ではなくなってしまうのではないか」というような予感があったという。

そのような危惧とは別に、日本にもフォークソングブームが到来し、岡林信康など主だったフォークシンガーたちが勢ぞろいする中津川フォークジャンボリーの注目度は高まるばかりであった。

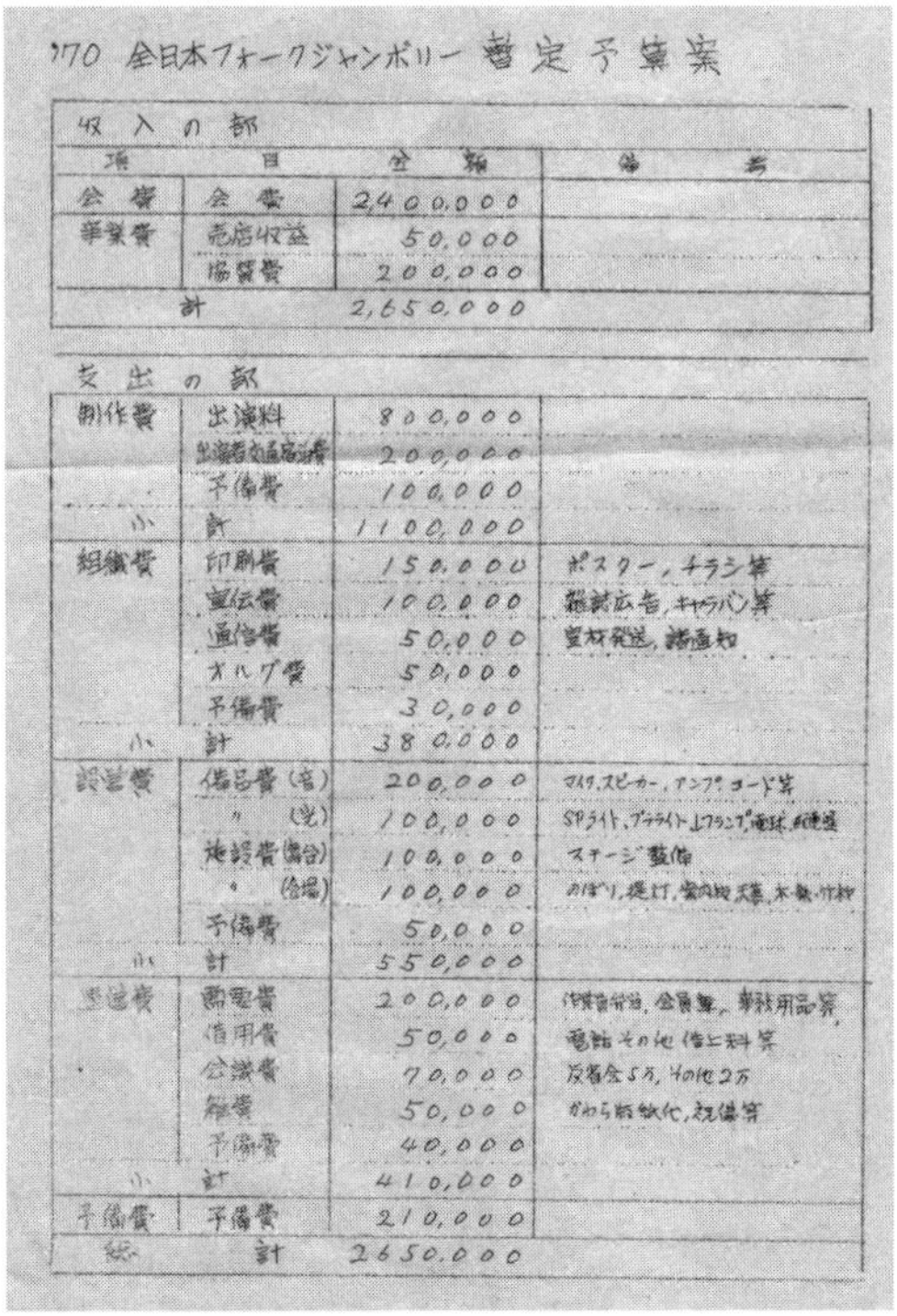

'70 全日本フォークジャンボリー 暫定予算案

収入の部

| 項目 | | 金額 | 備考 |
|---|---|---|---|
| 会費 | 会費 | 2,400,000 | |
| 事業費 | 売店収益 | 50,000 | |
| | 協賛費 | 200,000 | |
| 計 | | 2,650,000 | |

支出の部

| | | | |
|---|---|---|---|
| 制作費 | 出演料 | 800,000 | |
| | 出演者交通宿泊費 | 200,000 | |
| | 予備費 | 100,000 | |
| 小計 | | 1100,000 | |
| 組織費 | 印刷費 | 150,000 | ポスター、チラシ等 |
| | 宣伝費 | 100,000 | 雑誌広告、キャラバン等 |
| | 通信費 | 50,000 | 資材発送、諸通知 |
| | オルグ費 | 50,000 | |
| | 予備費 | 30,000 | |
| 小計 | | 380,000 | |
| 設営費 | 備品費(音) | 200,000 | マイク、スピーカー、アンプ、コード等 |
| | 〃(光) | 100,000 | SPライト、ブラライト、[illegible]、電球、配電盤 |
| | 施設費(舞台) | 100,000 | ステージ製作 |
| | 〃(会場) | 100,000 | のぼり、提灯、案内板、天幕、木材、竹材 |
| | 予備費 | 50,000 | |
| 小計 | | 550,000 | |
| 運営費 | 需用費 | 200,000 | 作業者弁当、会員証、事務用品等 |
| | 借用費 | 50,000 | 電話その他借上料等 |
| | 交際費 | 70,000 | 反省会5万、その他2万 |
| | 雑費 | 50,000 | かわら版[illegible]、[illegible]等 |
| | 予備費 | 40,000 | |
| 小計 | | 410,000 | |
| 予備費 | 予備費 | 210,000 | |
| 総計 | | 2650,000 | |

第２回暫定予算案

三回目の出演者は、前回の二倍どころか八十組以上が予定されたため、開催日は三日間に延長され、既にあるメインステージのほかに、二つのサブ・ステージを設営することになった。トイレや水道など設備の増強についても念入りに行われた。

ボランティア部隊は、地元の受け入れ態勢づくりにも協力し、「歓迎！全日本フォークジャンボリー」と大書された横断幕やのぼり旗を制作し、坂下駅前から会場までの導線に設置した。こうした作業を手伝うためこれまでのスタッフに加え、全国から高校生などの若者たち約四十人が集まってきた。このような助っ人たちに安保さんが面接し、会場にほど近い宿舎に住まわせて新たなスタッフに加えた。

三回目のジャンボリーについては、ＵＲＣレコードや「フォークリポート」などの媒体を通じて紹介されたほか、東京でも話題となり、「宝島」などの雑誌でも大きく取り上げられ、労音の例会に比べ、もっと広がりのある一大野外イベントへと成長しつつあった。これに伴い全国のプレイガイドの前売り券の売れ行きも上々で、恐らく坂下町始まって以来の観客数が予想された。

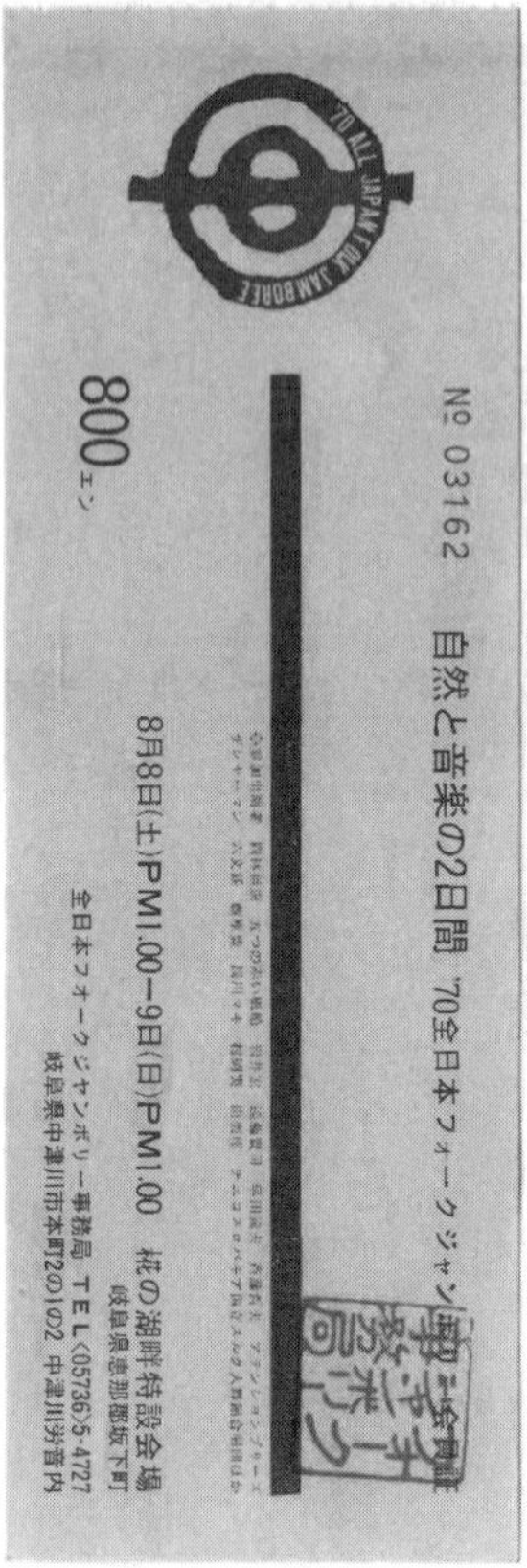


第２回の参加証

会場を提供し、ジャンボリーの後援者として名を連ねている坂下町も、入場者の便宜を図ろうと、ジャンボリーの三カ月前に当時の国鉄に対して吉村新六町長名の陳情書を提出した。それは「全日本フォークジャンボリーは、初年度は約三千人、二年目には約八千人と全国的に爆発的人気を呼び、本年は更に一万三千人の参加者を見込んでおり、坂下町はまさにフォークのメッカとしてその名声を上げております」とし「ついては第3回全日本フォークジャンボリーの開催期間に、坂下駅に急行列車を停車させていただきたい」という内容のものであった。

これに対して国鉄側も理解を示し、普通列車しか停まらない坂下駅に、ジャンボリーの期間中は、上り下りの

(上段)「友よ」を歌う岡林信康

(中段左) 高田渡、夜のステージ

(中段右) メインステージを望む会場

(下段) 入場ペンダントを背中に歌う岡林信康

すべての列車を停車させるという措置をとることになった。「椛の湖」で新しい町おこしを考えていたと見られる当時の町長は頑張ったのである。

こうして期間中は、会場へ向かう中央本線の急行が坂下駅に着くたびに、長髪にTシャツ、ベルボトムジーンズの若者たちの集団が姿を見せるようになった。駅から会場まではバスやタクシーも利用できたが、田んぼのわき道をひたすら歩いて「椛の湖」へ向かう長い男女の列が、ジャンボリーを紹介した本の写真に残っている。

陳　情　書

件名

中央線急行を次のとおり坂下駅に臨時停車していただきたい。

| 下り長野方面 | | | 上り名古屋方面 | | |
|---|---|---|---|---|---|
| 停車要望月日 | 列車番号 | 時　刻 | 停車要望月日 | 列車番号 | 時　刻 |
| 8月7日8日9日 | 6801 | 10:28 | 8月　8日9日 | 802 | 10:21 |
| 〃　7日 | 803 | 11:29 | 〃　7日8日 | 804 | 13:48 |
| 〃　7日8日 | 2801 | 12:29 | 〃 7日8日9日 | 6812 | 15:06 |
| 〃　7日 | 805 | 15:30 | 〃 | 2802 | 15:55 |
| 〃　7日8日 | 807 | 19:24 | 〃 | 6802 | 16:47 |
| | | | 〃　7日8日 | 306 | 17:42 |
| | | | 〃 | 808 | 18:55 |
| | | | 〃 | 810 | 20:28 |

要旨

全日本フォークジャンボリーは、昭和44年以来毎年本町の椛の湖で開催され本年も8月7日8日9日の3日間催すことになつております。

初年度は約3,000人、2年目には8,000人と全国的に爆発的人気をよび本年は更に13.000人の参加者を見込んでおり、まさにフォークのメッカとしてその名声をあげております。

ところがこれの参加者は北は北海道、南は鹿児島に至る全国からの集まりであり、その殆んどが汽車を利用している状況であります。従つて前記急行列車を是非共当坂下駅へ臨時停車していただきたく陳情いたします。

昭和46年5月6日

岐阜県恵那郡坂下町長　吉村新六

吉村町長の陳情書

## 二万五〇〇〇人が押し寄せた第3回全日本フォークジャンボリー

第三回目の全日本フォークジャンボリーは、一九七一年八月七日に開幕し、坂下町に押し寄せた若者たちは、約二万五〇〇〇人を超えた。会場はメイン・ステージとサブ・ステージに分かれ、コンサートが始まると、メイン・ステージには当時フォークの神様と呼ばれた岡林信康をはじめ、フォークソングの流行で人気や知名度が上がったミュージシャンが次々と登場し、全国から集まったファンを沸かせ、期待を裏切らない滑り出しとなった。

しかし出演者の中には、過去の二回以上に純粋フォーク系以外のフォークシンガーも出演し、中にはテレビの歌番組で見かけるスターたちもいた。会場の若者たちは、そうしたミュージシャンや見慣れないテレビ局のスタッフなどに商業主義のニオイをかぎつけ、メジャーな売れっ子には「帰れ！」などとヤジやブーイングを浴びせる一幕もあった。

　またあるテレビ局がライトではなく松明《たいまつ》のような自然光をつくろうとしている最中に、誤ってのぼり旗に火をつけてしまった。ウッドストックをまねたハプニングを演出した「やらせ」ではないかと若者たちは疑い、その怒りを買ったのだった。

　そして二日目のことだが、山本コータローやあがた森魚など日中のサブ・ステージが進んでいる時に、現在椛の湖バーベキューセンターのあるあたりの小高い場所にあった実行委員会の本部テントにいた田口正和さん（我夢土下座の現リーダー）が、ステージの右そでに座っていた元フォーク・クルセダーズの北山修の姿を見かけている。田口さんによると「当時学生だったと思うが、目立っていたのですぐに彼だと分かった」という。

　夜に入って、サブ・ステージに登場し注目を集めたのは吉田拓郎だった。PA（音響）のトラブルがあったため、電源の入らないまま、拓郎が「人間なんて」を歌い出し、他の出演者たちと酒の入った観客数百人が一体となって盛り上がり、結局およそ二時間近くもこの曲を歌い続けるというハプニングがあった。このハプニングが拓郎ジャンボリー伝説として語り継がれ、彼の名が一躍

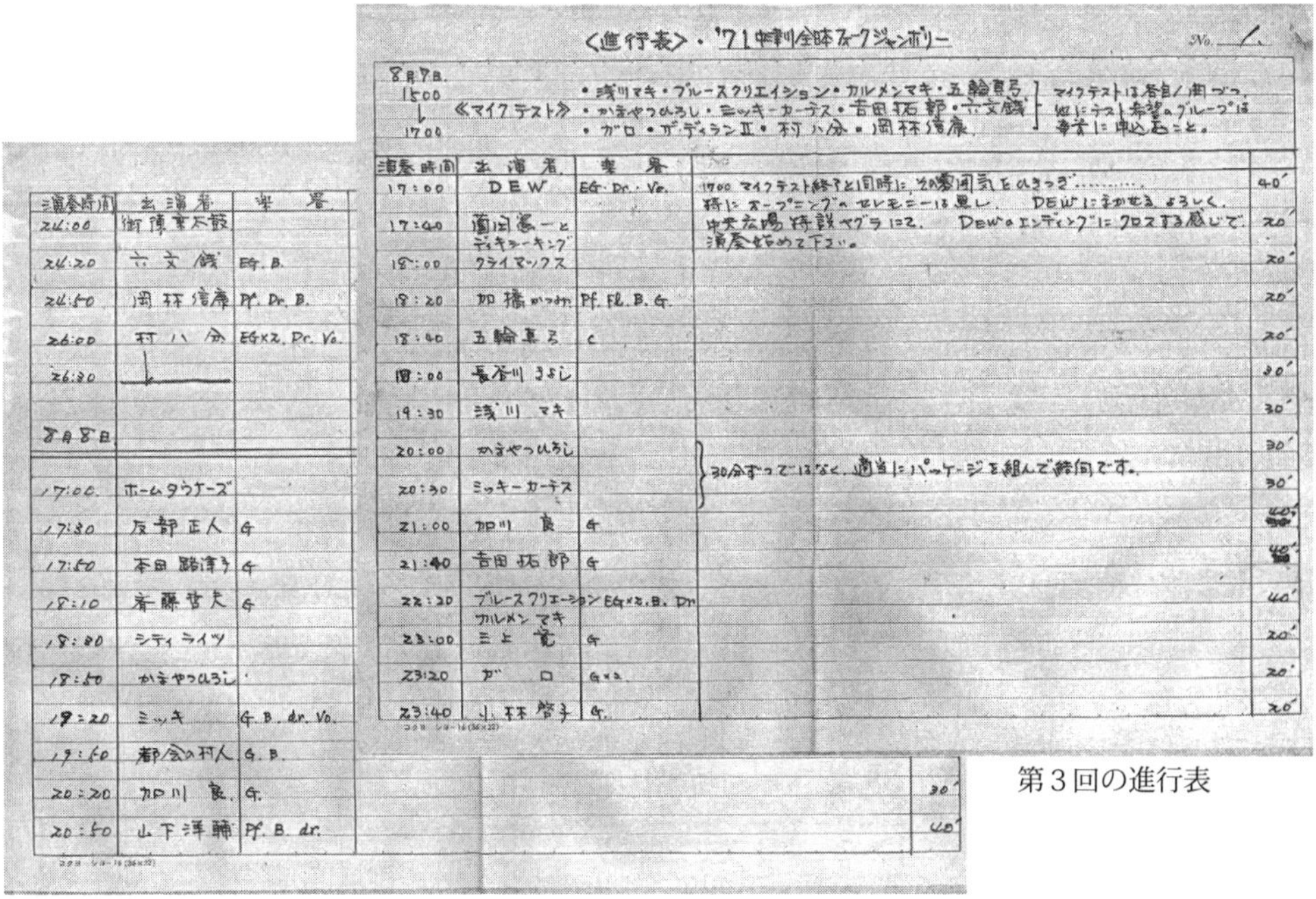

〈進行表〉・'71中津川全日本フォークジャンボリー　No. 1

8月7日 1500 → 1700 《マイクテスト》
・浅川マキ・ブルースクリエイション・カルメンマキ・五輪真弓
・かまやつひろし・ミッキーカーチス・吉田拓郎・六文銭
・ガロ・ザ・ディランII・村八分・岡林信康
マイクテストは各自1曲づつ。他にテスト希望のグループは事前に申込むこと。

| 演奏時間 | 出演者 | 楽器 | | |
|---|---|---|---|---|
| 17:00 | DEW | EG. Dr. Vo. | 1700 マイクテスト終了と同時に、その雰囲気をひきつぎ………特にオープニングのセレモニーは無し。DEWにまかせるよろしく。中央広場特設ヤグラにて。DEWのエンディングにクロスする感じで演奏始めて下さい。 | 40′ |
| 17:40 | 蘭田憲一とディキシーキング | | | 20′ |
| 18:00 | クライマックス | | | 20′ |
| 18:20 | 加橋かつみ | Pf. Fl. B. G. | | 20′ |
| 18:40 | 五輪真弓 | G | | 20′ |
| 19:00 | 長谷川きよし | | | 30′ |
| 19:30 | 浅川マキ | | | 30′ |
| 20:00 | かまやつひろし | | 30分ずつではなく、適当にパッケージを組んで結构です。 | 30′ |
| 20:30 | ミッキーカーチス | | | 30′ |
| 21:00 | 加川良 | G | | 40′ |
| 21:40 | 吉田拓郎 | G | | 40′ |
| 22:20 | ブルースクリエーション カルメンマキ | EG×2. B. Dr | | 40′ |
| 23:00 | 三上寛 | G | | 20′ |
| 23:20 | ガロ | G×2 | | 20′ |
| 23:40 | 小林啓子 | G. | | 20′ |

| 演奏時間 | 出演者 | 楽器 |
|---|---|---|
| 24:00 | 御陣乗太鼓 | |
| 24:20 | 六文銭 | EG. B. |
| 24:50 | 岡林信康 | Pf. Dr. B. |
| 26:00 | 村八分 | EG×2. Dr. Vo. |
| 26:30 | | |
| 8月8日 | | |
| 17:00 | ホームタウナーズ | |
| 17:30 | 友部正人 | G |
| 17:50 | 本田路津子 | G |
| 18:10 | 斉藤哲夫 | G |
| 18:30 | シティライツ | |
| 18:50 | かまやつひろし | |
| 19:20 | ミッキ | G. B. dr. Vo. |
| 19:50 | 都会の村人 | G. B. |
| 20:20 | 加川良 | G. |
| 20:50 | 山下洋輔 | Pf. B. dr. |

第3回の進行表

全国に広まるきっかけになったと言われている。

サブ・ステージにあおられるように会場はヒートアップし、メイン・ステージは、午後十時頃、ジャズ系二組目の安田南と鈴木勲カルテットの演奏が始まって間もなく、突然「ジャンボリーの商業主義粉砕！」を叫ぶ約一〇〇人の若者たちがステージを占拠し、会場は叫び声とヤジで騒然となり、演奏は中止となった。

若者たちは、「商業主義のジャンボリーを粉砕するぞ」と主張し、主催者側の笠木さんたちとの討論会のようになった。笠木さんも「ジャンボリーに文句があるなら自分たちで違うものを作ってみろ」と反論し、説得を繰り返した。

第３回の参加証

次々とステージに上がって発言する若者たちの中には、地方色豊かな方言の話しぶりが生き生きとしていたという委員会メンバーの声もあった。しかし話はジャンボリー粉砕か否かに終始したので、押し問答が続くステージに愛想をつかして会場を後にする参加者が続出したのだった。


この様子を見ていた安保さんは、「田舎もんの俺たちでも、自分たちでこれだけのことができた。みんな若いのによーやってくれた。でももうこれで十分やろ。完全に潮時やなぁ」とつぶやいた。

こうして全日本フォークジャンボリーは、若者たちの手で無残にもぶっ壊され、三回目で幕を閉じた。若者たち、出演者、業界関係者、マスコミ関係者は、みんな坂下を去って行った。後に残された実行委員会の仲間たちの思いは、「いい思い出だけを大事にしたい」ことだったという。

ジャンボリーは、もともと出演者と参加者が分け隔てなく、一緒に何かを創り出すものだった。ところが回を重ねるごとに入場者数が多くなり、出演者と聴衆との間に隔たりができ、コマーシャルベースになって行った。このような経過から観客はジャンボリーのあり方に疑問や不満を抱くようになり、その不満がメインステージ占拠という形で表れたのだろう。

## ポリシー・情熱と商業主義が交錯したジャンボリー

別の見方をすると、ジャンボリーは、まだ未成熟だった日本のフォークやロックの流れの中で様々なジャンルの音楽を包み込んだ極めてまれな野外イベントだった。笠木さんたちは「日本初の試みを成功させたい」というポリシーや情熱を持ってジャンボリーに臨んだ。ところが観客数が想定外に増加し、バックアップした音楽舎を中心に商売として成り立つ大きなきっかけとなった。若い観客によるステージの占拠は、ポリシー・情熱と商業主義という二つの矛盾した要素が表立って現れたと見ることができよう。

三回目のジャンボリーの当日、当時二〇歳だった郡上八幡のフォークシンガー増田康記さんは、名古屋経由の中央本線に乗って「椛の湖」に向かっていた。高校時代「ビートルズを聞くのも注意された。ジャンボリーに行っちゃ駄目。行くのは不良」と言われていた。朝、郡上八幡を出て「椛の湖」の会場に着いたのは昼前だった。

ジャンボリー会場の観客（第２回）

入場料を払ってペンダントをもらい、ステージに行くと吉田拓郎が出てきたので、おおやるなーと思った。サブステージではアマチュアがフォークソングを歌っていた。そのうちに（たぶん夜）ステージは討論会になり、コンサートのあり方なんかで拓郎もやり合っていた。売店で焼きそばを買って、夜は寝袋を持参しなかったので木の幹にもたれて寝た。

その後笠木さんとは、二一歳の頃に笠木透と我夢土下座のコンサートの時に、作曲家の岡田京子さんの紹介でお会いした。次第に笠木さんの歌に共感して、一緒に「雑花塾」で歌うようになり、以来四七年のお付き合いになった。二〇二四年は、笠木さんの没後十年になるので、記念のCDを創っているところだと話す。

　ついでながら筆者も三回目のジャンボリーに参加した一人である。出身地の大阪で一九六九年の第１回全日本フォークジャンボリーのことを、朝日ジャーナルや平凡パンチ、週刊アンポなどの有名・無名週刊誌のほか、ベトナム反戦やフォークソングへの関心から参加した大阪・梅田地下街の反戦フォーク集会（大阪のあと新宿で

ステージの杉田二郎
も）などで知り、アメリカン・モダン・フォークがお気に入りというミーハー的な感覚も相まって、中津川はぜひ行ってみたいと思っていた。

　その翌年に偶然岐阜放送に入社したものの、駆け出しの新米アナはそれどころではなく、一九七一年にようやく「椛の湖」行きが実現した。その時は名古屋で落ち合った関西の友人と中央線で坂下に向かい、確か会場まで長い距離を歩いたと思う。会場では、事前にジャンボリーのことを伝えておいた岐阜放送後輩の河村研二、桑原たかこ、若尾美佐子各アナたちと合流した。

　夜っぴいての野外コンサートは楽しく面白く、畑あとにごろ寝用に置いてある車のタイヤに頭を乗せて、土のぬくもりを背中に感じながら仮眠をとったのも思い出だ。その当時ジャンボリーが若い世代の間では、全国的に大きく騒がれていたのに、地元の岐阜では知る人も少なく不思議に思ったこともあった。

　笠木さんとは、数年後に同僚の野末啓六編成部副部長（故人）とともにお目にかかり、岐阜放送のラジオ番組「ヤングスタジオ１４３０」のレギュラー・パーソナリティーとしての出演をお願いしたところ、快くお引き受けいた

だいた。いらい数年間、笠木さんの飾らない人柄と人間味のある「ヤンスタ」は人気番組になった。

　ジャンボリーに出演したあと、髙石ともやさんは福井県の田舎村に移り住んだ。七一年にはギタリストの城田じゅんじさんらとザ・ナターシャー・セブンを結成しフィールドフォーク活動を展開。七三年には永六輔さんらと京都の夏の風物詩「宵々山コンサート」を始め二〇一一年まで続いた。ホノルル・マラソンやトライアスロンにも参加。京都市内の病院で病気療養中だったが残念なことに二〇二四年八月十七日、八二歳で他界された。ジャンボリーの開催を支え、六〇年代からの日本のフォークソング・シーンを楽しくリードした在野精神溢れる人だった。

入場証として入場者に配られたペンダント

　髙石ともやさんと交流の長かったジャンボー実行委員会記録係で、我夢土下座の初期の人気メインボーカリストだった田中鉦三さん（八一）に聞いてみた。「髙石さんは一九六七年十一月九日に初めて中津川労音のコンサートに出演されとても感動しました。翌日、翌々日には坂下や岩村で当時私が主宰していた「ぜんまい座」（我夢土下座の前身）と共演してもらいました。そのあともジャンボリーをはさんで何度もコンサートに来て頂くなど、中津川にフォークソングを伝えてもらった恩師のような方です」と語る田中さんは名曲「親父の人生」を作詞したことでも知られる。実現はしなかったものの、かつて髙石夫人を通して髙石さんが「我夢土下座の田中鉦三さんと一緒にステージで歌ってみたいと言っていたと聞いて今も嬉しく思っている」と隠れたエピソードを明かし、髙石さんを偲んだ。

　一方、岡林信康さんはジャンボリーのあと表舞台から姿を消し、中津川市近くの山村や京都府綾部市の過疎村で五年間の農耕生活を送った。その後美空ひばりさんに「月の夜汽車」などの曲を提供したり、エンヤトットミュージックを創出し話題を呼んだ。二〇二三年十月にはデビュー五五周年コンサートツアーを名古屋、大阪、東京など六カ所で開催。二四年二月には「あの素晴らしい歌をもう一度コンサート二〇二四大阪」で、きたやまおさむ、杉田二郎、坂崎幸之助などと共演した。岡林さんは七八歳の今も現役フォークシンガーとして活躍を続けている。

中心となった実行委員会のメンバーのうち委員長の近藤武典さんは、ジャンボリーの五年後に惜しくも他界した。妻の愛子さんは「私の非核宣言集」の刊行のほか、ネパールで学校の設立に向けたボランティア活動に励んだ。

1968 年 11 月中津川労音月例会
岡林信康さんと髙石ともやさん（田中鉦三さん提供）

事務局長だった笠木透さんは、地元のフォークグループ「我夢土下座」のリーダーとして、社会や風土や暮らしに視点を置くフィールドフォークを提唱。やがて郡上八幡の増田康記さんたちと雑花塾を結成し、中津川を拠点に東北から九州まで地域ごとにフィールドフォーク仲間がバンドを組み、活動を続けてきた。「私の子どもたちへ」「わが大地のうた」など感動を与える名曲のほか、「私に人生と言えるものがあるなら」や「君かげ草」など軽快なナンバーを含め約一〇〇〇曲を作った。二〇一四年十二月二二日に亡くなるまで、熱い思いをフォークソングに乗せて歌い続けた「いっこくもの」の笠木さんだった。

笠木さんは、フィールドフォーク運動を含め、自分自身が歌い続けてきたことについて、こう語っている。「今も世界のあちこちで戦争や紛争が起きている。飢餓や差別も残っている。何も俺たちはできなかったのだろうか。でもあの時、みんなで一緒に汗を流した時の思いや心は変わっていない。本当に明日が来ると思った。きっと明日が来るぞと思って歌った歌が「友よ」だった。社会を変えることは出来なかったかも知れないけど、あの時の仲間たちは自分を変えることは出来た。自分を見つけ出すことが出来た。それくらいのことは言えるかも知れない。たくさんの人が変わることが出来れば、世の中を変えることがきっと出来る筈だ」二〇一五年四月四日に、笠木透さんのお別れコンサートが中津川市文化会館で開かれた。当日は全国から駆け付けたファンなど約九〇〇人で満員となり、長い交流があったフォーク歌手の髙石ともやさんや雑花塾のメンバーたちが参加者とともに「わが大地のうた」などを歌い、笠木さんを偲んだ。インターネットで届いたメッセージの中には「これほど有名な無名の人はいない」というコメントもあった。

そして同じ年の四月十八日には、全日本フォークジャンボリーの資料を集めた記念館が、中津川市坂下総合事務所にオープンした。ここには、岡林信康さんや高田渡さんなど出演者の写真をはじめ、録音レコードやCD、音楽雑誌、それに会場ののぼり旗や横断幕などが展示されている。

事務局次長兼会場設営責任者だった安保洋勝さんは、ジャンボリーのあと、一九七七年に手づくり工房「雑市楽座」を開設し、地域の竹工、木工、染色、陶芸などの活動拠点となった。

ステージに立つ笠木透さん（左）と田口正明さん
（田口正明さん提供）

安保さんは、その後九〇年代から家族で農業を体験できる「椛の湖農業小学校」を開校した。農と食の学びの場を提供し、これまでに全国から数えきれないほどの家族が参加している。こうした農山村を活性化する事業が評価され、二〇〇五年には岐阜県農林水産オリベ賞を受賞した。このように手づくり工房などの文化やスポーツ活動を通じて、地域を元気づけるリーダーとして長く活躍してきた安保さんだったが、二〇二三年十月十日に残念ながら亡くなられた。八五歳だった。

二〇一九年九月一日には、ジャンボリー五〇周年を記念して、あの時と同じ椛の湖野外ステージで、当時の地元スタッフの手によって「'19椛の湖フォークジャンボリー」が開かれた。おなじみの髙石ともやをはじめ中川五郎、六文銭や地元の我夢土下座に土着民などが出演。五〇周年記念ジャンボリーは会場を埋めた長年のファンたちと一体となって盛り上がりを見せた。

## フォークの聖地に「全日本フォークジャンボリー」の記念碑

さらにフォークソングの聖地として全日本フォークジャンボリーの記念碑が、二〇二一年六月十二日、三回とも会場となった中津川市坂下の「椛の湖」畔に建てられ、ジャンボリーで歌い継がれた「友よ」に乗せて除幕式が行われた。

御影石製の記念碑には「全日本フォークジャンボリー開催の地」と書かれ、背面には実行委員長を務めた近藤武典さんが色紙に書いた「遠望楽観」と言う文字と、岡林信康さん、髙石ともやさん、吉田拓郎さんなどの名前が記されている。

当日は当時の地元の中心メンバーの安保洋勝さんなど約五〇人が集まり、このうち山内總太郎さん(七六)が「この記念碑がたとえ草木に埋もれ、忘れられたとしても、いつまでもこの国が自由で、若い人たちが思いを自由に歌える国であってほしい」と挨拶した。

日本のポピュラー音楽の流れを見ると、ジャンボリーがきっかけとなり、吉田拓郎を頂点とするシンガー・ソング・ライターが続々とスターダムにのし上がった。やがてその流れをくむニュー・ミュージックが歌謡曲にとって代わり、日本のポピュラー音楽の中心的位置を占めるようになる。フォークソングはその橋渡し役として、極めて重要な役割を果たした。日本のウッドストックだとか、フォークの聖地などというフレーズが今に至るまで市民権を得ているのは、ジャンボリーには、それだけの資格があり、歴史的な価値が認められているからなのである。

ところで、地元の旧坂下町の町史を小学校高学年以上の児童たちに気軽に読んでもらうために編集された『坂下小史』には、ジャンボリーについて次のような記述があるので紹介しておこう。

「『椛の湖』を全国に売り出したのは、昭和四四年～四六年までに行われた全日本フォークジャンボリーからである。その頃は、野外コンサートなどが行われていない頃であったから、大変話題となり、全国から集まって

碑の背面には「遠望楽観」の文字が刻まれている
（全日本フォークジャンボリー実行委員会提供）

くるたくさんの若者に、町の人たちはびっくり仰天した」（1991年坂下小史編集委員会。P218～P219）

当時の町の人口の約四倍もの人たちが短期間にやって来たのだから、当時の町民にとっても文字通りの驚きだったに違いない。

全日本フォークジャンボリーを振り返って、安保さんは二〇〇六年の岐阜放送のラジオ特番「真夜中のフォークジャンボリー」の最後にこう語った。「どんどん若者たちがいなくなっていく地方の田舎に危機感を持っていて、何とかしないとという気持ちがあった。坂下のような小さな町でやり遂げたことが、三〇年、四〇年たっても、今だに語り継がれていることが本当に嬉しい」

ジャンボリーの一回目は成功のうちに幕を閉じたが、二回目あたりから主だったメンバーは、「手づくりジャンボリー」でなくなることへの不安を感じていた。しかし三回を通して、オールナイト野外イベントへの成功の道を拓き、多くのフォーク・ミュージシャンを送り出す場となった。

ともあれ、笠木さんたちのポリシーや情熱、ふるさとへの強いローカル・アイデンティティーが、地元の人たちも巻き込み、中津川フォークジャンボリーを実現させたのである。約束通りじーさんになり、あちらで再会した近藤・笠木・安保のジャンボリー・トリオ。それにジャンボリーに全面的な協力を惜しまなかった中津川市・文昌堂の山本正博さん（二〇二三年他界）や今年仲間入りした師匠格の高石ともやさんも加わり、今頃は思い出のジャンボリーについて賑やかに語り合っていることだろう。

（他の写真は田中鉦三さん提供）

# 32 岐阜の放送文化の歴史を創った「ヤンスタ」

## 「オールナイトニッポン」より多かったハガキの数

岐阜県を中心に現在四十代から六十代にかけての人なら、かつて岐阜放送ラジオの夜の番組「ヤングスタジオ1430」（その後周波数の変更により「1431」に）のリスナーだった、あるいはファンだったという人も多いことだろう。

多くの元ヤングが「あの時代」を共有した通称「ヤンスタ」は、一九七一年（昭和四六年）からスタートした。当時の中高生（小学生もいた）を熱中させ、伝説的な「ヤンスタブーム」を巻き起こし、岐阜の放送文化の歴史を創ったラジオ番組だった。

放送の翌日には、決まったようにパーソナリティーのことやトークの内容、リクエストハガキが読まれたことなどを自慢げに話したり、あるいは嬉しそうに友だち同士で話し合う生徒たちの姿が、各学校で見られたものだ。これが当時のヤンスタ・リスナーのライフスタイルであり、岐阜県における中高生たちの通過儀礼的な番組と言っても過言ではなかった。

## 一九七一年十月夜十時スタート！

振り返ると、一九七一年十月の番組改編期を前に、岐阜放送ではヤング層を対象とした新しいラジオ番組を企画し、番組のタイトルをラジオの周波数1430KHzにちなんで「ヤングスタジオ1430」とした。

オンエアータイムについては、当時中部地方の若い人たちの間で絶大な人気を誇っていた、東海ラジオ放送の「ミッドナイト東海」などの深夜放送時間帯を避け、あえて少し早めの午後十時から同十一時五〇分までの極めて健康的な？時間帯を選んだのだった。

中学生でも聴けるような放送時間を設定したのは、当時の営業編成部だったが、その中心を担ったのは、同部副部長だった野末啓六君（故人）で、彼こそが「ヤンスタ」の仕掛け人であった。

彼は、パーソナリティーとリスナーのキャッチボール

初期のテレビスタジオで
（笠木、山中、三浦、坪井、久米、神田、山名）

による双方向性と、若い人たちの抱えるテーマや身近な問題意識を共有し、社会に向けて話題を提供する楽しい番組をイメージしていたが、スタートしてみると予想を超える大きな反響があった。

この番組は、やや低めのトーンで「ヤーングスタジオいちよんさんまる！」というタイトル・ボイス（筆者の昔の声）に続く、番組のテーマ曲に乗せて「みなさーん、こんばんは！　お元気ですか？　〇〇〇です！」というような軽快なおしゃべりでスタートするパーソナリティーが多かった。

番組のテーマ曲には一九六八年（昭和四三年）に「ビートでジャンプ」、一九七〇年（昭和四五年）に「輝く星座」でいずれもグラミー賞を受賞した、アメリカのR&Bのボーカルグループであるフィフス・ディメンションの「タイム・アンド・ラブ」を選曲。これと前後して、重要なパーソナリティーのキャスティングやプレス関係への話題提供も彼の任務だった。

当時はパソコンもスマホもない時代だったので、リスナーからパーソナリティーへのメッセージは主にはがきや手紙が主なツールだった。番組ではパーソナリティーが自分の体験を話したり、リスナーからのハガキを読み上げたり、自分でフォークソングを歌ったり、時にはリスナーと電話でやり取りをしたり、リクエスト曲をかけたり、詩や小説の一部を朗読したりの一時間五〇分であった。

## 二六年間で四〇人のパーソナリティーが出演

「ヤンスタ」は一九七一年十月第一週からスタートし、いらい二六年間続いた人気番組だったが、この間に担当したレギュラー・パーソナリティーは合わせて四〇人を数えた。順序として若干の前後はあるかと思うが、ここでヤンスタのパーソナリティー全員をほぼ登場順に紹介する。

①川島三栄子②後藤富美子③伊藤恵美④勝たかし⑤ジョニー三村⑥巣山久美子⑦柾木卓⑧坪井のりお⑨堀江宏⑩三浦恭子⑪いずもけい⑫渡部洋子⑬山名敏晴⑭野村好美⑮山中まゆみ⑯神田卓朗⑰笠木透⑱久米キンク⑲照井栞⑳名和秀雄㉑高橋ムツ子㉒野口小太郎㉓安藤真由美㉔河原龍夫㉕千香代㉖加藤千咲花㉗河伯㉘和田明美㉙木戸照枝㉚市村恵美子㉛九十九一㉜松野ちよみ㉝伊藤秀志㉞羽根ゆかり㉟上野真由美㊱岡村洋一㊲榊原忠美㊳宮本忠博㊴戸井康成㊵桂三之丞

このうち十名の元パーソナリティーに、担当した当時のヤンスタに関わる話を聞いたが、メールや手紙などで返送される資料については、字数などを指定しなかったため、各パーソナリティーによって文面上長短の差がある点をご了承いただきたい。

## 川島《かわしま》三栄子《みえこ》さん　愛称チョコちゃん

ヤンスタの初代パーソナリティーを務めた川島三栄子さんは、岐阜市柳ケ瀬劇場通りの出身で、水道山にあった東海ラジオ放送の前身の岐阜放送（現在の岐阜放送ではない）にアナウンサーとして入社。その後名古屋に移った東海ラジオ放送でニュースや番組を担当するようになった。

ご本人は言わないので聴き出してみると、入社数年後に民放連主催で、全国加盟各局のアナウンサーが競うアナウンス・コンテストが行なわれ、女性アナの部門で川島さんは、若くして二年連続して第一位になるというアナウンス技術の実力の持ち主だった。ご本人にに東海ラジオの頃のことやヤンスタ時代のことを振り返ってもらった。

「東海ラジオでは初めの頃、小中学生たちが出演する音楽番組を担当しましたが、当時常連のボーイソプラノで、歌がお上手な小学生がいたんです。その少年こそ今の岐阜県知事の古田肇さんでした。その後東海テレビが創設されたのを機に、フリーのアナウンサーとなり、岐阜放送の新番組「ヤング・スタジオ１４３０」の初代パーソナリティーを務めました。愛称は「チョコちゃん」です。

当時の岐阜放送社屋でチョコちゃん（本人提供）

番組では、何かの形で地方色を出したかったので、童話を岐阜弁で読むという「チョコット・メルヘン」というコーナーを始めました。当時はアナウンサーが方言を使うことは放送ではあり得なかったんですが、お茶目な気持ちでこのコーナーだけは岐阜弁で昔話を語りました。すると、このコーナーが大好評で、私こそ純粋の岐阜弁の使い手と思って話していますと、お葉書が来るんです。「あんたがしゃべっとるのは、岐阜弁や、ねぇ」って。私は私で「そーやないもん！」って思っているんです。岐阜っ子の自分自身が一番楽しんでいたのかも知れませんね」

川島さんは、番組に届くハガキや手紙で、身の上相談もよく受けたという。

「ある青年から「自分は家族の存在が重荷でうとましい」という手紙が届きました。チョコちゃんは「家族というのは、毛布のようなもの。暑い日にはうっとうしいけれども、寒い日には暖めてくれる良いものよ。大切にしなさいね」と話しました。それから三〇年たって、元青年と偶然お会いする機会があり、「あの手紙は僕が書きました。家族というのは、毛布のようなものと心の中で繰り返しながら乗り越えました」と言われてびっくり。私も当時の発言をよく覚えていましたので」

また川島さんは、やはり元のリスナーで、別の青年と

川島三栄子さんと元リスナーのロボット君
（川島三栄子さん提供）

海外でこれも偶然出会った時のエピソードをこう話した。

「ヤンスタを卒業して二〇年経った頃、アメリカ・ロスアンジェルスで開かれた「日米協会」のディベート勉強会で、一人の青年が近づいてきて「チョコちゃんですね」と声をかけられてビックリ。出席者の名簿に「Mieko Kawashima」の名前を発見し、懐かしさのあまり、遥か遠くの市から駆けつけて下さったそうです。「僕はロボット君という名前でリクエストカードを出してました」といい、お仕事のためアメリカに滞在しているとのことでした。立派な青年に成長されていて嬉しかったです。涙が出ました」

ヤンスタに送られてきたはがきや手紙について川島さんにお聞きすると、

「初めは、週に二回担当していたので、リクエストカード用の引き出しを用意していただいたんですが、入りきれなくて結局段ボール箱二箱分になって、すさまじい量のカードに驚きました。放送ではとても全部は紹介しきれませんので、段ボールを持ち帰って目を通すようにしていました。でもお便りの量がとても読みきれない状態が続き、届くカードの中に時々知っているご近所のお子さんがいたり、日頃何気なくご挨拶をしている方からもお便りが届いたりして、その人たちに自分のことを明らかにできないこともあり、他のリスナーの皆さんとのバランスも考えて、結局これ以上番組は続けられないと思って三年で終止符を打ちました。

そして、チョコちゃんとしての最終回の夜、「サウンド・オブ・サイレンス」の曲をかけて「サヨナラ」を言い、今小町の岐阜放送の玄関を出たら、深夜十二時すぎなのに、一〇〇人ほどの中高校生の皆さんが集まって下さってました。愛車スカイラインの窓から手を振りながら、嬉しくて、寂しくて涙があふれました」、という川島さんにとって「ヤンスタ」と言う番組はどんなものだったのかを聞いてみた。

「私にとっての「ヤング・スタジオ１４３０」は、今までのどの番組よりもソウルフルでした。岐阜っ子として全霊を傾けた感がありました。であるからこそ、逆に追いつめられてしまって自分で終止符を打ちました。あの頃の皆さんありがとう。ラジオを通じて、こんなに心を通わせることができたなんて、チョコちゃんはほんとにしあわせな職業人でした」

その後、川島さんは一九九六年（平成八年）「日本語によるディベート全国大会」に出場し優勝。表彰状と共に副賞としてディベート研究で世界的に有名なアメリカ・ハーバード大学で開かれた「アメリカ・ディベート研究ツアー」に招待された。現在は、岐阜市芸術文化協会会長および岐阜県芸術文化会議副会長をそれぞれ一年前に退いて、相談役顧問として活動中。またこの二〇年間、岐阜市の文化行政に協力して「岐阜市文化再発見～民話ライブ～」の実行委員長として年十回ほどのライブを実施。岐阜に伝わる昔話の朗読会を続け、そこから派生した朗読の会をいくつか主宰して元気に活躍を続けている。

## つボイノリオさん

ヤンスタ初代パーソナリティーの川島さんに続いて、第二世代パーソナリティーの代表として、歴史好きで社会性もありながら、賑やかで楽しくて卑猥で面白いつボイノリオさんの登場だ。現在は「つボイノリオ」と表記しているがヤンスタ当時は「坪井のりお」だった。彼は愛知県一宮市の出身。父は郡上八幡出身で元名鉄職員、母は保育士、叔父に旧郡上郡八幡町の中澤耕作元町長がいる。有限会社「坪井商店」店主でもあるつボイさんが、今の仕事に入ったのは全くの偶然だった。以下は本人の話である。

「家族の意見もあり、大学卒業間際まで堅気のサラリーマンになるつもりでした。もっとも中学の時から、アメリカン・ポップスに親しんでいたほか、親戚の叔父さんにもらったウクレレに夢中になり、やがて高校でギターを覚えバンド活動をするようになりました。大学でもスリー・ステップ・トゥ・ヘブンを結成し、「本願寺ブルース」という話題曲を出し、これは間もなく民放連の放送禁止歌に指定されるという名誉を得ました。これが私の

旧レコード室で準備中のつボイノリオさん
（本人提供）

放送禁止歌歴第一号です。

大学卒業後は「欲求不満バンド」を結成しましたが、まずまずの人気バンドでした。

その当時の放送業界は、ミュージシャンがDJを担当する傾向があり、私がバンド活動をしていたせいか、名古屋の民放局のディレクターの目にとまり、いきなりDJになってしまったのです。就職を断念し、親の反対を押し切ってまでなったDJでしたが、なんとわずか五か月で首になり、失業保険も何もない超一級の失業者になってしまいました。

タレント事務所にもどこにも所属していないタレントにとって、この状況は致命的であり、もはやこれまでと思われた時に岐阜放送に救われ、私は不死鳥のようにまた放送界に舞い戻ってきました。具体的に言えば、この業界の先輩で岐阜出身のタレント三浦恭子さんから岐阜放送に出てみないかとお誘いがあり、それが「丸物WIWIカーニバル」でした。この番組名も丸物も今は分からない人が多くなりましたが、柳ケ瀬にあったデパートでの公開放送で、この出演話は本当に嬉しかったです」。

このような経過があり、やがてつボイさんが「ヤンスタ」を担当することになるのだがその頃のことを更に聞いてみよう。

「その後、岐阜放送から「ヤング・スタジオ1430」のレギュラーのお話しをいただき、絶望の毎日だった当時の私にとって、これは本当に夢のようなお話でした。「ヤンスタ」は夜十時に始まる番組でしたが、担当日の毎週火曜日には、はがきなどのお便りを整理するために午後三時頃には岐阜放送に行ってました。

番組の準備は、いつも四階のレコード室でやっていましたが、各ＤＪが連絡事項やコメントを記入する大学ノートがあって、ここに局に向けて文句を書いたことがあったと思います。ある時なんかは「レコード室のエアコンが故障しています。ここは北極か?!」と書いてマンガで白熊の絵を描いていたはずです。

やがて毎週届くリスナーからのハガキや手紙などのお便りが、私の整理能力を超えた量になって来たので、最後の頃には、のちに「十一人の少年」で第28回岸田国士戯曲賞を受賞した名古屋の演劇人の北村想さんにお便りの整理をお願いしたところ、ヤンスタの出演料からねん出したわずかの謝礼と金華飯店の中華飯だけで快く引き受けてくれました。今も感謝しています。

このほか当時は中津川フォークジャンボリーの時代でもあったので、折角いただいたヤンスタの電波を使って少しでも地元のバンドなどを紹介しようとゲストに招いて、彼らの音楽を聴きながらライブなどの告知を行なったものです。ところがこのことについて「坪井はヤンスタの2時間をしゃべりで持たせられないので、音楽で穴埋めしている」と心無い批判をするジンもいました」

上方出身の筆者が大阪にいた一九六九年（昭和四四年）の秋には、中津川フォークジャンボリーは、大阪でも大変な話題になっていた。ところが一九七〇年（昭和四五年）に岐阜放送に入ってみると、ジャンボリーを知る岐阜のジンが少なく、地元なのにと意外に思った記憶がある。当時は世界的な反戦フォークの怒涛のような流れがあり、つボイさんが地元のバンドを紹介するという企画は時代にマッチしたものだと思うが、そのような流れを理解していないジンがいたことも背景にあったのかも知れない。

今の若い人たちは知らない名前だろうが、当時のつボイさんは、目標として小沢昭一を、できれば徳川無声を目指していたというだけあって、その多彩な話術で中高生のリスナーを惹きつけ、彼あてのハガキや手紙は想像を超える多さだった。このため午後三時ごろから番組の始まる午後十時前まで、レコード室でできるだけ余計な話はせず、ハガキ、手紙、ハガキに没頭するつボイさんの姿がよく見られたものである。番組で読めなかったハガキ類は段ボール箱のまま自宅に持ち帰り読んでいたという。のちに彼が担当した全国ネットの「オールナイトニッポン」に寄せられたハガキの数は、岐阜放送一局の

「ヤンスタ」よりも、はるかにはるかに少なかった（本人の後日談より）ということからも、彼のヤンスタ人気の程が伺える。当時のはがきについてつボイさんはこう話す。

「あの頃のハガキは、決まって「おい、坪井！」とか「コラ、坪井！」というようなものが多くて、まともに呼ばれたことはありませんでしたが、それを読み上げると翌週はさらに輪をかけたような過激なハガキが届いたものでした。リスナーのハガキは、今でも段ボール箱の数々に保管しています」

そこでつボイさんの協力を得て、約五〇数年前のリスナーのハガキを数枚送っていただいたので、その一部を誌上公開しよう。（下のハガキ参照↓）

続いてつボイさんに「ヤンスタ」の番組内容について聞いてみた。

「私がヤンスタを始めた頃は、ちょうどあの岡田奈々さんがデビューした頃で、地元鏡島の矢井弘子さんがアイドルにということで、番組でも大変盛り上がっていた頃でした。当時のヤンスタへのハガキを見ていますと、「君が教える芸能情報」とか「ドクター坪井の相談室」

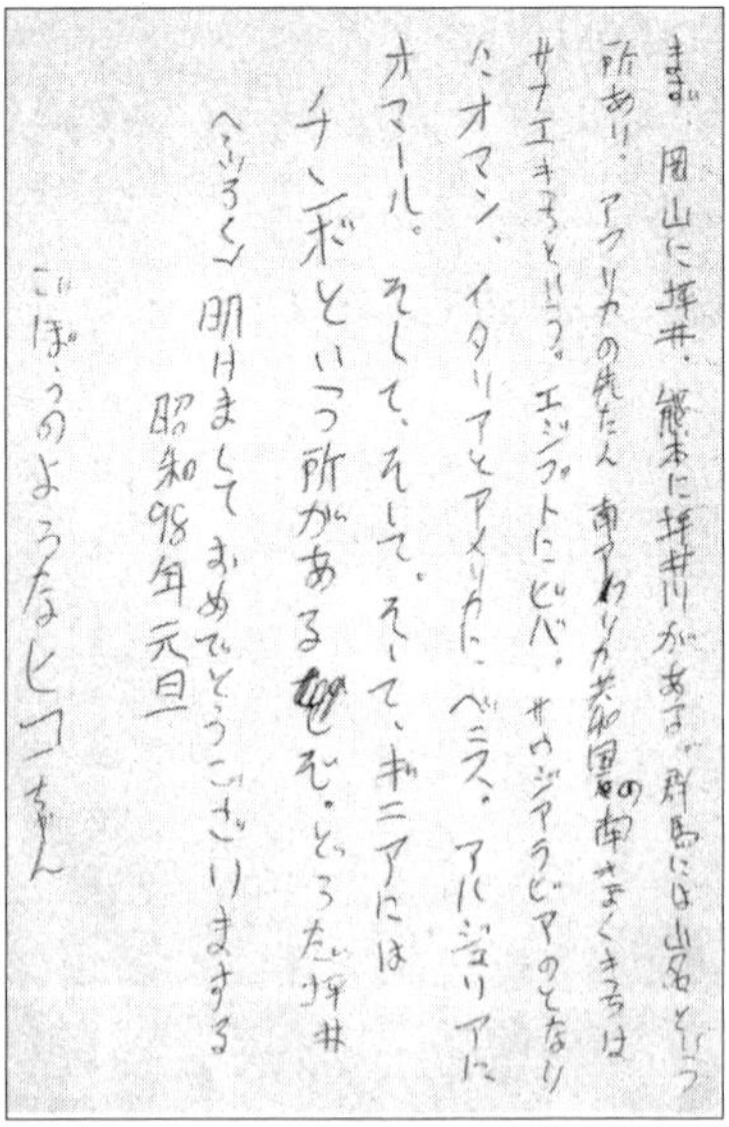
まず、岡山に坪井、熊本に坪井川があるぞ。群馬には山名という
所あり。アフリカの先たん 南アフリカ共和国の南さきくちは
サナエキちゃとゆうぞ。エジプトにビバ、サウジアラビアのとなり
にオマン、イタリアとアメリカにベニス、アルジェリアに
オマール。そして、そして、そして、ギニアには
チンボという所があるぞ。どうだ坪井
〈ふろく〉明けましておめでとうございまする
昭和58年元旦
ごぼうのようなヒコちゃん

東中のプリンスと言われないごぼうのようなヒコちゃんのハガキ

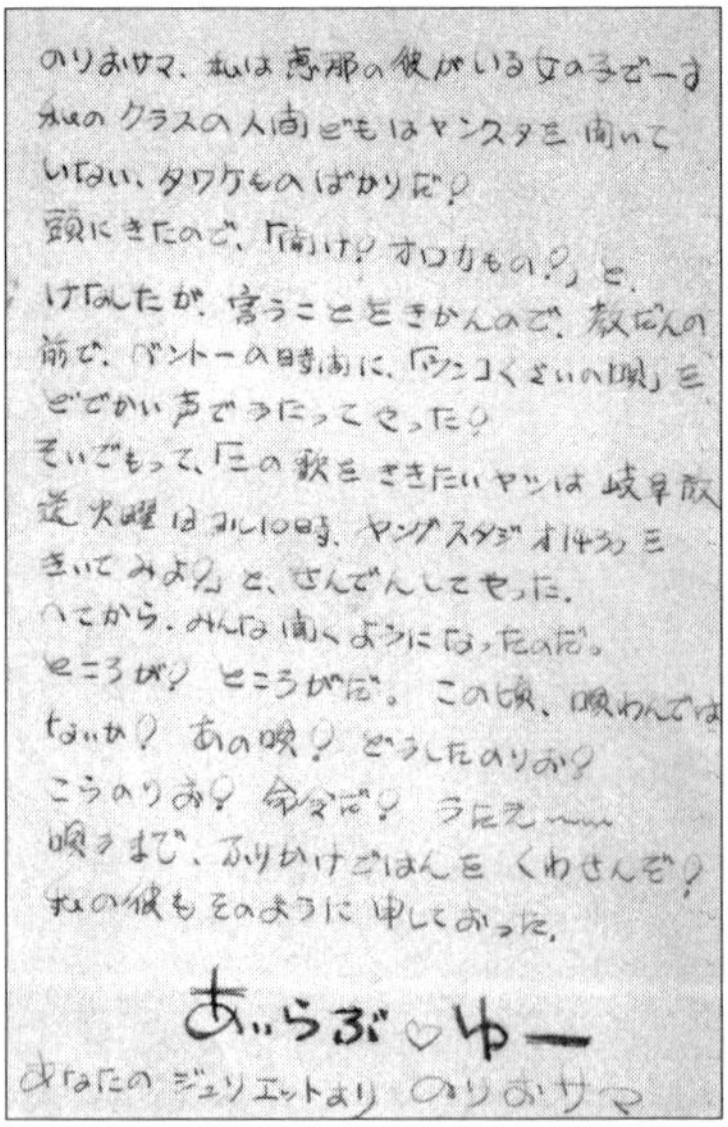
のりおサマ、私は高那の彼がいる女の子でーす
私のクラスの人間どもはヤンスタを聞いて
いない、タワケものばかりだ！
頭にきたので、「聞け！ オロカもの！」と、
けなしたが、言うことをきかんので、教だんの
前で、ベントーの時間に、「ウンコくさいの唄」を
どでかい声でうたってやった！
そいでもって、「この歌をききたいヤツは岐阜放
送火曜はよる10時、ヤングスタジオ1430を
きいてみよ！」と、せんでんしてやった。
そこから、みんな聞くようになったのだ。
ところが！ ところがだ。この頃、唄わんではないか！ あの唄！ どうしたのりお！
こらのりお！ 命令だ！ うたえ〜〜
唄うまで、ふりかけごはんをくわさんぞ！
私の彼もそのように申しておった。
あいらぶ♡ゆー
あなたのジュリエットより のりおサマ

あなたのジュリエットちゃんからのハガキ

などのコーナーもやっていたようです。また雲黒斎が登場する「ああ、さなえちゃん」というラジオ紙芝居をはじめ、小噺コーナーとして「近藤さんシリーズ」や「おまんシリーズ」、そして極めつけがあの「金太シリーズ」でした。私の唯一のヒット曲「金太の大冒険」は、このようにヤンスタから生まれた訳で、当時局アナだった神田卓朗さんも歌詞の中に登場しています。神田さんとはレコード室で時にフリスビー遊びをしたものです。

いずれにしても放送業界でのスタートが深夜放送だったので、遅い時間帯の番組をやっている時が、自分でも一番生き生きとしていたと思います。「オールナイトニッポン」の時よりもハガキの数が多かった岐阜放送の「ヤンスタ」が、いかにすごい番組だったかを改めて感じています。このヤンスタのおかげで、リスナーの皆さんと創り上げた世界は、私のDJ人生の原点となり大切な財産となり、ヤンスタ卒業後に担当した「オールナイトニッポン」や「ハイヤング京都」の大きな力となりました。

のちに東京で岐阜市出身の日比野克彦さん（東京藝術大学学長・岐阜県美術館館長）や、高山市出身でタレントの清水ミチコさんに会った時、「ヤンスタ聴いてましたよ」とか「はがきも出してたよ」と言われ、「この人たちも？」と感激したものです。ともかく「ヤンスタ」がなかったら、放送の仕事を五〇年以上も続けられなかったことでしょう」

このように語るつボイさんの「オールナイトニッポン」や「ハイヤング京都」後の活動をみると、KBS京都の朝のニュース番組「つボイノリオのおはようアドベンチャー」を五年間担当し、報道番組を巧みにこなした。その後一九九四年からCBCの朝の情報生ワイド番組「つボイノリオの聞けば聞くほど」がスタートし、三〇年間続く人気番組になっている。

「聞けば聞くほど」に時々ゲスト出演していた永六輔さんが健在だった頃、毎年夏に郡上市八幡町の安養寺で「郡上八幡大寄席」を開いていたので、その時にお話を伺ったことがあるが、永さん曰く「つボイさんは、現代のにわか師です」としきりにほめちぎっていた。永さんは、福岡県の博多にわかの「旦那衆のにわか」についても造詣が深く、なるほど世相を風刺しながら物事の本質を突き、笑いを取るところは「にわか」と共通しているのかも知れない。

つボイさんは、元々好きだったポップス系の音楽をはじめ、各種演芸、演劇、映画、芸術、読書鑑賞のほか、柔道初段、合気柔術自称初段の腕を持ち、幕末史、東洋医学、バイク、コンピューターなどを得意とするなど守備範囲は広い。特に東洋医学では鍼灸師の免許を取り、バイクは大型免許を三八歳で取得している。また任天堂ファミコンのソフト開発の孫請けもお手伝いしたことがあるという。ではつボイさんの締めくくりに、「ヤンスタ」のリスナーが目撃し、つボイさんが紹介して話題を呼んだ「交番のヌードポスター事件」をお届けする。

いつものようにつボイさんがスタジオで紹介していたハガキの中にこんなのがあった。「おい、坪井！ この前学校の帰りに、近くの交番を通りかかったら、交番の中の壁になんとヌードポスターが貼ってあった。そんなことをやってもいいのか⁉ おい、坪井！ 何とか答えろ‼」ということでございますが、いや僕は別に良いんじゃないかと思いますよ。どこがいけないんでしょうか？ 警察官も、やっぱとても人間的で僕は共感しました。すごく親しみを持ちました。そんな警察官ならむしろ友だちになりたいですね」と答え、リクエスト曲に移った。

すると間もなく夜間勤務のアナウンサーがスタジオにやってきて「坪井さん、警察から電話がかかってきて、その交番にはヌードポスターなんか貼ってないと伝えてくれ」と言ってきましたよ」という。つボイさんは番組の中でそういう伝言があったことを伝えて、その日はそれで終わった。次の週、またそのボーからハガキが届き、「やい坪井！ この前の交番のヌードポスター事件で、警察がそんなものは貼ってないと言ったそうだが、あれは嘘だ！ 僕はちゃんと見たんだ！」というような事件があり、しばらくははがきなどで反響が続いた。つボイさんによると、ほかにも「国鉄岐阜駅鉄道公安官やる気なし事件」など、五年間に面白くもヘンテコな事件がたくさんあったという。

### 三浦恭子《みうらきょうこ》さん　愛称ビバ

坪井さんに続いてのパーソナリティーは、三浦恭子さんである。愛称はＶＩＶＡ（ビバ）、今の愛称は美婆（ビバ）。岐阜市出身で現在は名古屋市名東区に住んでいる。名古屋にあった元電通系のタレント養成所ＴＴＣで、一年間タレントとしての基礎やトークを学び、やがて名古屋の東海ラジオで深夜放送のＤＪとなる。

ビバの最初の担当ディレクターが男性の川島一晄さん（故人）という、当時のアナウンス部長で、時々ディレクターも兼ねていた。ある時川島さんから「この人の話し方を参考にして」とカセットテープを渡されたことがあった。聴いてみると、なんと川島三栄子さんの「ヤンスタ」の同録テープだった。「奥様の番組だったんですね」と尋ねると「妻だから聴けと言ったんじゃないよ」との答え。そう言えば川島さんは日頃から番組のトークについて「品があって優しく、お茶目で活発な女性のイメージで」と話していたとビバは語る。

ビバこと三浦恭子さん（本人提供）

筆者はこの頃偶然ビバの放送を聴き、ソフトな声と歯切れの良い明るい口調だったのが印象に残っている。その後岐阜放送でヤンスタのパーソナリティーになるのだが、そのあたりのことを本人はこう話している。

「ヤンスタの思い出といえば、何と言ってもヤンスタメンバーになった時の裏話です。一九七二年（昭和四七年）九月、私と坪井のりおとＭ・Ｒそしてもう一人の四人のＤＪが、名古屋の局をなぜか一緒に首になりました。そんな時に、名古屋の養成所で同期だったＭアナウンサーが、岐阜放送の番組のオーディションを受けてみてはどうかと、声をかけてくれました。私は坪井のりおと二人で担当のＨ部長に会いました。

その部長は、「二人とも採りたいけれどもヤンスタ枠は一人しか空いていないからなぁ。今は優しさの時代だから、これは意識の問題だね」などと、人を煙に巻くようなことを言うんです。私たちは仕事をもらいに行ったのに、何故か強気で「どうするんですか?!」と詰め寄ったというような記憶があります。

部長との話はなかなかケリがつかないので、私が「じゃあ、じゃんけんで決めるのはどうですか?」と提案し、二人でじゃんけんをしました。結果、私が負け、坪井のりおが棚ぼたゲット。私に来た番組だったのにな。しかし、この部長は気の毒に思ったのか、他日、私に別の番組の機会を与えて下さり、しばらくその番組をやって、その後私もヤンスタのメンバーになったといういきさつがありました。こういう美談(?)があるので、坪井のりおは今だに私を命の恩人と呼んでいるのです。そう思うなら恩返してよ」

このように要求しているが、坪井さんは、その後、何かあると「今は優しさの時代だから。これは意識の問題だね」などとH部長のモノマネをやって笑わせたという。その後、ビバはヤンスタの番組の中で早速特色のあるコーナーを始めた。本人が当時を思い出しながら次のように語っている。

「旅のコーナー」が印象に残ってますね。蒸気機関車の汽笛とシュッシュッポッポッの音で始まる一人旅のコーナーでした。始めの頃は、私自身の夜汽車の旅の体験を話して、リスナーから届いたそれぞれの旅の思い出をつづった、ハガキや手紙などを私が読み上げ、自分でいうのも何ですが好評だったと思います。しばらくしてから、四日市でヤンスタを聴いているという青年が、バイクに乗って岐阜放送に会いに来てくれて、「あの「旅のコーナー」に感動しました。僕は世界一周の旅に出たい。一生放浪するんだ」なんて言うもんだから「ちょっとちょっと」って、なんか人生のアドバイスみたいな話になってしまって握手をして帰って行ったことがありました。

またヤンスタでは、スタジオから飛び出して、リスナーやファンの皆さんと一緒に楽しむ「ヤンスタまつり」が時々行なわれました。岐阜市の長良川交通公園で開かれた時は、会場を中高生たちが埋め尽くしたような大盛況ぶりでしたが、私の両親がこっそり娘の様子を見に来ていたので、やりにくかった思い出があります」

さてビバは子どもの頃から海外に憧れていたそうだが、ヤンスタを卒業してしばらくたった頃に、坪井のりおさんのある言葉がきっかけで、海外で起こっている問題を解決するための仕事をしたいと思うようになり、海外で様々な活動と取り組むことになる。その経過を話してもらった。

「番組で坪井くんが沖縄へ行った感想を話してたの。真っ青な空と海がサーッと広がって、点々と並ぶのは白く奇麗な米軍の住宅。で、反対側には地元の人たちの小さな民家がびっしりと。この差はなんだろう?」。それを聞いて、アメリカと日本にもそれだけの差はあるのはなぜ?って思いが残って。前から途上国に関心があったから、興味のもっていることを追求しようって、それがきっかけでした。

海外でおこっている問題は、それが地域開発によるものだと分かりましたが、当時の日本には地域開発学部とか学科を備えた大学はなかったのです。このため、私が三八歳の時、夫を日本に残して、小一の娘と二歳半の息子と共に、アメリカに子連れ留学をしました。修士論文のテーマは、日本が援助したタイ東北部の植林計画でした。その後あるNGOに応募し南アフリカに派遣されましたが、この時も子連れで子どもたちは中三と小四になっていました。

四年後帰国し南アフリカ女性の創った刺繍タペストリーやクラフトの展覧会を各地で開いたところ、それを見た出版社の編集者が、ぜひこの刺繍で絵本をと勧められ、絵本「マザネンダバ」を出版しました。発行部数は十七万部だったそうです。そして南米パラグアイで貧困地区の栄養改善プロジェクトを二年、ウルグアイで日系移民史編さんのため半年間インタビューを担当しました」

このように海外での活動を続けてきたが、現在はアフリカ時代の子どもの寄宿舎体験をテーマに物語を執筆する一方、要約筆記（難聴者のための同時筆記通訳）の講座を受講中。英語とスペイン語を話せるほか目下フランス語にも挑戦中と、実に積極的な人生である。

## 山名《やまな》敏晴《としはる》さん

三浦恭子さんからバトンを受け継ぐパーソナリティーは、長年シンガー・ソングライターとして活躍する山名敏晴さんだ。山名さんは東京生まれで、四歳の時に名古屋に移ってきた。中学生の頃、当時人気があった加山雄三や荒木一郎の曲を聴いて、「あんな感じの曲を僕も作ってみよう」と楽曲を創り始めた。当時の曲づくりについて山名さんは次のように振り返る。

「高校時代にはバンドも作り、大学に入ると「トーテムポール」という三人のフォークグループを結成し、リーダーとして活動していました。一九六九年、七〇年、七一年の中津川フォークジャンボリーは、アマチュアのステージでソロで歌ってましたよ。三回目のジャンボリーの時でしたが、サブステージで吉田拓郎が「人間なんて」を延々歌い続けて、参加した人たちも大盛り上がりだったのが記憶に残っていますね」

そしてご自分の曲のレコーディングについては、こう話してくれた。

「一九七三年（昭和四八年）にポリドール・レコードから「忘れな草」でメジャー・デビューしました。翌七四年に作詞作曲した「コーラが少し」を高木麻早が歌って、これは十万枚のヒット曲になりました。同じ七四年に出した「旅の終わり」が、全国ユースホステルの愛唱歌ナンバー一となり、その後レコード各社の競作で、芹洋子、ダークダックス、BOW、菅原やすなりなどがカバー・バージョンを出して、親しまれました。この曲はもともと私の名古屋の歌の仲間が、アマチュアとして作った曲を私が気に入り、北海道・礼文島の桃岩荘ユースホステルのオーナーの妹さんに直接教え、これが北海道の各ユースホステルで歌われるようになったといういきさつがありました」

さらに「ヤンスタ」への登場と内容については次のように語る。

「ヤンスタのパーソナリティーになるきっかけは、坪井のりお君でした。彼とは昔FMの昼ワイド番組で曜日違いのパーソナリティーでしたので、その彼からの紹介でヤンスタのメンバーになりました。番組では「作詞コーナー」を設けてリスナーからの作詞やエピソードなどを取り上げていました。リスナーが送ってくる自作の詞に私が批評するんです。一度、リスナーから届いた詞に散々悪い批評を言ったんです。あとで、それが吉田拓郎の「となりの町のお嬢さん」って曲を自作と偽って書いた詞だったと分かりました。苦い思い出です。

ヤンスタ後約五〇年の間に、岐阜県内外のコンサートやライブハウスなどで、昔のリスナーの方とお会いすると、「ヤンスタ聞いてました」とか「作詞コーナーにはがき出しました」と言われることが、今もあったりして嬉しいものですね。それから長良川交通公園のヤンスタまつりの日は、あいにくのみぞれ交じりのお天気でしたから、寒くて指がかじかんで、ギターが上手くひけなかったことがありました。寒いといえば、冬のある日、ヤンスタのオンエアーが終わって、車で愛知県みよし市の自宅に帰る時、なぜか大雪になって、家まで三時間かかったのが思い出されます」

フォークシンガー時代から、彼の追っかけファンも多く、そのうちの一人が岐阜放送にやってきて「この前の山名さんのコンサートに行って来たけど、歌はもちろん良いしトークも楽しいし、サイコー」と報告してくれるなどモテモテ状態だったことが分かる。

ヤンスタスタジオで山名敏晴さん
（本人提供）

若い頃からのタレント仲間ビバの話によると、ビバのマンションに時々独身者数人が集まり、マージャンをしていた時のこと。みんなの空腹を察した山名さんがキッチンに立ち、冷蔵庫にある材料でちゃちゃっと手早く美味しいものを作ってくれたので、みんな大喜び。ビバにとって、山名さんは、ミンチカレーの作り方やポテトフライを簡単に作る方法を教わった、ホーム・クッキング・ティーチャーでもあった。

ヤンスタを卒業したあとも、山名さんは岐阜放送をはじめＦＭ愛知やＣＢＣなどで様々な番組を担当。その一方で九〇年代までにシングルレコード四枚、ＬＰレコード一枚、ＣＤのシングル二枚、カセットアルバム二本をリリースした。一九八七年からはライブハウス「パラダイスカフェ」のマネージャーとして、シンガーや演奏家をプロデュースしている。また一九九六年（平成八年）には「yamanaミュージックオフィス」を、二〇〇〇年（平成十二年）には「yamanaボーカルスクール」を設立。二〇〇三年（平成十三年）にシングルＣＤ「想い～あの時代を～」を、二〇〇四年（平成十四年）にはベストアルバムＣＤ「bittersweet」をリリースしたほか、ＣＭ

ソングやテレビ・ラジオの主題曲、挿入曲、社歌なども手掛ける。現在も定期的なライブコンサートなどを開き活躍を続けている。彼は若い頃から「歌をやめようと思ったことはない」と言っていたそうだが、その決意は五〇年以上たった今も変わっていない。

## 山中《やまなか》まゆみさん

このように若い頃から大人っぽかった山名さんとは対照的だったのが、賑やかで下ネタも積極的についてゆく次のパーソナリティー、山中まゆみさんである。名古屋の出身だが父親の仕事の関係で三重県四日市市に引っ越し、短大に通いながら名古屋のタレント事務所「ともだち」に所属していた。岐阜放送のデビューは、「そらきたジャンジャカ110分」で、落語家の露野小次郎さんのアシスタントだった。ご本人がその頃のことを次のように話している。

「一九七五年（昭和五〇年）から『ヤングスタジオ1430』の月曜日のレギュラー・パーソナリティーになりましたが、短大生時代の私はちょっと見が中学生風なので、放送局に向かう前に、名古屋の盛り場で警察官にまじ補導されかかったこともありました。私にすれば思いがけない体験でしたが、そのあと岐阜に着くと、市電の今小町で降りて、岐阜放送の階段を駆け上がって、四階でリクエストハガキを読むのが楽しみでした。

ヤンスタの初めの頃は、リスナーのハガキの岐阜地名が読めなくて墨俣（スノマタ）をスマタと読んで、あとで「それはパンツをはかないことだよ」って言われ笑われました。コーナーでは、一番人気が「あなたに捧げる愛のバラード・告白コーナー」、二番人気が「なぞなぞショート・コントや下らないなぞなぞコーナー」、そして「合格祈願ヤンスタ神社」が入試時限定の季節ものの人気コーナーでした。この「合格祈願ヤンスタ神社」は、「クラスのみんなが受かりますように」とか、お互いがお互いを本当に心配していたと思います。でもあのコーナーは、「これはハガキが集まるぞ」って腹黒い計算がありました。だって番組の評価はハガキの量で決まったから心配だったんです。

あの頃はリスナーの方々との距離がとても近く、ラジオは友だちでした。恋愛相談、恋の告白、その後の結末、失恋のなぐさめ、学校の悩み、受験の話そして時々の下ネタ……色々な話題で盛り上がり音楽をかけながらの二時間はあっという間に過ぎていきました」

そしてまゆみちゃんは、番組の中でヤバイ体験を繰り返したものだった。

「リスナーの方々のハガキには放送禁止ギリギリの言葉もたくさんあり、時々判断を誤ってそのまま読んでしまったこともありました。今ならネットで大炎上になっていたことでしょう。ある時なんかは誰かに教えてもらったと思うんだけど、岐阜放送に手紙をタダで出す方法をしゃべったところ、本当にタダの手紙がどっと届いたことがありました。ダンボール箱一杯の手紙が一カ月くらい続いて、ヤバイどころじゃなくて、まっつぁお状態でした。しかも、一カ月後にある郵便局で一日郵便局長をやったりして「い・いいのかなー?」って感じでした。無知ゆえの始末書問題は、下ネタなどの坪井さんの次に多かったそうです」

テレビスタジオで山中まゆみさん
（本人提供）

そうした一方で、ヤンスタファンとの直接的な触れ合いもあった。

「バスや市電の中で乗り合わせた中高生が、ヤンスタの話をしていることが時々あり、その時は恥ずかしかったり誇らしかったりもしました。そして長良川交通公園で開かれた『ヤンスタまつり』などに行くと、たくさんのリスナーが集まってくれました。高山の『ヤンスタまつり』でもすごい人が集まりトイレまで数人の中学生がついてきて困ったこともありました。

岐阜県内どこへ行っても『ヤンスタ』は皆さんがよく知っていてくれて、当時のアイドルよりも人が大勢集まったと喜ばれたものでした。こうやってヤンスタのことを思い出していると、なんか幸せな気持ちになります。あんな時代があったんだと、今の自分からは想像もつきません。自信を回復できます」

ヤンスタを卒業後のまゆみちゃんは、地元三重県三重郡菰野町で若手オーナーと結婚し、二女の母親となった。子育ても済んだ頃から、地元で不定期なギャラリーを開き、同じヤンスタの先輩に当たる三浦恭子さんが企画した「南アフリカ女性の創った刺繍タペストリーやクラフトの展覧会」などを開催したりしていた。ご本人は、「あれは盛況でした。ギャラリーをたまに開けて、地域の作家を紹介したりしていました。そして偉い先生に作品展示をお願いする時は、ＤＪ時代の媚を売るような話し方が役だったりもしていました」という。

今は愛犬の柴犬ゴンタを相手に、「おはよー」とか「ごはん」とかいう言葉を何とか発音させようと躍起になっているおばーちゃんである。しかし知人からは「ゴンタが『おはよー』と言っとるような気がしとるだけだわ」と言われている。

## 神田卓朗《かんだたくお》

山中まゆみさんに続いて、サラリーマンＤＪタックを自称する筆者・神田卓朗である。別項目「短編小説にもなった『ホリデイ・ヒット・ポップス』」でも自ら紹介しているのだが、改めて「ヤンスタ」でやっていたことについて簡単に触れておこう。筆者の出身地は大阪市阿倍野区。つい最近まで日本一の高さを自慢していたビル「あべのハルカス」で少しは知られている。ヤンスタ二十六年のパーソナリティー四〇人のうち、ただ一人の局アナ・パーソナリティーだった。

番組ではいくつかのコーナーをやっていたが、「格調高い一曲目のコーナー」があり、各務原市の里湯宇背胃《りゅうせい》加綿《かめん》さんからこんなハガキが届いた。「おい神田！　あんたはアホか？　何が格調高い一曲目のコーナーやねん。視聴者を何や思とんのや。先週と言い、先々週と言い、何が「ハイサイおじさん」や、何が「演歌チャンチャカチャン」や、ほんまに何を考えとんのや……」というようなお叱りを受けたこともあった。

また面白い語感の「南蛮人コーナー」もあった。初めは「外国人コーナー」とか「異国人コーナー」の案もあったが、居合わせた坪井のりおさんが「江戸時代風の南蛮人コーナーが一押し」とプッシュしたのでこれに落ち着いた。

　このコーナーでは、岐阜に滞在中の外国人留学生をスタジオに招き、リスナーの質問にも答えてもらうという企画だった。最初の南蛮人は女性で、オーストラリアからやって来たロビン・スペンスさん。なかなか日本語が達者でやがて本国で通訳などもしていたと聞く。続いては、タイからの女子留学生プラマパラマクル・ションラダさん。通称トムさんは中国から移住した先祖の話をしてくれたほか、タイ語で「港町ブルース」を歌ってくれた。

今小町社屋のレコード室で筆者（本人提供）

　岐阜大学にＬＡからの留学生として来ていたスティーブ・クラーク、ヒロ・ヤマガタ、ラニー・ハブデンの三人組は、岐阜放送にやってきた「南蛮人コーナー」のファンとも仲良く交流していた。スティーブさんは、その後日本人女性のあけみさんと結婚して岐阜に残り、中京大学国際教養学部教授として活躍。

　このほか「嫌いな歌手ベスト10」のコーナー宛てに、ジーンをかわいいと思うロジャー狂さんは、こう書いてきた、「嫌いなシンガー・ベスト10」の国内のトップは、太川よーすけ。わけはおかまみてーやし、歌っとる歌が『ルイルイ』。たわけか！　短い足で」。かつてのアイドルで、今はバスに乗って元気に歩き回る太川おじさんも形無しである。なおはがきの文中、現在では不適当な表現・用語があるが、時代背景などを考えそのままにした。

　また「ホリデイ・ヒット・ポップス」からの継続コーナーで、「ポップス・ベスト20」のコーナーにもイラストが面白く、ユニークなハガキが届いていた。ヤンスタ時代には、リスナーの中高校生たちが時々今小町の旧社屋に遊びに来ることがあった。そんなある日、一人の男子高校生が筆者を訪ねてきた。「局内を案内してもらったあとサインももらった」と、後日その元高校生が言う。その時の高校生が、現在の岐阜放送社長の山本耕さんである。岐阜放送の「ヤンスタ」を聴いていた若者が、同じ岐阜放送のトップのじんになるとは全く想像もできなかった。

そうこうしているうちに、TVニュースの担当ということが決まり、約一年数か月でヤンスタに別れを告げたのだった。現在筆者は古巣の岐阜放送で、「ラジオ岐阜弁まるけ」という方言をテーマにした番組のレギュラー・パーソナリティーとして五年目を迎えている。

## 河原《かわはら》龍《たつ》夫《お》さん　愛称はーさん

代わっては「はーさん」こと河原龍夫さんの出番だ。そもそも「はーさん」とは一体どこからついた愛称なのかをご本人に聞いてみた。すると、高校一年生になったばかりの時に、前の席に座った男の生徒が河原さんの顔を見て、「お前、出っ歯だなー。はーさんだわ」と言ったそうだ。いらい生徒たちはもちろん、先生たちまで「はーさん」のニックネームが広がり親しまれたという。

ヤンスタでももちろん「はーさん」の名前がポピュラーだった。ちなみに「はーさま」という呼び名もあるが、これは名古屋のラジオ局でタレントのM・Y男さんが「みやさま」と呼ばれているのを聴いて、「名古屋の番組では「はーさま」とよんでもらった」そうだ。このようないきさつがあり、「はーさん」と呼ぶ人は「ヤンスタ」を聴いていたじん、「はーさま」と呼ぶ人は名古屋のじんと区別がつくという。

河原さんは、名古屋市中区大須の出身で、現在は同市新栄に住む。名古屋芸術大学声楽学科を中退し、やがて岐阜放送「ヤンスタ」のパーソナリティーとなる。バンド活動としては「奥山景三バンド」に参加したが、「メンバーにやる気がなく、このバンドは良くないのでやめましょう」と解散を提案し、その通りになった。

はーさんの「ヤンスタ」では、「この音なあに？」のコーナーが楽しく好評だった。旧パルコ三階のトイレを流す音とか、高富行きのバスのエンジン音などを録音して放送し、リスナーが何の音かをハガキで答えるというコーナーであった。ミュージシャンなので、番組では毎回ギター片手に歌う「おやすみソング」がおなじみで、番組の最後に「〇〇ちゃん、おやすみ、チュ！」というコメントもお決まりだった。その頃は、女子高生たちのファンがほとんどだったが、今「聴いてました」と声をかけてくれるのは、残念ながらたいていおっさんばかりだという。

ヤンスタ当時のはーさんの記憶に残る話を聞いてみたので、紹介する。

「ある日、番組が終わったあと、いつものように五、六人出待ちしている女子高生の中に、初めて来た高一の大人しい子がいました。ふと胸ポケットを見ると、タバコとライターが。「お前吸っとるか?」と聞いたら「吸い出した」と。「俺は二〇数年吸ったことがないのに！良い悪いはともかく、いかんと言われるから、こっそりビクビクして吸わんでも、何年もすれば死ぬほど吸えるて！ライターとタバコを、とりあえず学校卒業するまで、預かってやる」。そう言って引き出しの奥にしまったまま、彼女はその後一度も来なかった。すっかり忘れていた三年後のある日、彼女が「今日卒業式やったから報告に来た」という。「おー、待っとれ、タバコとライター返したる。あとは自分次第だ」と言ったら、「あの時から一度も、吸ったことない、ありがとう」と！頭なでて、ほめてやりました。それから一度も会ったことはないけど、今六〇歳くらいかなぁ、かわいい子でした」

はーさんこと河原龍夫さん
（本人提供）

はーさんは「ヤンスタ」を合計十六年間担当したが、このうち前半八年目あたりでCBSソニーから彼のバンド「アクエリアス」のデビュー曲「手を打ちながら走れ」がリリースされヒットした。放送のパーソナリティーとしては、岐阜放送の「ヤンスタ」のほか、CBC、東海ラジオ、中京テレビで番組を担当してきたが、現在もCBCの「ホワット・ア・ワンダフル・ワールド」、愛知北FMの「昭和でゴーゴー」、ハートFMの「ちゃんとしたラジオ」をレギュラーでオンエアー中。

ちなみにはーさんの妹の河原美由紀さんは、ジャズ・シンガー綾戸千恵さんの教え子で、全国にメンバーが約一〇〇〇人いるゴスペル・グループ「アノインテッド・マス・クアイアー」のリーダーとして活躍中。はーさんによると「今や僕より妹の方がメジャーで売れっ子ですわ」という。

## 河伯《かはく》さん

はーさんからバトンを受け取ったのは河伯さんである。兵庫県出身の河伯さんは、高校時代に早稲田大学落語研究会出身の先生に落語を教えてもらい、「ほーれーてー・ちょーだい」という高座名で、自分の高校はもちろん他校まで出前をして落語を一席伺い、それなりに受けていたそうだ。ともかく目立ちたくて仕方のない高校生だったので、毎日放送の「ヤングタウン（＝通称ヤンタン）」や、ラジオ関西の公録などにも出演していた。

その後活動の拠点を名古屋を中心とする中部地方に移し、ステージやイベントなどでタレント活動を続けていたところ、ＦＭ愛知の「ＦＭワイド＆ワイド」という番組で、青木小夜子さんの月曜日のレギュラー・パートナーとして抜擢され、放送タレントとしての活躍が始まった。

やがてタレントの谷口徹次さんから「岐阜放送で番組をやってみたら？」と声をかけられたので、オーディションを受け、大橋ディレクター担当の「ちょっと失礼」を担当するようになったが、番組は半年ほどで終了した。しかし岐阜放送ではその後「ジャンジャカ１１０分」や「河伯の電リク大行進」、テレビでは「ワイド岐阜８時広場」や「輝け！大賞カラオケのど自慢」など相次いでレギュラー番組のパーソナリティーや司会者を務め、人気者になった。

中でも「ヤンスタ」は思い出多い番組でしたと次のように話している。

「上から読んでも、下から読んでも「かはくは　か」。この合言葉の回文は「ヤンスタ」から生まれたギャグです。この番組を聴いていないと、次の日学校で友達の輪に入って行けないほど、生徒たちに人気がありました。先生も生徒たちの話題について行けるよう、こっそり聴いていたという情報もありました。

年に一回、長良川交通公園での「ヤンスタ祭り」では、最後に行うサイン会で、各曜日の担当パーソナリティーの前には、七〇～八〇人の行列ができていましたが、東京からのゲスト歌手の前には五、六人しか並んでいませんでした。ある時のヤンスタ祭りのゲストだったフォーク・デュオのトンボちゃんは、「ここはパーソナリティーの人気がすごいので早く帰りたい」とこぼしていたほどです」

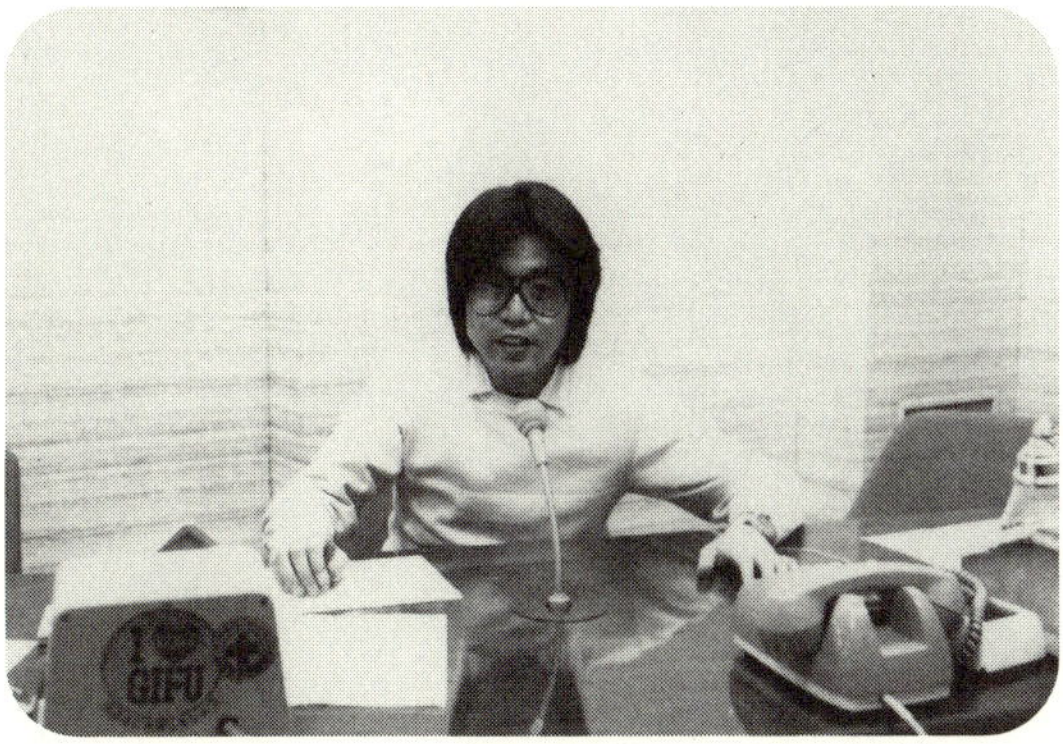

サンシャインスタジオで河伯さん（本人提供）

河伯さんのヤンスタでも、ユニークなコーナーに人気が集まったようです。男の子と女の子を電話で結ぶ「提灯もちコーナー」は、手紙やはがきで男女それぞれの相手のタイプの希望などを送ってもらい、河伯さんがスタジオからの電話で知らない人同士のお見合いのキューピット役として、話を聞き出していた。やがて相手が気に入った時は、手拍子を二回打ち、気に入らない時は、受話器を下に落としてもらうという決まりになっていた。

このほか、当時の海援隊の武田鉄矢の歌で「じょーだん！じょーだん！」にヒントを得た「じょーだんコーナー」があった。これは「じょーだん！じょーだん！」の前のセリフを募集し、河伯さんがはがきなどで寄せられた前のコメントを読み上げ、すぐさま「じょーだん！じょーだん！」のジングルが流れるという仕組みになっており、このコーナーは長く続いた。

河伯さんのヤンスタのファンクラブには有料会員が三〇〇人ほどいて、ジュラルミン製のキーホルダーやサイフ、ボールペンなどの河伯グッズが好評だった。またクリスマス会など年に何回か開くファンクラブの集いや会報も楽しみにしてくれていたという。

「僕の放送に悪影響を受けて、その後芸能界に入った人は、男性タレントのT君を始め、ものまねタレントのD君や演歌歌手のIさんなどたくさんいますよ。今でもあるテレビ局の人から「あの河伯さんですか。私「ヤンスタ聴いてました！」と堂々と言ってくれるんです。嬉しい限りですわ」

このように話す河伯さんは、以前香港に行ったことがある。というのは、香港では、「河の神様」のことを「河伯」と呼び、銅像もあるということを友人から聞いたからだった。香港に行って見ると、確かに「河伯」の銅像はあったのだが、ちょうど仙人のようなしわくちゃのおじーさんだったので、河伯さんは「なーんや、こんなんかー！」とがっかりして、帰国したそうだ。

長年放送の世界で活躍している河伯さんは岐阜放送以外にも、東海ラジオの「決定！全日本歌謡選抜」や、毎日放送の「地球発19時」、ＮＨＫの「今日のレポート」など数多くの番組に出演している。現在も名古屋のタレント・プロダクション「フェスタ・オフィス・ジャパン」および「フェスタ・タレント・スクール」の社長でもある。

## 木戸《きど》照枝《てるえ》さん　愛称おてーちゃん

河伯さんに続いては、「おてーちゃん」こと木戸照枝さんの登場だ。おてーちゃんといえば、何と言ってもアニメの子ども役のような可愛い声に、三重弁と共通語をミックスしたような面白いトークで人気を集めた。

三重県四日市市の出身で、朝から深夜まで有線放送の曲が流れる同市諏訪栄町の商店街で、「理容店」を営む両親のもとで育った。

おてーちゃんとラジオの世界とのつながりは、短大二年生の春から始まった。その頃、名古屋・東海ラジオの番組「ニチコン歌のベストテン」のニチコンレディーのオーディションに合格し、番組のＳアナウンサーのアシスタントを担当した。その後「ヤンスタ」のオーディションを受けることになったが、その頃のことをこう話している。

「一年半の「ニチコン歌のベストテン」を卒業したあと、同じ番組のアシスタント仲間のＢ子さんが「岐阜日日新聞に岐阜放送のタレント募集が載ってるって聞いたから一緒に受けに行かない？」と誘ってくれました。オーディションの当日、番組名などは分からないまま、自己紹介や、フリートーク、それにＣＭ原稿などを読んで合格。数日後、「ヤング・スタジオ１４３１」の金曜日担当ということが分かりました。

おてーちゃんこと木戸照枝さん(本人提供)

「ヤンスタ」を担当できるようになったのは良かったのですが、一時間五〇分もの長丁場の番組を一人でやることが分かり、嬉しいけど、「えー、どうしよう?」と思いました。そこでTラジオでお世話になっていた女性ディレクターのSさんに相談。彼女の仕事が済んだあと、スタジオで私のトークを聴いてアドバイスをしてもらったり、Uアナウンサー(故人)がディレクターを担当していた「ミッドナイト東海」の麻世れいらさんのトークを見学して学ばせてもらったり、局の違いを越えて色々とご指導いただきました。

　そして次に私がしたことは、宿泊先の確保でした。オンエアーが終わったあと、四日市には帰れないので、アパート探しです。今でこそセキュリティーのしっかりしたマンションが多いですが、その当時決めたのは、木造の一軒家に何部屋かがある昭和レトロな女性専用のアパートで、四畳半一間の部屋でした。ヤンスタ終了後アパートに戻ると私の部屋のドアに「当番」と書かれた木札がかけられていました。その「当番」とは、なんと共同トイレの掃除当番のことだったのです。ヤンスタの女性パーソナリティの中で、共同トイレの掃除当番をやったのは、多分私くらいだろうと思います」

　こうして、おてーちゃんの「ヤンスタ」が、個性たっぷりのミキサーとの組み合わせで始まり、番組の中で「突撃電話コーナー」が話題を呼び、リスナーのはがきの数も増えてきた。また「おてーのヤンスタだがー!」とか「おてーのヤング・スタジオ1431!」などのジングル(番組のCM)をたくさん作ってオンエアーし好評だった。

「リスナーの中には、雑音交じりの「ヤンスタ」を聴いていた北海道富良野市や宮城県多賀城市、大阪府寝屋川市などの人たちからのリクエストカードが届いたり、リスナーの方から何度もミスタードーナッツの差し入れをいただき守衛さんが届けてくれたものでした。「その節は、ご馳走さまでした」

またリスナーの皆さんにファンクラブを作ってもらい、岐阜公園や松栄堂楽器のホールをお借りして楽しい交流の集いも開きました。長良川交通公園で開かれたヤンスタまつりの時は、たくさんのリスナーの皆さんに集まってもらい、長い長い列のサイン会にずっと笑顔でこたえていたので、帰る時には、口元がピクピクするほどでした。でもとても嬉しい一日でした。」

番組では「おてーちゃんシール」や「カレンダー」「はがき」などをプレゼントしていたが、中でも「おてーちゃんシール」が一番人気で、こんなエピソードがあった。

「ある中学校のG先生が、ヤンスタに出演したことがあり、お礼に「おてーちゃんシール」をプレゼントしました。このG先生が担任をしていた中学校の一年生のクラスに、なかなか心を開いてくれない男子生徒がいて困っていたそうです。ところがある日、その先生が「おてーちゃんシール」をノートの表紙に貼っているのを見た生徒が、「あ、先生、おてーちゃんシールだ！」と言って、それからは閉ざしていた心をやっと開いてくれたそうです。あっぱれ！ おてーちゃんシール！ 物語です」

またリスナーと言えば、ヤンスタを始めて一年以上たった頃、こんなこともありました。ある日の夕方、実家で兄夫婦がやっている「チェリー理容所」に帰ると、出迎えた兄が目を見開いてこう言うのです。「あんなー、ヤンスタのファンゆう高校生の男の子が、おっきいクマのぬいぐるみのプレゼント持って、わざわざ愛知県から来てくれたでー。お礼ゆーといたけどなー」四日市まで私に会いに来てくれるなんて、私も兄もビックリでした」

おてーちゃんシール

では締めくくりに、元ヤンスタリスナーへの近況報告を。

「私は、ヤンスタ時代の後半に結婚し、長男出産のため、三年六か月でヤンスタを終わりましたが、番組を通じて、いつもリスナーの皆さんから「がんばって！」の力をいただきました。一週間の中の一時間五〇分の出会いをいつも大切にしなければということと、ラジオを聴いてくれているリスナーの皆さんが、ハッピーでいてほしいと心がけていました。

その後のおてーは、一男一女の母親として子育てに励み、現在は、三人の孫のばあばとしての日々を過ごしています」

私にとって「ヤンスタ」は、人生を決めた番組でした。オーディションの時、初めて名鉄電車で降りた新岐阜駅、結婚を決めた岐阜。そして私にとっての「ヤンスタ」は、他局ではなかなかできないDJ修行ができた最高の番組でした。岐阜放送の当時のリスナーの皆さん、ヤンスタに携わってくださったスタッフのみなさん、本当にありがとうございました。おてーこと木戸照枝でした。」

## 宮本忠博《みやもとただひろ》さん　愛称レンタン

木戸さんに代わって、ヤンスタ十人目のパーソナリティーは、レンタンこと宮本忠博さんだ。レンタンという愛称は、ガソリン・スタンドのアルバイトで真っ黒に日焼けしたのを見て、先輩パーソナリティーの岡村洋一さんが名づけたという。生まれも今の住まいも愛知県である。

父親の勤務するM重工に就職しようと、愛知県の工業高校に進学。しかしそれだけでは出世が望めないというアドバイスがあり、高校を卒業したあと中部工業大学（現在の中部大学）に入学した。昔から目立つことが大好きな少年だったので、学級委員や児童会のリーダーをやっていたが、小学生の頃から近所のおばさんたちに「あんた、面白いから吉本に行きゃー！」とよく言われていたという。

そこで芸能界に向いているかどうかを確かめるため、大学三年生の時、名古屋の芸能事務所・巣山プロに入所した。一年間はレッスン生とあって、レッスン以外は先輩タレントの廓大介さんの付き人として各放送局まわりをしていた。そんなある日の夜、岐阜放送で廓さんがパーソナリティーをしていたラジオ番組に立ち会っていたところ、担当していたフリーの岡本邦博ディレクターから声をかけられ、岡村洋一さんの代わりに、三〇分番組のアシスタントを半年間務めることになった。

これがきっかけで、オーディションを経て、大学三年

レンタンこと宮本忠博さん（本人提供）

生の四月から「ヤンスタ」のパーソナリティーとしてスタートすることが決まった。前任パーソナリティーの河原龍夫さんのヤンスタ最終回で、スタジオの外にたくさんいた女性ファンを見て、将来の自分をイメージしてニンマリしたという。「番組はすべてあなたのやりたいようにやって良い」と言われたものの、担当ディレクターはいないということなので、生放送をどうすれば良いのか困惑したそうだ。その頃のことを宮本さんは、次のように話している。

「ヤンスタを始めてみると、初めはド素人がただしゃべって、リクエスト曲をかけているという放送でした。お笑い芸人でもない、ミュージシャンでもない。面白い話なんか何一つできないので、はがきも少ない。そこでリスナー参加型コーナーを考えました。まずは当時書店で流行っていたゲーム・ブックのラジオ版として考えたのが「ラジオ・アドベンチャー」のコーナーでした。効果音を入れながらラジオドラマを進行し、最後に例えば右か左かを選んで、それをはがきに書いて送れば良いのと、その月の最後の週まで残ったリスナーにはプレゼントを贈ったので、はがきの枚数は確実に増えました」

レンタン宮本さんの涙ぐましい努力が実を結び、次のコーナーもヒットした。

「僕がヤンスタをやっていた頃は八〇年代のようなアイドルが不在の時代でした。そこでヤンスタ独自に、毎週二人のアイドルを紹介し、最終的に勝ち残ったアイドルを岐阜放送に呼んでしまおうという試みの「プロジェクトI（アイ）」というコーナーを企画したのです。番組も回を重ねた結果、新しいアイドルとして新島弥生さんがグランプリを獲得し、ヤンスタやイベントに出演してくれました。また見るに見かねてか「ラジオアドベンチャー」を事前収録し、効果音まで入れてくれた竹林ディレクターのバックアップもあって番組のグレードも上がり、より楽しめる番組になりました」

「僕のヤンスタには、なんとファンクラブもありました。と言ってもリスナーとの年齢が近かったせいもあり、ファンクラブ主導で行われたイベントの最後に撮った集合写真を見ると、新任の先生が九年半、クラスの担任を受け持った感じです。神田アナのタイトルコールからオープニング曲「Time and Love」を九年六か月聞きました。あの曲はなかなか世間で耳にすることはありませんが、鮮明に覚えていて、今でも聞くと生放送の緊張感がよみがえって、ドキドキしてきます」

レンタンのヤンスタが生んだ
グランプリ・アイドル新島弥生さん
（宮本忠博さん提供）

という宮本さんは、現在も巣山プロに所属し、岐阜放送テレビの「めっちゃぎふわかるてれび」（毎週金曜日夜八時三十分～）で月一回の関市のスーパーバリューのコーナーや、テレビ愛知の「未完成ＴＶ」などで活躍を続けている。

## 熱意があればキイ局に勝てる

ヤンスタは、かつて岐阜放送ラジオのエリア内のヤング層なら誰でも知っている人気番組だった。二六年間に四十人のパーソナリティーが活躍し、今回はその中から川島三栄子さんから宮本忠博さんまで十人の方々にご登場いただいた。

四〇人の中には、中部地方の有名人もいるが、ほとんどが無名の駆け出しタレントであった。ヤンスタはこういう才能のある人たちに活躍の機会を提供し、それなりのパーソナリティーとして地域が育て上げ、羽ばたいた人たちもいた番組である。

一九七一年の番組開始時からディレクターなしという悪条件の中で、各パーソナリティーの孤軍奮闘が続いた

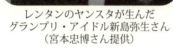

ため、当時の制作関係者が担当を度外視して協力するケースも見られ、リスナーの中高生たちとの双方向関係の中で、パーソナリティー独自の表現力や個性が活かされる番組でもあった。

長良川交通公園での「ヤンスタまつり」
(神田、久米、三浦、照井、山名、山中、笠木)

「ヤンスタ」で人気が爆発したつボイノリオさんは、こんなことも言っていた。

「制作費ゼロ、ギャラオンリーでやっていたわりに、みんな頑張ってパフォーマンスをやっていた。「ヤンスタ」は凄い番組だったと思います。「オール・ナイト・ニッポン」とか他の番組をやってみて、後になればなるほど「ヤンスタ」の凄さが分かります。私が確信をもって言えるのは、ラジオは熱度があれば絶対に勝てる。それを私はラジオ局のディレクターに言いたい。どの局でも熱度があればキイ局に勝てる」

社会の変化や、ライフスタイルの変化によって、ヤンスタのように、特定のラジオ番組に人気が集中する時代から多様化の時代になってはいるが、全国各局の番組の中には、低予算・少人数スタッフであっても、確かに人を惹きつける楽しい番組があり、ローカル局ならではの、地域を背景にした、企画性のある面白い番組がまだまだ生まれる可能性があるのではないかと思う。

# 33 「金太の大冒険」誕生秘話

読者の中には「金太の大冒険」というコミックソングをご存知の方も多いと思う。これは現在CBCラジオで「つボイノリオの聞けば聞くほど」のパーソナリティーとして活躍しているつボイノリオさんのビッグ・ヒット曲であり、永く歌い継がれている迷曲である。

♪あーる日　金太が歩いていると　美しいお姫様が逃げてきた　悪い人に　ねぇ　今追われているの　お願い金太守って　金太守ってキンタマモッテ　キンタマモッテ……

という内容だが、一体どのようにしてこのような危険で面白い楽曲が生まれたのか。あまり知られていない楽屋話をご紹介しよう。

現在はJR岐阜駅そばの岐阜シティー・タワー43にあるが、昔は岐阜市今小町にあった民放の岐阜放送で「ヤングスタジオ1430」（のち1431）というラジオ番組が夜十時から放送されていた。一九七一年十月からスタートし、多くの人気DJを生み出し、一九九七年三月まで二六年間続いた人気番組だった。

## リクエストカードから生まれる

このうち、つボイノリオさんは、一九七二年十二月から「ヤンスタ」のパーソナリティーとして五年間活躍。軽妙卑猥なおもしろトークで多くのヤングリスナーを惹きつけ、一週間に一〇〇〇枚以上のリクエストカードが届くほどの人気者だった。当時はファックスもメールもない時代だったので、はがきがほとんどを占めていた。のちに担当した「オールナイト・ニッポン」よりも「ヤンスタ」のカードの方が多かったと本人は語る。

つボイさんの「ヤンスタ」の番組の中で、雲黒斎が登場するラジオ紙芝居「ああ、さなえちゃん」をはじめ、こばなしコーナーの「近藤さんシリーズ」や「お万シリーズ」のほか、決定的だったのが「金太シリーズ」だった。

「金太シリーズ」あてにリスナーから届いたカードの中から傑作面白フレーズを選び、もともとフォークシンガーでもあったつボイさんがメロディーをつけ、楽曲テープ「金太の大冒険」を完成させた。

このテープを「ヤンスタ」で放送したところ、大変な反響があったので、一九七五年九月、エレック・レコードからレコードとして発売された。当時のつボイファンのリスナーからは番組あてにこんなカードが届いていた。

①大垣の淳子の好きな男＝「おーい、つボイ！ 俺は学校の帰りに自転車に乗って大垣の町の中を探し回った。探しに探しまわった末に、レコード店で、さんさんと輝く桜田淳子の『天使のくちびる』の横に、ほそぼそと置いてあるお前のレコードを見つけ出し、手に入れた。この苦労に感謝しろ！ この曲で全世界につボイノリオの名をあげようではないか」

②高山のフリージアの好きな女の子＝「あれは確か九月八日の給食の時間。ちょうどその日、校内放送で『ロマンス』がかかり、次は何かなと思っていたら、『金太の大冒険！』と出たのです。それがまたふざけた放送部員で、キンタマケルナとか、キンタマスカットキルとかいうところを、わざとボリュームを大きくしてかけるのです。みんな大爆笑！」

## 不安が的中、放送禁止に

ヤンスタのリスナーからは、こんな反響が続々と届いたのだが、この曲は内容が素晴らしすぎたためか、多くの人々の不安が的中し、発売後まもなく放送禁止となった（実際は日本民間放送連盟の要注意歌謡曲に指定）。

ただ当時から民放連の要注意歌謡曲指定は、表現の自由という観点から問題があるという指摘もあり、その後民放連のこの制度が廃止されたため、「金太の大冒険」はいつでも聞ける楽曲となった。

ついでながらこの曲の中で、伝言板に書いてあった「金太　待つ　神田」の神田とは、何の自慢にもならないが、筆者のことであった。

またこの曲は、つボイさんがフォークソンググループからソロになって初めてのヒット曲で、数万枚まで伸びたとも言われているが、間もなくエレック・レコードが倒産したため、つボイさんは印税を全く受け取れなかったという隠された悲劇の歴史があった。これが世に名高い迷曲「金太の大冒険」誕生のいきさつである。

# 34 短編小説にもなった「ホリデイ・ヒット・ポップス」

## 直木賞作家・奥田英朗さんもリスナーだった洋楽番組

読者の中には洋楽ファンの方もいると思うが、洋楽を聴き始めたのは、どんなアーチストが活躍していた頃からだろうか。ザ・ビートルズ？　S&G？　カーペンターズ？　クイーン？　アバ？　イーグルス？　それぞれのきっかけがあって、洋楽にはまったのではないかと思う。

筆者の場合は、高校時代に東京からのネットで大阪のラジオ局から流れていた洋楽番組を聴いたのが洋楽との出会いだった。当時は、エルビス・プレスリーやパット・ブーンのほか、コニー・フランシス、ザ・ブラウンズ、ポール・アンカ、ジョニー・ホートン、ブライアン・ハイランド、レイ・チャールズ、ブレンダ・リー、ニール・セダカ、ザ・ブラザーズ・フォー、トーケンズ、シェリー・フェブレー、フォー・シーズンズなどのアメリカン・オールデイズの嵐吹きまくりの真っただ中で、その洗礼を受けたのだった。

毎週聴いていたその番組のベスト10は必ずノートに記録し（当時はパソコンで入力なんてことは想像もしなかった）、ヒット曲やお気に入りの曲の英語の歌詞の発音を真似して覚えたりするほどかなり入れ込んでいたものだ。

### 「ホリデイ・ヒット・ポップス」

そんな洋楽ファンの筆者が、岐阜放送で初めてレギュラーDJを担当したのが、知る人ぞ知る「ホリデイ・ヒット・ポップス」というラジオ番組だった。その頃は中部地方でも洋楽番組が極めて少なかったという背景があり、若い洋楽リスナーの強い支持とそれなりの人気を得ていたので手前味噌ながら触れておきたいと思う。

この番組の舞台裏を明らかにするのは、これが初めてなので、番組がスタートするまでと、始まってからのことをピックアップして紹介することにしよう。番組のタイトルは、日曜日のオンエアーを予定していたので、すんなり「ホリデイ・ヒット・ポップス」と決まり、タイトル・ボイスなどのオープニングは、オリジナリティーのあるものを考えていた。

まず、アメリカ英語のDJトークを活用して洋楽番組のイメージを出そうと思い、アメリカの知人に頼んで、ロス・アンジェルスにあるFM局のDJのトークについて一部使用する諒解を取ってもらい、テープを送ってもらった。この番組の頭にいきなり登場する迫力のあるトーク＝「Mama told me not come to the party Three Dog Night！」がそれである。それから約五〇年たち、日本のFM局もすっかりアメリカン・スタイルになっているが、当時はどこにもなかった画期的なオープニングだったのである。


このあと複数の女性の声でタイトル・コールが入る。これはその頃、岐阜の一般家庭にホームステイをしていたオーストラリアからの交換留学生たちのうち、女子高校生ばかり七、八人に岐阜放送のスタジオに集まってもらい、一斉にタイトル・コールの「Holiday Hit Pops！」と叫んでもらった。

ところが、なにぶん普通の女子高校生ばかりなので、のんびりしたオージー・イングリッシュで、番組の求める弾けるようなイメージのタイトル・ボイスにならない。筆者は「ちゃいまんがな、みんな！もっと元気に声はらな！もうちょっとスタッカートに歯切れよう叫ぶんや！」と内心関西弁でそう思っていた。そこで、筆者の英語の発音はいまいちだが、偉そうに発音のサンプルを示して、何度か取り直しをした結果が、かつてのリスナーならご記憶のタイトル・ボイスなのである。

そのあとのテーマ曲は、歯切れのよいハーブ・アルパートとティファナ・ブラスが演奏するビートルズ・ナンバーの「オール・マイ・ラビング」に決まった。あとは「英語DJトーク＋タイトル・ボイス＋TM曲」を一本化するのだが、ここで登場するのが、当時岐阜放送技術部に所属していた仲間で、優れたミキシング・センスの持ち主の宮部敏幸さんである。彼には番組のミキシング全般の協力をお願いしたが、この時も宮部さん流のミキシングで素晴らしいオープニング・テープが完成した。

## リクエスト・カード三枚からスタート

このようにして、一九七一年十月から毎週日曜日の夜十時からの六〇分間、「ホリデイ・ヒット・ポップス」が、「♪マールシン♪マールシン♪ハンバーグ♪」の提供でスタートした。一回目の放送を前に、事前の番宣（番組のお知らせコメント）が多少効いていたのか、何と三通ものリクエスト・カードが届き、幸先の良いスタートであった。当時はパソコンもメールもスマホもない時代だったので、はがきや手紙が主なコミュニケーション・ツールだった。

番組の中で、筆者は「サラリーマンDJタック」と自称し、主に中高校生を対象に、毎週洋楽のベスト10と最新の洋楽情報を紹介していた。洋楽のランキングは、ビルボードなどでアメリカのヒットチャート状況を知り、レコード会社から送られてくる洋楽情報や新譜レコードなどを参考にしながら、それぞれの曲を耳で確かめて、番組独自のチャートを六年間送り出していた。

この頃は、もちろん今のようなCDはなく、アルバムなどのLPレコードやシングル・レコードを使用していた。岐阜放送でもレコード室に古くからのレコードを保存しており、今はCDが中心だが、レコードとCDの両方が活用できるようになっている。かつてのレコード会社は、新しいレコードの発売前に番組でPRしてもらうため、全国の放送局に毎月テスト盤レコードを送っていたが、やがて廃棄処分になるシングルレコードのテスト盤などは、山のようにたまる一方であった。

番組がスタートした一九七一年頃の洋楽シーンは、ビートルズが解散したあと、ポール・マッカートニーとウイングスや、ジョン・レノンのソロ活動などと共に、ポスト・ビートルズの様々なアーチストが活躍し話題を提供していた。

ちなみにその当時ヒット・チャートを賑わせていたアーチストとヒット曲を紹介すると次のようになる。

・カーペンターズの「スーパー・スター」
・CCR（クリーデンス・クリアウオーター・リバイバル）の「スイート・ヒッチ・ハイカー」
・シェールの「悲しきジプシー」
・ジョン・レノンの「イマジン」
・スリー・ドッグ・ナイトの「オールド・ファッションド・ラブ・ソング」
・ジョン・デンバーの「故郷へ帰りたい」
・メラニーの「心の扉を開けよう」

# 6ねんかんのらんきんぐ

ぽりぴい・ひっと・ぽっぷす

by F.大森

**1971**

| | | |
|---|---|---|
| 1 | 黒い炎 | チェイス |
| 2 | シェリーに口づけ | M.ポルナレフ |
| 3 | スパー・スター | カーペンターズ |
| 4 | 悲しき恋心 | ザ・ショッキング・ブルー |
| 5 | ヨーヨー | オズモンズ |
| 6 | マミー・ブルー | リッキー・シェイン |
| 7 | 恋のかけひき | H.G.F&レイルズ |
| 8 | アメリカ | サイモン&ガーファンクル |
| 9 | 故郷へ帰りたい | J.デンバー |
| 10 | イマジン | J.レノン |
| 11 | 悲しきジプシー | シェール |
| 12 | 悲しき初恋 | P.ファミリー |
| 13 | 青春に乾杯 | M.デルヘッシュ |
| 14 | イエス・イッツ・ミー | E.ジョン |
| 15 | スイート・ヒッチ・ハイカー | C.C.R |
| 16 | イン・ザ・モーニング | ビージーズ |
| 17 | 愛のストーリー | ムーディー・ブルース |
| 18 | 恋のヘルプ | トニー・ロナルド |
| 19 | ライダース・イン・ザ・スカイ | トム・ジョーンズ |
| 20 | 涙のハプニング | エジソン・ライト・ハウス |

**1972**

| | | |
|---|---|---|
| 1 | 気になる女の子 | メッセンジャーズ |
| 2 | ママに捧げる詩 | ニール・リード |
| 3 | アローン・アゲイン | G.オサリバン |
| 4 | 木枯の少女 | ビョルン&ベニー |
| 5 | ゴッド・ファーザー(愛のテーマ) | A.ウィリアムズ |
| 6 | 母と子の絆 | P.サイモン |
| 7 | クエスチョンズ 67/68 | シカゴ |
| 8 | 愛するハーモニー | ザ・ニュー・シーカーズ |
| 9 | 小さな愛の願い | カーペンターズ |
| 10 | デイ・アフター・デイ | バッドフィンガー |
| 11 | ライオンは寝ている | ロバート・ジョン |
| 12 | 名前のない馬 | アメリカ |
| 13 | メタル・グウルー | T.レックス |
| 14 | サタデー・イン・ザ・パーク | シカゴ |
| 15 | アイルランドに平和を | ウィングス |
| 16 | オールド・ファッション・ラブ・ソング | スリー・ドッグ・ナイト |
| 17 | 恋の玉手箱 | チッコリィ |
| 18 | ハーティング・イーチ・アザー | カーペンターズ |
| 19 | ぼくらに微笑を | シカゴ |
| 20 | 涙の滑走路 | グラス・ルーツ |

**1973**

| | | |
|---|---|---|
| 1 | イエスタデイ・ワンス・モア | カーペンターズ |
| 2 | 忘れじのグローリア | M.ポルナレフ |
| 3 | シング | カーペンターズ |
| 4 | マイ・ラブ | ウィングス |
| 5 | うつろな愛 | カーリー・サイモン |
| 6 | 幸せの黄色いリボン | ドーン |
| 7 | ダニエル | エルトン・ジョン |
| 8 | レイン・レイン | サイモン・バタフライ |
| 9 | 太陽のあたる場所 | エンゲルベルト・フンパーディンク |
| 10 | ギブ・ミー・ラブ | G.ハリスン |
| 11 | カリフォルニアの青い空 | A.ハモンド |
| 12 | アメリカン・バンド | G.F.R |
| 13 | やさしく歌って | ロバータ・フラック |
| 14 | イージー・アクション | T.レックス |
| 15 | 愛の伝説 | M.ポルナレフ |
| 16 | 落葉のコンチェルト | G.オサリバン |
| 17 | クロコダイル・ロック | E.John |
| 18 | ハイ・ハイ・ハイ | ウィングス |
| 19 | 冬の散歩道 | サイモン&ガーファンクル |
| 20 | クレージー・ホース | オズモンズ |

**1974**

| | | |
|---|---|---|
| 1 | ジェット | ポールマッカートニーとウィングス |
| 2 | 愛は夢の中に | カーペンターズ |
| 3 | ジャンバラヤ | カーペンターズ |
| 4 | マインド・ゲーム | J.レノン |
| 5 | バンド・オン・ザ・ラン | ポール&ウィングス |
| 6 | ぼくは ロックン・ローラー | M.ポルナレフ |
| 7 | 緑の風のアニー | J.デンバー |
| 8 | 荒野のならず者 | スリー・ディグリーズ |
| 9 | 天使のささやき | スリー・ディグリーズ |
| 10 | 太陽を背に受けて | J.デンバー |
| 11 | 悲しみのロマンス | M.ポルナレフ |
| 12 | ショー・マスト・ゴー・オン | スリー・ドッグ・ナイト |
| 13 | トラック・オン | T.レックス |
| 14 | 恋のウー・アイ・ドゥー | リンジィ・ディ・ポール |
| 15 | 燃えよドラゴン | オリジナル・サウンド・トラック |
| 16 | ロコ・モーション | G.F.R |
| 17 | いとしのヘレン | ウィングス |
| 18 | 悪魔とドライブ | スージー・Q |
| 19 | 紫の炎 | ディープ・パープル |
| 20 | パピヨンのテーマ | オリジナル・サウンド・トラック |

**1975**

| | | |
|---|---|---|
| 1 | オンリー・イエスタデイ | カーペンターズ |
| 2 | キラー・クイーン | クィーン |
| 3 | プリーズ・ミスター・ポストマン | カーペンターズ |
| 4 | あの娘におせっかい | ウィングス |
| 5 | バイバイ・ベイビー | ベイ・シティ・ローラーズ |
| 6 | そよ風の誘惑 | O.ニュートン・ジョン |
| 7 | 金色の髪の少女 | アメリカ |
| 8 | 愛ある限り | キャプテン&テニール |
| 9 | にがい涙 | スリー・ディグリーズ |
| 10 | 呪われた夜 | イーグルス |
| 11 | ディン・ドン | ジョージ・ハリスン |
| 12 | ジュニアズ・ファーム | ウィングス |
| 13 | 愛のジェット便 | G.オサリバン |
| 14 | スタンド・バイ・ミー | J.レノン |
| 15 | 誘惑のロックン・ロール | クィーン |
| 16 | フォロー・ミー | O.ニュートン・ジョン |
| 17 | オンリー・ユー | R.スター |
| 18 | ジャニュアリー | パイロット |
| 19 | 恋のジューク・ボックス | ルベッツ |
| 20 | ギターは泣いている | G.ハリスン |

**1976**

| | | |
|---|---|---|
| 1 | ボヘミアン・ラプソディ | クィーン |
| 2 | 見つめあう恋 | カーペンターズ |
| 3 | 心のラブ・ソング | ポール&ウィングス |
| 4 | サタデイ・ナイト | ベイ・シティ・ローラーズ |
| 5 | ロックン・ロール・ラブレター | ベイ・シティ・ローラーズ |
| 6 | ビューティフル・サンデー | ダニエル・ブーン |
| 7 | マイ・ベスト・フレンド | クィーン |
| 8 | カム・オン・オーバー | O.ニュートン・ジョン |
| 9 | アクション | スイート |
| 10 | ロックン・ローラーズ | エンジェル |
| 11 | ワンダフル・クリエイション | Mr.ビッグ |
| 12 | フォックス・オン・ザ・ラン | スウィート |
| 13 | ギブ・ザ・レッド・ウィ・ウィ | デイブ |
| 14 | 青春の傷跡 | ミッシェル・ポルナレフ |
| 15 | フライ・アウェイ | J.デンバー |
| 16 | ビーナス&マース | ポール&ウィングス |
| 17 | マネイ・ハネイ | ベイ・シティ・ローラーズ |
| 18 | 青春の輝き | カーペンターズ |
| 19 | 狂気の叫び | キッス |
| 20 | ザッツ・ザ・ウェイ | KC&サンシャイン・バンド |

F. 大森さんの集計を Kono ちゃんが手書きで記録

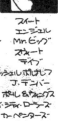

・ドン・マクリーンの「アメリカン・パイ」
・サイモンとガーファンクルの「アメリカ」
・ザ・ニュー・シーカーズの「愛するハーモニー」
・ブレッドの「愛の分かれ道」
・ハミルトン、ジョー・フランク&レイノルズの「恋のかけひき」
・ミッシェル・ポルナレフの「シェリーに口づけ」
・ザ・ショッキング・ブルーの「悲しき恋心」
・エルトン・ジョンの「イエス・イッツ・ミー」
・ザ・ビージーズの「イン・ザ・モーニング」

などの曲が上位を競っていた。

## 工夫を凝らしたリクエスト・カード

この番組のリスナーは、中高校生が中心だったが、中には小学生が鉛筆の大きな汚い字でリクエスト曲を書きなぐってきたり、短大生や大学生もいて、岐阜県内をはじめ、愛知・三重・滋賀各県からもリクエストカードが送られてきた。

一週間に届くリクエスト・カードの枚数は、一回目の三枚を皮切りに回を重ねるごとに増え、平均して二〇〇枚から三〇〇枚程度。特にクイーンとベイ・シティ・ローラーズなどの曲が上位を競り合ったりすると、一週で約千枚のカードに膨れ上がるような時もあったりして、当時としてはまずまずの支持を得ていた番組だったと思う。

カードを送ってくるリスナーは、何とか筆者にカードを読んでもらおうと、思わず笑ってしまうようなものから、ネーミングに苦労のあとが伺えるもの、美的アート感覚やバランス感覚の良いイラスト入りのものなどが増え、筆者がほめると次の週にはさらに面白い、ユニークなカードが届くといった具合であった。

印象に残っているリスナーのリクエスト・ネーム（今のラジオ・ネーム）を書き出してみると、ざっとこんな具合だ。こういう機会はもうないだろうから出来る限りたくさん紹介する。かつてのリスナーやご家族の方は昔のリクエスト・ネーム探しに挑戦してみよう。

季節外れのジングルベル、ロック狂のクイーン、和歌山放送を聞く会の会長、北高のジュリアーノ・マッカラム、レオン、グレッグ、はだか天国よりの使者、島中の評論家、Woody クイントリックス、21世紀の音楽的精神分裂者、クレイジー・ラブ、さな坊、養老のジョン・レノン、丸三ズンバのプラス・エックス・アホボンズ、大垣のミチ・カーペンター、高山のクッキーちゃん、La Belle Juane、北方のRオーストラリアの使者、大垣西中のトマト、映画狂のジェラルディン、20面相&はりはり仮面、羽中のレスリーの婚約者、北方のジョン・レノンの恋人、ロジャーのあばら骨、ろんどんじぎい、赤いマシュマロちゃん、岐阜のてんかふ、ちょんまげけろけろむむどんが、エマニエルもまっつぁお ASARI, つる姫、ふんず真理ことまみ・ていらー、バディー・ローリー、都会の花嫁、Lady Madonna、坪井のりよ、一宮のミス・ジロちゃん、Anjie ちゃん、こわれた置時計、3の5RIE、岐陽中2年13月のミュージシャン、はみだし女、John Deacon のおよめさん、大垣のマーシー、ロッキー・マウンテンの使者デンバーの夜尿息子、ダニーが大好きなユミタン、北方のポール・ファン、伊中3年のくそまめちゃん、じゅびりい・めい、蛭川の赤トンボ、フレディー・マーキュリーの本妻みるくせーき、空飛ぶルーシーちゃん、Cheese Café、森の小さな妖精、泉中2年トレーシー・ハイド、くれお・えまーそん、蛭中のエロイカT7君、高山市日枝中3A天草海坊主、MILK CARAMEL、土岐郡笠原町のトワイニング紅茶男、謎のリクエスターUFOの妹、本巣郡のオスカル三世、ラグビーが好きな女の子、大垣市のスカーレット・オハラ、James Keiko Mc Cartney、蛭中のきねふり最中君、レモン・ドライ、ANGEL の使者、羽島郡柳津町の住人、Mrs. テイラー、愛知県海部郡蟹江町の Alan, s lovely heart NORIKO、ぼう中学2年ババロア、まことちゃん、Woody's baby クオリーメンちゃん穂中のレスリー・リチャード・キッコーマン、梅中の BLACK QUEEN、羽中2の1ぼつお君、みけきゃっとにゃん、華麗なる伊勢アンジー、高山のタータン・マクロード、加納高のミスター・ハッピー、かわいいキャットルー、And ちゃん、不破中3年の多夢、土岐の黄菜、島中のマイ・ピュア・ラブ、鏡島のにのお君、美濃中のけんじ、へきちのはま、各務原のバケタン、静岡県三島市の奥野ケンちゃん（元リスナー）、悩める SEVENTEEN の籠乃ちゃん、岐阜のひわい星人レスポワールちゃん、高山のプクプクを愛飲するMomo、もと付中3－2のニキビがちっとも治らないダンマリ君、一宮のミス・ジロちゃん、各務原市のニキ・

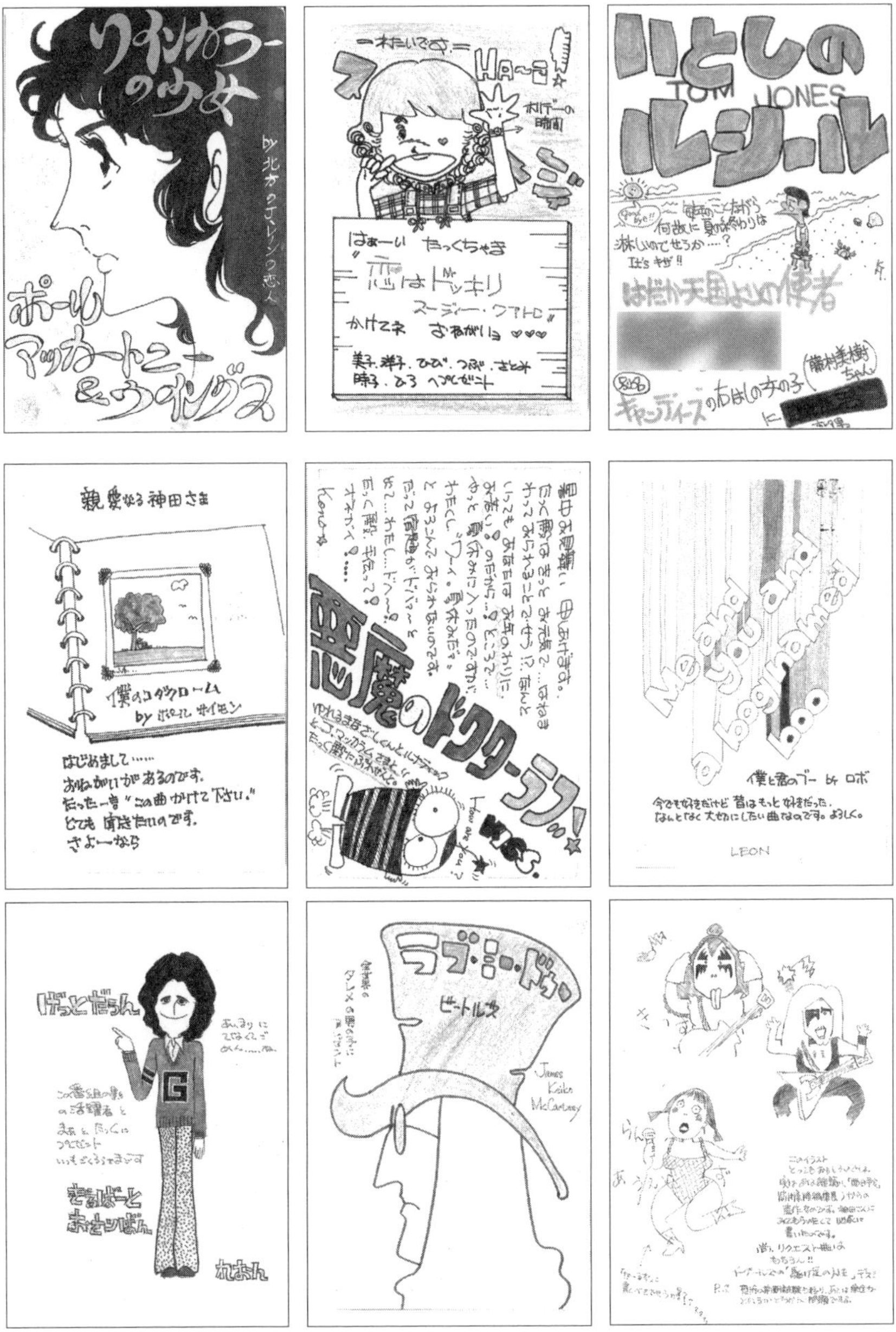


面白さとポップなイラストを競ったリクエスト・カード

ラウダ、クッキー・フェイスちゃん、Jolin 2世君、フランクのサスペンダーになりたい女の子、LUNATIC、大垣のスカーレット・オハラ、赤中のとおる君、高山のクッキーちゃん、本中3 - 1ピーターパン、大垣市の修のまあしいちゃん、赤中のポール・ケーン、一宮市萩原町のコールボーイ、レモン・ドライ、Horse ちゃん、一宮のちーちゃんといったところ。

しかし、約五〇年前のリクエスト・ネームをこんなに覚えていられるはずかない。何を隠そうこれらのカードを今も一定数保存しているので、こういう芸当ができるのである。

## 直木賞作家奥田英朗さんもかつてのリスナー

このような昔のリクエスト・カードのご縁で、これは実に偶然なのだが、「ホリデイ・ヒット・ポップス」のリスナーだった、安八郡神戸町のもと女子高校生「ふんず真理ことまみ・ていらーさん」のカードも数枚保存していたので、四〇数年ぶりにご本人にお返ししたことが新聞に掲載されたこともあった。彼女は洋楽が大好きだったので、英語の吸収力がずば抜けて良く、アメリカへの留学体験もあって堪能な英語を駆使する。ふんず真理さんこと浅野真美さんは、現在安八郡安八町の浅野撚糸（エアーかおるでおなじみ吸水性の高いタオルが有名）の副社長として活躍中。同社は福島原発事故で被災した福島県双葉町に新たな工場を建設し、世界初技術のバスタオル「わたのはな」を開発生産し、復興支援に役立てていることが二〇二四年十月五日の岐阜新聞で紹介された。

もうひとつ思いもしなかったことを報告しよう。二〇一四年に『空中ブランコ』で直木賞を受賞した作家の奥田英朗さんも、なんと「ホリデイ・ヒット・ポップス」のリスナーであることが分かった。奥田さんは岐阜市の出身だが、中学生の時に各務原市に移り、その頃から洋楽に目覚め、岐阜放送の「ヤンスタ」から「ホリデイ・ヒット・ポップス」のリスナーになったという。

やがて有名な作家として活躍するようになった奥田さんが、岐阜放送をリタイアしたあとの筆者を、当時在籍していた岐阜女子大学のキャンパスに出版社の女性エディターとともに訪ねてきたことがあった。

その頃の奥田さんは、洋楽との出会いを含めご自分の楽しい音楽史をまとめるプランがあり、その中で「ホリデイ・ヒット・ポップス」時代の体験を活かした短編小説も企画していたので、当時のことを筆者から取材するため、訪れてきたのだった。

その後、二〇一四年十月に奥田さんの楽しい著書『田舎でロックンロール』が角川書店から出版されたので、その中から「ヤンスタ」や「ホリデイ・ヒット・ポップス」に触れている一部を紹介する。

2015年(平成27年)3月9日　月曜日　31　岐阜　13版　朝日新聞

# 70年代ラジオで洋楽♪開眼

## 岐阜放送の番組にリクエスト

### 直木賞作家・奥田さん、エッセーで思い出

1970年代、岐阜放送ラジオに「ホリデイ・ヒット・ポップス」という若者に愛された洋楽番組があった。熱心なリスナーだった岐阜県出身の直木賞作家奥田英朗さん(55)は洋楽に熱中した岐阜での中高時代をつづったエッセー集「田舎でロックンロール」(KADOKAWA)を昨年発表。番組の思い出にも触れている。

番組は71年10月～76年9月の5年間、毎週日曜日午後10時から1時間放送された。あの頃「DJ」と呼ばれたパーソナリティーは、当時、岐阜放送のアナウンサーだった神田幸朗さん＝岐阜市。神田さんは「サラリーマンDJのタック」を自称し、欧米を中心とするポップスやロックなどのヒットナンバーをランキング形式で紹介した。

洋楽好きの中高生らに支持され、番組開始時からリクエストはがきは多かった。平均で週200～300枚、最も多いときで週1千枚近くに上った。県内全域のほか、愛知、滋賀、三重の一部からも届いた。ファンクラブができて機関誌も作られた。神田さんは番組で読み上げたはがきや機関誌を今も保管する。

出身地の大阪の高校時代、地元のラジオ局の洋楽ヒットチャート番組でアメリカン・ポップスの洗礼を受けた神田さん。「東海地方ではそういう番組が当時はほとんどなかったので、ぜひやってみたかった」。入局2年目で企画を提案し、若いリスナーが洋楽と出合い親しむきっかけとなるような番組をめざした。

番組のリスナーだった奥田さんは当時、各務原市在住。「田舎でロックンロール」によると、奥田さんはラジオで音楽が好きになり、この番組を通して洋楽に熱中していったという。リクエストはがきを送っていたことや専用のノートを用意してチャートをメモしていたことなどが明かされている。都会に比べて洋楽の情報量が少なかった岐阜の田舎町で、奥田少年がいかにしてロック魂に目覚めていったかが、軽妙な筆致で描かれている。

奥田英朗さん

### 当時のDJ神田さん「かつてのリスナー必読です」

本には番組と同じタイトルの短編小説が「ボーナストラック」として特別収録されている。[illegible]市の男子中学生が、校則を[illegible]せることに情熱を注ぐ教師の厳しい学校に反発しつつ、ロックを通じて仲間と友情を深め[illegible]由な精神に目覚める短編小説。執筆にあたり、奥田さんは番組を参考にし、神田さんにも取材したという。

神田さんは「かつての番組仲間から、奥田さんのような[illegible]しい人が登場したのはとてもうれしい。かつてのリスナーは[illegible]ん、奥田ファン、洋楽ファン必読です」と話している。

(伊藤[illegible])

HHP と奥田さんを紹介した朝日新聞の記事

「(略)その頃、わたしが毎日聴いていたのは、岐阜放送の「ヤングスタジオ1430」という番組だった。夜の十時から十一時五十分までの帯番組で、曜日ごとにDJが替わった。地元ローカル局にチューニングを合わせたのは、多くの同級生が聴いているからで、地域が狭いゆえリクエストハガキを読んでもらえる確率が高いことから人気があった。自分の出したリクエストハガキが読まれると、翌朝学校で自慢できるのである。

ちなみにわたしのペンネームは「鼻毛クン」であった。剣道部の先輩たちから(ワタクシ剣道部だったのです)、「オクダ、鼻毛が出とるぞ」とからかわれ、それをペンネームにしたのだ。(略)

そんなわけで、一年生の夏休みを前にした頃には、わたしの一番好きな音楽は外国のポップスになっていた。「ヤンスタ」にリクエストする曲もそれらばかり。はがきが読み上げられ、曲がかかると本当にうれしかった。「鼻毛クン」は、毎晩一人で盛り上がっていたのである。

ちなみに、当時は活字の洋楽情報がほとんどなくて、曲名もアーチスト名も、耳で聞くだけが頼りだった。だから「名前のない馬」アメリカ、とかだったらすぐに分かるのだが、「アローン・アゲイン」ギルバート・オサリバン、とかになると、一度ではわからず、ずいぶん頓珍漢な聞き違いをしていた。（略）

話を戻して、外国のポップスに夢中になると、わたしのフェイヴァリット・プログラムは、日曜日の夜にオンエアーされる、「ホリデイ・ヒット・ポップス」（同じく岐阜放送）という一時間番組に変わった。毎週ヒットチャートの十位から一位までをかけるベストテンものである。流行りの洋楽が一気に十曲も聴けるのだから、こんなにうれしい番組もない。わたしは専用のノートを用意して、毎週チャートをメモしていた。

参考までに、一九七二年七月十六日のチャートを記しておくと……。

①「名前のない馬」アメリカ
②「サムデイ・ネバー・カムズ」C．C．R（クリーデンス・クリアウオーター・リバイバル）
③「ママに捧げる詩」ニール・リード
④「ぼくらに微笑みを」シカゴ
⑤「ライオンは寝ている」（ロバート・ジョン）
⑥「アイルランドに平和を」ポール・マッカートニーとウイングス
⑦「ファミリー・オブ・マン」スリー・ドッグ・ナイト
⑧「恋するニコラ」ローラ
⑨「ぼくとフリオと校庭で」ポール・サイモン
⑩「バック・オブ・ブーガルー」リンゴ・スター

アンタ、そのノートを四十年もとっていたのか？と驚かれる向きもあろうが、そんなわけはない。七年ほど前、この頃の体験を元に小説を書こうと思い立ち、当時「ホリデイ〜」のＤＪをしていた神田卓朗さん（今は地元で大学教授をされている）を岐阜放送から紹介をしてもらい、面会を果たしたことがあるのだ。

おおーっ。あなたがタックさんでしたか。わたしリスナーでした。実に照れ臭くて、妙な気分でしたな。神田さんは記録魔で、昔のチャートを手書きリストですべて保管しておられた。それを頼み込んでコピーさせてもらっていたのだ。あの節はありがとうございました。また役に立ちました。（略）」

こうして奥田さんの『田舎でロックンロール』は、第1章から第16章まで続き、巻末には、何と「ホリデイ・ヒット・ポップス」というタイトルのボーナストラック青春音楽短編小説が登場する。これがまたとても面白い内容で、岐阜の田舎の中学校を舞台に、生徒たちの岐阜弁のやりとりも愉快で楽しい。では短編小説のイントロの一部を紹介してみよう。

「『ホリデイ・ヒット・ポップス！』日曜夜十時、ラジオからポップコーンが弾けるようなタイトルコールが発せられた。続いてハーブ・アルパートとティファナ・ブラスが演奏するテーマ曲「オール・マイ・ラビング」が流れる。中学一年生の福田雅夫は机にノートを広げ、ソニーの最新3バンドラジオに向かって身を乗り出し、鉛筆を構えた。

「みなさん今晩は。日曜の夜いかがお過ごしですか。DJのタックです。今週も最新のヒット曲を……」DJタックの軽快なおしゃべりで幕が開き、まずは第十位から発表される。今週はスリー・ドッグ・ナイトの「ファミリー・オブ・マン」だった。（略）

いよいよ第一位。毎週聴いていれば予想がつく。先週に引き続き二週連続トップはアメリカで「名前のない馬」だ。雅夫はリクエスト葉書を出していた。タックが葉書の名を読み上げる。息を呑んでラジオに耳を近づけた。

「この曲にリクエストをくれたのは長良中のレモンちゃん、那珂田中の紋次郎クン、黄色くなった便器クン、ジーンズと鼻毛クン。それから、稲葉中の水虫クン、山本ウララちゃん、あしたのジョージ・ハリソンくん……」

おおっ。雅夫は思わず拳を握り締めた。じんわり顔が熱くなる。「あしたのジョージ・ハリソン」というのは自分のペンネームだ。リクエスト葉書を出して、名前を読まれたのだ。これだからラジオが好きだ。（略）

月曜日の朝、剣道部の朝練を終え、体育館横の水飲み場で顔を洗っていると、バスケット部の〝トシ〟こと水野俊夫が声をかけてきた。第二次性徴の真っ盛りで、図体がでかくて、いつも何かの臭いを放っている。「マサオ。おめえ、読まれたな」。トシは石鹸を手で泡立て、月面のようなニキビ顔にすりつけた。
「おう。一位のアメリカやろ。毎週出しとったしな」
ゆうべのリクエスト葉書のことだとすぐに了解した。互いのペンネームは、同じ学年のラジオ仲間はみんな知っている。「おれはあかなんだ。ミッシェル・ポルナレフにリクエストしたけど、四位なのにかけてもらえんもん」
「しょうがねえて、運やもん」（略）

短編小説は、このあと学校の昼休みの放送で、T．レックスのレコードをかけようとする勇気ある女子生徒と仲間たち、そして対立する先生とのバトルが展開する。自由を奪われている生徒たちの主張と、何の根拠もなく生徒を押さえつけようとする先生との関係を通して、今から約五〇年前の岐阜の中学校の空気感が、岐阜弁のやりとりと共に蘇えるのである。

奥田さんの「田舎でロックンロール」は、既に絶版になっているので、関心のある方、特にかつての番組のリスナーの方は、岐阜県内外の図書館で読んだり、ネット販売で手に入れて楽しんでほしいと思う。

なお、この番組の一九七一年から一九七六年まで六年間の洋楽ランキングを、リスナーで大垣のF．大森さんがまとめ、ファン仲間のKｏｎｏちゃんの手書きで「ホリデイ・ヒット・ポップス」のファンクラブ誌「オール・マイ・ラビング」に掲載しているので転載する。この番組にはなんとファンクラブもあったのだ。

以上で「ホリデイ・ヒット・ポップス」の約五〇年ぶりのレポートの幕を閉じることにする。

HHP のファンクラブ誌

あとがき

いかがでしたでしょうか。岐阜県にはこんなにユニークなこと、情報、話が溢れているのです。もちろん読者の皆さんがご存知のこともあったでしょうが、「初めて知ったがね」とか「そんな話、知らなんだなも」とか「懐かしいでかん」などと言う方もいらっしゃることと思います。

ご紹介した話の中で、節分の豆まきの時に「ごもっとも、ごもっとも」という合いの手を入れる面白い風習があることを紹介しましたが、調べてみると実はこの風習は岐阜県だけではないようです。今は姿を消したところもあるようですが、埼玉県秩父市の三峯神社では、毎年二月三日の節分会の時に、はかま姿の年男が豆をまくと、後ろに控えている添え人が「ごもっともさま‼」と叫びながら強大なすりこぎ状のごもっとも棒を突き上げるという風習が続いています。岐阜県以外にも「ごもっとも」はあるようなので、関心のある方は調べてみてください。

私はこの本のサブタイトルに「おもしろ岐阜学入門」とつけましたが、一般的にあまり知られていないけれど、岐阜県にはこういう面白い話がまだまだたくさん眠っていると思います。

そこで読者の皆さんのお住いの地域で、知られざるおもしろ話や奇妙な風習、岐阜出身でかつての日本を動かした隠れ偉人、ユニークな初耳話、自慢できる故郷の特別な地域などの情報があれば、ぜひお知らせください。「ほーするとせーがこんな話でもえーんかな?」というような感じでOKです。

皆さんから届く「地域情報」について分かる範囲内で調べ、私が二〇二〇年からパーソナリティーを担当している岐阜放送の「ラジオ岐阜弁まるけ」でご紹介したり、お送りいただく「地域情報」数が多い場合は、「こんな話、知っとんさる？続編」でご紹介するというのはいかがでしょうか。

皆さんからの「こんな話、知っとんさる？」情報は、出版社である風媒社のメール・アドレス(info@fubaisha.com)にお送りください。お送りいただいた「地域情報」を確認するため、お差し支えなければメールアドレスや連絡先をご記入いただければ幸いです。

この本の出版にあたり、表紙の帯に楽しいコメントをお贈りいただいた朝日放送テレビプロデューサーの松本修さん、および適切なアドバイスをしていただいた朝日放送ＯＢの小竹哲さんには厚くお礼を申し上げます。またグラフィック・デザイナーの福田たまきさんには親しみやすく面白いイメージの表紙とイラストを提供していただきました。さらに風媒社社長の山口章さんには出版までの四年間何かとお力添えをいただきました。同社の新家淑鎌さんにもお世話になりました。紙面をお借りして、ご指導やご協力いただいた多くの方々に、心からお礼を申し上げます。

二〇二四年十月十日　神田卓朗

# 参考文献

『板取村史』１９８２年
『美山町史　通史編』１９７５年
『北方町史　通史編』１９８２年
中西徹『うだつ〜その発生と終焉』二瓶社　１９９０年
丸山俊明『京都の町家と町なみ』昭和堂　２００７年
『八百津町史　通史編』１９７６年
久田見まつり保存会『久田見まつり調べ』１９９１年
各務義章『ふるさとの芸能・久田見の糸切りからくり』１９９１年
神田卓朗『糸切りからくりの俄的性格について』岐阜女子大学地域文化研究所　２００４年
『川辺町史　通史編』１９９６年
『美濃市史　通史編』１９７９年
神田卓朗『笑いの芸能にわか』岐阜新聞社　２００２年
『岐阜市史　通史編　民俗』１９７７年
『新収関市史　民俗編』１９６６年
『美濃加茂市史　民俗編』１９７８年
『可児市史　第四巻　民俗編』２００７年
『八百津町史　史料編』１９７２年
『神岡町史　通史編』２００８年
『谷汲村史』１９７７年
『加子母村誌』１９７２年
『上宝村史　下巻』２００５年
瑞浪市教育委員会『瑞浪市の風習調査年中行事の部第１号』１９５８年
『美並村史　通史編　上巻』１９８１年
『美並村史　通史編　下巻』１９８４年
『萩原町史』１９６２年
丸山周二「坂内村の家名（いえな）調査資料」１９９８年
岐阜日日新聞「天然石造稀代の塔」の記事・１８９４年７月２５日付け紙面
『益田郡史』１９１６年
『馬瀬村史』１９６１年
『日本歴史地名大系２１（岐阜県）』平凡社　１９８９年
『白川村史』１９９８年
佐々克明『まぼろしの帰雲城』新人物往来社　１９７２年
佐々克明『帰雲城大崩壊』書苑　１９８５年
飯田汲事『天正大地震誌』名古屋大学出版会　１９８７年
寒川　旭『地震の日本史』中央新書　２０１２年
「白川郷埋没帰雲城調査会会報」１９８２年〜
『富加町史』１９８０年
今津勝紀『戸籍が語る古代の家族』吉川弘文館　２０１９年
野村忠雄『古代の美濃』教育社歴史新書　１９８０年

森浩一・門脇禎二『渡来人・春日井シンポ～尾張・美濃と渡来文化』大巧社　1997年
森浩一・八賀晋『飛騨・よみがえる山国の歴史』大巧社 1997年
飛騨教育史学研究会「ひだびとのあしあと」岐阜新聞社 1999年
上野森三『飛騨史年表』私家版　1972年
森浩一『東海学事始め～東海の歴史を歩く～』学生社 2005年
関晃『帰化人』至文堂　2011年
金達寿『日本の中の朝鮮文化』講談社文庫　1991年
金達寿『渡来人と渡来文化』河出出版社　1990年
金達寿『古代日朝関係史入門』筑摩書房　1980年
金達寿『日本古代史と朝鮮』講談社文庫　1985年
金達寿・谷川健一『地名の古代史』河出書房新社　2012年
田中史雄『渡来人と帰化人』角川選書　2019年
平野邦夫『帰化人と古代国家』吉川弘文館　2018年
吉川武彦・吉川真司・河尻秋生『渡来系移住民～半島・大陸との往来』岩波書店　2020年
上田正昭『帰化人』中公新書　1965年
司馬遼太郎・上田正昭・金達寿『座談会・日本の渡来文化』中央公論社　2020年
宮本常一『日本文化の形成』講談社学術文庫　2011年
井上満郎『渡来人～日本古代と朝鮮』リブロポート　1996年
田中史雄『倭国と渡来人』吉川弘文館　2005年
上田正昭『渡来の古代史』角川選書　2013年
奈良文化財研究所『飛鳥むかしむかし・飛鳥誕生編』朝日新聞出版　2016年
奈良文化財研究所『飛鳥むかしむかし・国づくり編』朝日新聞出版　2016年
吉川真司『飛鳥の都』岩波新書　2011年
直木幸次郎『古代難波とその周辺』吉川弘文館　2009年
全浩天『朝鮮から見た古代日本』未来社　1989年
読売新聞大阪本社編集局『謎解き京都』淡交社　2015年
水谷千秋『謎の渡来人・秦氏』文春新書　2009年
加藤謙信『渡来氏族の謎』祥伝社新書　2017年
京都文化博物館『古代豪族と朝鮮』講談社文庫　1991年
熊谷公男『大王から天皇へ』講談社学術文庫　2020年
長野県木曽郡山口村『山口村閉村記念誌』2005年
『南濃町史　通史編』1982年
『大垣市史　通史編』2013年
李進熙『江戸時代の朝鮮通信使』講談社　1987年
李元植ほか『朝鮮通信使と日本人』学生社　1992年
姜弘重（若松實訳）『東槎録』日朝協会愛知県連合会　1988年
任守幹（若松實訳）『東槎日記』日朝協会愛知県連合会 1993年
日韓共通歴史教材制作チーム『朝鮮通信使～豊臣秀吉の朝鮮侵略から友好へ』明石書店　2005年

『新収　東白川村史　通史編』　１９８２年
『坂下町史』　２００４年
『広報さかした創刊30周年記念縮刷版』　１９８０年
安保洋勝『あぼ兄は荒野を拓く』岐阜新聞社　２０２３年
東谷護『ポピュラー音楽から問う日本文化再考』せりか書房　２０１４年
東谷護『復刻資料　中津川労音』風媒社　２０２１年
馬飼野元宏監修『日本のフォーク完全読本』シンコー・ミュージック　２０１４年
田川律『日本のフォーク&ロック史〜志はどこへ〜』シンコー・ミュージック　１９９２年
黒沢進『日本フォーク記』シンコー・ミュージック　１９９２年
ジョエル・ホイットバーン（日本語監修かまち潤）『ビルボード・トップ10ヒッツ② '69〜'78』音楽の友社　１９９５年
『大垣市史　上巻』　１９３０年
清水春一『美濃大垣十万石太平記・上』大垣市文化財保護協会　１９８５年
清水春一『美濃大垣十万石太平記・下』大垣市文化財保護協会　１９８６年
本巣郡巣南町『巣南百話』より「むかい地蔵」（松尾洋一）　１９９２年
岐阜新聞「岐阜トリビア」　２０２２年9月11日付け紙面
岐阜市の情報誌「わらじん」VOL.5から「忠節橋の歴史を歩く」岐阜文芸社　１９９６年
神田卓朗「岐阜女子大学の岐阜県出身学生１１８人を対象にした岐阜県方言のオノマトペ調査資料」　２００７年
歴史読本臨時増刊号「渡来人は何をもたらしたのか」新人物往来社　１９９４年
月刊ぎふ「ふるさとネットワーク」1,3,5,7,9,10,11,12, 13,15,20,27,28,37,40,41,43,45,48,52,58,62,68,73,75,81,87,88,92,100,108,117,121 掲載　北白川書房　１９９６年〜２００７年

［著者略歴］
神田 卓朗（かんだ・たくお）
あべのハルカスのある大阪市阿倍野区の出身。2020年よりぎふチャンの「ラジオ岐阜弁まるけ」でパーソナリティーとして活躍中。元岐阜放送アナウンサー。元岐阜女子大学文化創造学部観光文化学科教授。元同大学地域文化研究所主任。専門は「日本語表現」および「地域学」。皇學館大學、豊橋技術科学大学、岐阜県立森林文化アカデミー、びわこ学院大学短期大学部、浜松学院大学などで非常勤講師を担当。にわか学会委員、岐阜学会前代表委員。著書に「岐阜弁笑景スペシャル」、「同パート２」、「笑いの芸能にわか」、「三重弁やん」、「岐阜弁まるけ」がある。かつて放送禁止になったつボイノリオさんの不滅のヒット曲「金太の大冒険」に登場する神田さんのモデルでもある。岐阜市在住54年のじん。

［装丁・本文イラスト］
福田たまき（ふくた・たまき）
岐阜県関市出身。グラフィック・デザイナー。本書「こんな話、知っとんさる？〜おもしろ岐阜学入門〜」の装丁デザインおよびイラストを担当。東京でグラフィック・デザイナーとして活躍後、現在は岐阜県を拠点に活躍中。自治体や企業などの各種デザインを手がけている。面白いダブル・ミーニングのイラストもお得意。著者とは約30年コンビを組んでいる間柄。同県各務原市在住。

**こんな話 知っとんさる？ おもしろ岐阜学入門**

2024年11月30日 第1刷発行 （定価はカバーに表示してあります）

著 者 神田 卓朗

発行者 山口 章

発行所 名古屋市中区大須 1-16-29 電話 052-218-7808 FAX052-218-7709 風媒社《ふうばいしゃ》
http://www.fubaisha.com/

＊印刷・製本／モリモト印刷
乱丁本・落丁本はお取り替えいたします。

ISBN978-4-8331-1568-1

## 著者の本・岐阜県の本

### 三重弁やん

神田卓朗　1,300円＋税

東海３県の書店員たちの投票で決める「第２回日本どまん中書店大賞」のご当地部門で第３位に選ばれたのがこの本。
「カエルのカンピンタンや」「場所変えるから机つってー」「あした、あさって、ささって、しあさって…て言うやろ？」「いま、お米かしとるんや」「ヘイハチ殺さな」「えらい車がつんどった」「テレビ破れたんとちゃう？」まだまだこんな三重弁がよーけ出てくるで、読んでなー。

### 岐阜弁まるけ

神田卓朗　1,400円＋税

「やっとかめ」や「ぜぁーしょ」というような岐阜弁が段々姿を消している。この本では今使われている言葉は勿論懐かしい岐阜弁も現役で登場する。「スルメが歯にこまってまっとる」「ケッタで行こけ」「今日はえれーでかん」「会議のまわししといてね」「部屋のクロの方にあるがね」、こんな日常的な言葉がいっぺー出てくるでぜひ読んで笑ってくんさらんかな。

### 岐阜の昭和30年代を歩く

井口貢／安元彦心 編著　1,600円＋税

変わったもの… 変わらなかったもの…継承されてきたモノやコト、思いを通して、岐阜の来し方行く末を見つめ直し、世代を超えた「懐かしい未来」を見つけてみませんか。

### 岐阜地図さんぽ

今井春昭 編著　1,600円＋税

観光名所の今昔、消えた建物、盛り場の変遷、飛山濃水の文学と歴史の一断面など、地図に隠れた知られざる「岐阜」の姿を解き明かしてみよう。

### 古地図で楽しむ岐阜　美濃・飛騨

美濃飛騨古地図同攷会 編、伊藤安男 監修　1,600円＋税

多彩な鳥瞰図、地形図、絵図などをもとに、そこに刻まれた地形や地名、人々の営みの変遷をたどると、知られざる岐阜の今昔物語が浮かび上がる！